图解家电维修七日通丛书

图解电动自行车维修七日通

王中强 文晓波 主编

内容简介

本书以图文并茂的形式,讲解了电动自行车的维修技术,在讲述理论知识的同时,配上一系列实际操作的内容作为对前述理论知识的补充和延伸,而且在阐述这些实际操作知识时,附有大量的图片。这些图片是一线维修师傅在实际操作时专门拍摄的照片,辅以图示文字对操作要点或注意点给出清楚的解释。

本书以维修新手为主要培训对象,图解故障分析与维修全过程,边学边练,帮助零基础的电动自行车维修人员轻松掌握维修技术。

图书在版编目(CIP)数据

图解电动自行车维修七日通/王中强,文晓波主编. —北京:气象出版社,2014.12

图解家电维修七日通丛书

ISBN 978-7-5029-6074-2

Ⅰ.①图⋯ Ⅱ.①王⋯ ②文⋯ Ⅲ.①电动自行车-维修-图解 Ⅳ.①U484.07-64

中国版本图书馆 CIP 数据核字(2014)第 296950 号

出版发行:气象出版社			
地　　址:北京市海淀区中关村南大街 46 号		邮政编码:100081	
总 编 室:010-68407112		发 行 部:010-68406961　68409198	
网　　址:http://www.qxcbs.com		E-mail:qxcbs@cma.gov.cn	
责任编辑:彭淑凡　徐秋彤		终　　审:汪勤模	
封面设计:易普锐创意		责任技编:吴庭芳	
印　　刷:三河市鑫利来印装有限公司			
开　　本:787 mm×1092 mm　1/16		印　　张:16.5	
字　　数:412 千字			
版　　次:2015 年 1 月第 1 版		印　　次:2016 年 4 月第 3 次印刷	
定　　价:39.00 元			

本书如存在文字不清、漏印以及缺页、倒页、脱页等,请与本社发行部联系调换

前　　言

电动自行车具有骑行方便、节能环保、维修成本低等特点,被越来越多的老百姓接受,所以,电动自行车的大量普及已经成为不争的事实。与之对应的从事电动自行车维修的行业前景就被格外看好。

据有关权威机构统计,我国电动自行车保有量在6亿辆左右。近年来随着消费升级,电动自行车以其环保、经济和便捷的特点深受消费者喜爱,开始进入千家万户。自1998年以来,电动自行车行业步入快速发展阶段;特别是2004年后更是超常发展,目前年产销量已经达到2000万辆。随着电动自行车核心技术的突破和社会可持续发展的需要,电动自行车产业作为一个朝阳产业,具有广阔的市场潜力和发展前景。

伴随着电动自行车销售市场的繁荣,另一个与之相关联的产业也越来越多地受到关注,那就是电动自行车的维修和保养。

本书针对电动自行车维修初学者,从电动自行车的外形讲起,一边讲结构原理;一边讲元件故障,帮助新手边学边练,轻松入门;同时,针对电动自行车的故障,跟着常年在一线维修的师傅检修,一边进行排除故障操作,一边拍摄检修照片,利用图示和文字,逐一标注和解释,清晰地再现整个维修过程,帮助读者快速上手。

本书的内容一共分为七日。第一、二日,介绍电动自行车的基本知识,包括结构组成及检修准备、元件检测及更换;第三日到第六日,讲述了电动自行车的"四大件"——车用电动机、控制器、车用电源和充电器,从它们的结构原理讲起,到拆卸分解及故障检测,然后是该器件在使用中的故障实例;第七日,即最后一日,主要为电动自行车其他配件的内容,不仅讲述了其他元件的组成及外观特点,还讲述了元件的故障检修及代换技巧。

本书由王中强、文晓波主编,参加编写的成员有赵海风、张海兰、王沂、李华凯、李德中、林华、李兴平、郑裕德、于波、吴强、徐东升、徐博、冯亚平。

目 录

前 言

第一日 电动自行车检修准备 …………………………………………… （1）
  项目1：了解电动自行车分类及组成 …………………………………… （1）
    课程1：电动自行车的分类 ……………………………………………… （1）
    课程2：电动自行车的型号识别 ………………………………………… （6）
    训练3：对着实物学组成 ………………………………………………… （6）
  项目2：电动自行车的性能参数 ………………………………………… （11）
    课程1：电动自行车的主要性能参数 …………………………………… （11）
    课程2：电动自行车的选购标准 ………………………………………… （12）
  项目3：准备检修电动自行车工具器材 ………………………………… （13）
    训练1：检修通用工具 …………………………………………………… （13）
    训练2：检修专用的仪器、仪表 ………………………………………… （16）

第二日 电动自行车元件检测及更换 …………………………………… （29）
  项目1：电动自行车电子元件检测 ……………………………………… （29）
    训练1：电阻的认识及检测 ……………………………………………… （29）
    训练2：电容的认识及检测 ……………………………………………… （31）
    训练3：二极管、三极管的认识及检测 ………………………………… （33）
    训练4：晶闸管的认识及检测 …………………………………………… （41）
    训练5：霍尔元件的认识及检测 ………………………………………… （46）
    训练6：集成电路的认识及检测 ………………………………………… （48）
  项目2：电动自行车故障点查找分析 …………………………………… （57）
    课程1：机械故障点查找分析 …………………………………………… （57）
    课程2：电气故障点查找分析 …………………………………………… （59）

第三日 电动机的检测及故障检修 …………………………………… （64）
  项目1：初识电动机 ……………………………………………………… （64）
    课程1：电动机的分类及组成 …………………………………………… （64）
    课程2：电动机的工作原理 ……………………………………………… （69）

　　　　课程3：电动机型号的识别 …………………………………………（71）
　　项目2：电动机的拆解 ……………………………………………………（72）
　　　　训练1：电动机从整车上拆下 …………………………………………（72）
　　　　训练2：电动机的拆解与装复 …………………………………………（74）
　　项目3：电动机的检测 ……………………………………………………（82）
　　　　训练1：有刷电动机的检测 ……………………………………………（82）
　　　　训练2：无刷电动机的检测 ……………………………………………（90）
　　项目4：电动机故障分析 …………………………………………………（97）
　　　　课程1：有刷电动机典型故障检修 ……………………………………（97）
　　　　课程2：无刷电动机典型故障检修 ……………………………………（100）
　　项目5：电动机故障维修图解 ……………………………………………（106）
　　　　训练1：有刷电动机故障维修实例 ……………………………………（106）
　　　　训练2：无刷电动机故障维修实例 ……………………………………（117）

第四日　控制器的检测及故障检修 ……………………………………（125）

　　项目1：初识控制器 ………………………………………………………（125）
　　　　课程1：控制器的分类及工作原理 ……………………………………（125）
　　　　课程2：控制器的连接及代换 …………………………………………（137）
　　　　课程3：控制器铭牌的识读 ……………………………………………（137）
　　项目2：控制器及其附件的故障检修 ……………………………………（138）
　　　　训练1：控制器的拆解 …………………………………………………（138）
　　　　训练2：控制器及附件的故障检测 ……………………………………（142）
　　项目3：控制器故障分析 …………………………………………………（146）
　　　　课程1：有刷控制器故障检修分析 ……………………………………（146）
　　　　课程2：无刷控制器故障检修分析 ……………………………………（150）
　　项目4：控制器故障维修图解 ……………………………………………（152）
　　　　训练1：有刷控制器故障维修 …………………………………………（152）
　　　　训练2：无刷控制器故障维修 …………………………………………（167）

第五日　蓄电池的检修及修复 ……………………………………………（176）

　　项目1：初识电动自行车蓄电池 …………………………………………（176）
　　　　课程1：蓄电池的分类及工作原理 ……………………………………（176）
　　　　课程2：影响蓄电池寿命和行程里程的因素 …………………………（179）
　　项目2：蓄电池的检测及修复 ……………………………………………（181）
　　　　训练1：蓄电池的拆解 …………………………………………………（181）
　　　　训练2：单体蓄电池的检测及加水 ……………………………………（184）

训练 3：单体蓄电池的常规修复 …………………………………………… (186)

　　　训练 4：蓄电池的组配 ……………………………………………………… (192)

　项目 3：蓄电池故障分析 ………………………………………………………… (193)

　　　课程 1：蓄电池充电效果不佳 ……………………………………………… (193)

　　　课程 2：蓄电池极板硫酸盐化 ……………………………………………… (194)

　　　课程 3：蓄电池电量充足，但静置不存电 ………………………………… (195)

　　　课程 4：蓄电池自行放电 …………………………………………………… (196)

　　　课程 5：蓄电池电量消耗过快 ……………………………………………… (196)

　　　课程 6：蓄电池充不进电 …………………………………………………… (197)

　项目 4：蓄电池故障维修图解 …………………………………………………… (198)

　　　训练 1：蓄电池充电后行驶里程严重缩减 ………………………………… (198)

　　　训练 2：电动自行车行驶无力 ……………………………………………… (201)

　　　训练 3：蓄电池充足电存放一段时间后，无法正常使用 ………………… (205)

　　　训练 4：蓄电池正常充电，充不满 ………………………………………… (206)

　　　训练 5：蓄电池充电过程中严重发烫，并不变灯 ………………………… (207)

　　　训练 6：蓄电池充不上电 …………………………………………………… (208)

　　　训练 7：蓄电池内部短路 …………………………………………………… (209)

第六日　充电器的检测及故障检修 ……………………………………………… (211)

　项目 1：初识电动自行车充电器 ………………………………………………… (211)

　　　课程 1：充电器的分类 ……………………………………………………… (211)

　　　课程 2：充电器的工作原理 ………………………………………………… (212)

　　　课程 3：充电器主要参数 …………………………………………………… (215)

　　　课程 4：典型充电器的电路分析 …………………………………………… (216)

　项目 2：充电器的故障分析 ……………………………………………………… (224)

　　　课程 1：充电器无输出电压或不稳定 ……………………………………… (224)

　　　课程 2：充电时外壳严重发热 ……………………………………………… (224)

　　　课程 3：充电器一充电就烧毁 ……………………………………………… (224)

　　　课程 4：充电器充不满电 …………………………………………………… (225)

　　　课程 5：充电器不充电，指示灯不亮 ……………………………………… (225)

　项目 3：充电器故障维修图解 …………………………………………………… (226)

　　　训练 1：不能充电指示灯不亮 ……………………………………………… (226)

　　　训练 2：不能充电且指示灯闪烁 …………………………………………… (232)

　　　训练 3：充电器工作时严重发烫或一充电就烧毁 ………………………… (235)

　　　训练 4：不能正常充电，指示灯错乱 ……………………………………… (238)

训练5:长时间充电,指示灯不变色 …………………………………………… (239)

第七日　其他电气故障检修 …………………………………………… (242)

项目1:前照灯及制动灯故障检修 ………………………………………… (242)
训练1:前照灯及制动灯拆解 ………………………………………………… (242)
训练2:前照灯及制动灯故障图解 …………………………………………… (245)

项目2:电喇叭故障检修 ……………………………………………………… (247)
训练1:电喇叭电路检测 ……………………………………………………… (247)
训练2:电喇叭故障检修图解 ………………………………………………… (249)

项目3:显示仪表故障检修 …………………………………………………… (250)
课程1:显示仪表的分类与典型故障 ………………………………………… (250)
训练2:显示仪表的拆装与更换 ……………………………………………… (250)
训练3:显示仪表故障检修图解 ……………………………………………… (252)

附录A　电解液的密度和配方 ……………………………………………… (254)

附录B　蓄电池的端电压与蓄电池容量的关系 ………………………… (255)

第一日 电动自行车检修准备

项目1:了解电动自行车分类及组成

◇课程1:电动自行车的分类

各电动车厂家为满足消费者不同的使用需求,除两轮电动自行车外,还有各种电动三轮车、电动滑板车等。各种电动车虽然外形和用途不尽相同,但它们的构造原理和四大部件(车用电机、车用电源、控制器和充电器)却完全相同,可以相互通用。

按国标 GB 17761—1999《电动自行车通用技术条件》规定,电动自行车包括两轮电动车、电动三轮车、老年三轮车、电动轮椅、电动滑板车等交通工具。另外还有微型电动车、可折叠电动车等。

1. 两轮电动自行车

如图1-1所示,是电动自行车的主要形式,具有不同造型、不同规格、不同轮径、不同马力、不同功能、不同电池品种和容量、不同驱动方式。

图1-1 两轮电动自行车

无论采取哪种驱动方式,必须具备的基本部件是:制动断电开关;显示装置,如电池剩余电量显示、速度显示等;豪华的还有转向、声光等装置。

2. 电动三轮车

如图1-2所示,有家用单座三轮车、双座三轮车、货运三轮车、客运三轮车等。

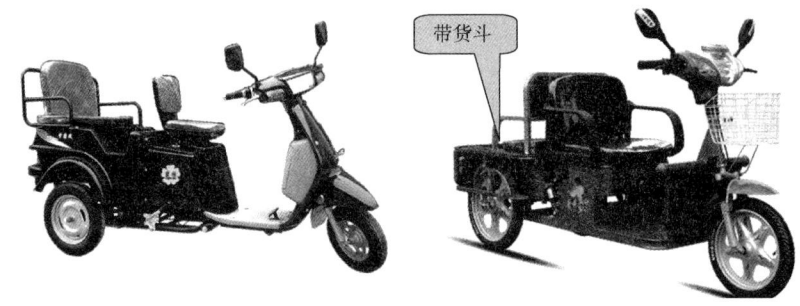

图 1-2　电动三轮车

有轮载电机前轮驱动(后轮脚踏驱动,形成前后双驱动)、柱式电机后单轮驱动(只能单驱动,脚踏链轮与电动合用一个轴)、轮毂电机后单轮驱动(另一个轮由脚踏驱动,形成后双轮驱动),基本功能和辅助设施与电动两轮车基本相同。

3. 电动轮椅

如图 1-3 所示,有单电动,也有电动加手动。有轮载电机前轮或后单轮驱动、有柱式电机后轮驱动或设单独驱动轮等。电量显示和制动断电是基本要求,由于速度在 15 km/h 以下,其他功能必要性不大,对显示仪表没有过高要求。

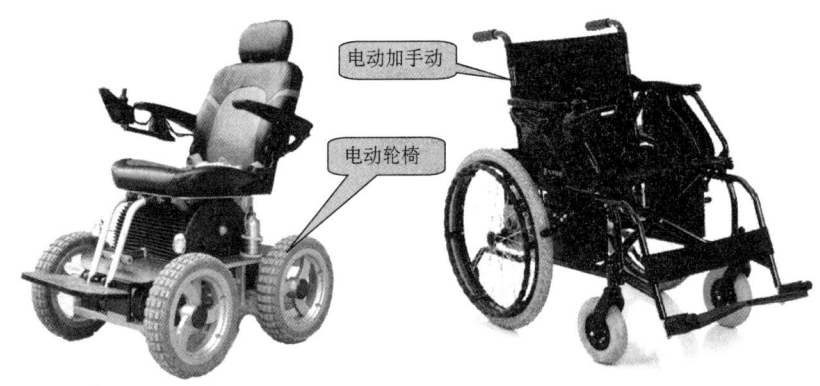

图 1-3　电动轮椅

4. 电动滑板车

如图 1-4 所示,有不同轮径和不同结构形式、座位高低可调的、可折叠等功能。

图 1-4　电动滑板车

大多采用柱式电机通过链传动或皮带传动,也有轮载电机后轮驱动,电机功率在120～180 W,电池组放在脚下踏板内,有简单的显示装置,有的设置灯光、喇叭等。

在本书中,以电动自行车为主(本书有时会出现简称电动车,如无特殊说明均是指二轮式电动自行车),讲述其原理与拆修。电动自行车总体分为两大类:全电动型自行车和智能助动型电动自行车。

(1)全电动型:可以脚踏骑行,也可以靠纯电力驱动,利用手把控制速度,实现0～20 km/h的无级变速,其外形如图1-5所示。

图1-5 电动自行车

(2)智能助动型:具有与普通自行车相似的操作方式,可以人力骑行,也可以电力助动,没有纯电动功能。以人力为主,电力为辅,由人力骑行力的大小,控制电流供应的大小,实现人力与电力的组合,骑行感觉轻松,当达到设计速度时,电力停止供电,如图1-5所示。

电动自行车除了总体分类这种方式之外,还可以按功能分类,这样的分类更加具体,更贴近消费者的选购心愿:

(1)简易型

此类电动自行车是在自行车的基础上增加了电动助力装置,一般没有减震装置,功能相对单一,仪表显示相对简化,结构简单、价格便宜,外形如图1-6所示,目前此种电动自行车正逐步退出主流市场。

图1-6 简易型电动自行车

(2)标准型

此类电动自行车电机功率一般在150～180 W,特别是造型流畅,续行里程在40～50 km,操作简便,价位适中,较适合上下班距离较长,工作、生活有一定机动性的用户使用,如图1-7所示。

图 1-7　标准型电动自行车

(3) 多功能型

此类电动自行车一般是在标准型基础上增加前叉避震、坐垫避震、前照灯等装置,它的特点是功能较全,骑行时比较舒适,使用比较方便,如图 1-8 所示。

图 1-8　多功能型电动自行车

(4) 豪华型

如图 1-9 所示,豪华型电动自行车造型更加美观,功能更加全面,同时还有左转灯及后视镜,骑行时比较方便,设计更加人性化。

图 1-9　豪华型电动自行车

根据电动自行车使用的电机分类,还可以将其分为:

(1)有刷电机

如图 1-10 所示,是一种高速电机,通过齿轮减速机构,将电机转速调低(因国标规定电动车时速不得超过 20 km,故电机转速应在 170 r/min 左右)。

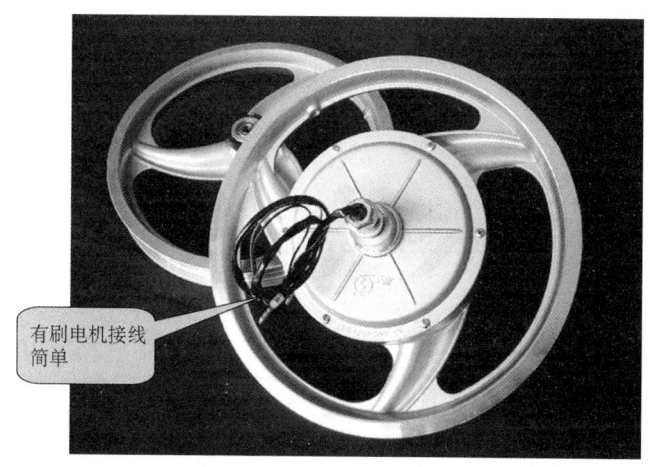

图 1-10　有刷电机

由于是高速电机通过齿轮减速,故特点是启动时骑行者感觉动力强劲,而且爬坡能力较强,电机效率较高,控制系统电子线路简单。但是,电动轮毂是封闭的,用户很难进行日常保养,有齿轮的机械磨损,需到期更换电刷(通过采用先进技术,目前电刷寿命已得到有效提高),若润滑不足会导致齿轮磨损加剧,使噪音增大、工作电流增大,影响电机和电池寿命。目前许多厂家选用有刷有齿电机。

(2)无刷电机

如图 1-11 所示,是一种低速大力矩电机,无刷电机由于没有电刷,其最大优点是从根本上消除了电刷磨损,没有传动齿轮,避免了机械磨损,运行中几乎没有噪音,但无刷电机启动电流冲击较大,控制系统结构复杂。

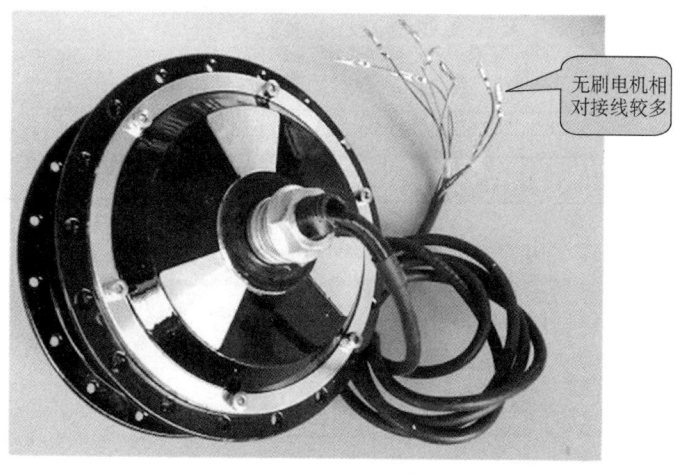

图 1-11　无刷电机

◇课程 2：电动自行车的型号识别

为了能够一眼就辨认出电动自行车的结构特征，在学习检修前有必要了解它们的编号特点。电动自行车的型号编制一般由四部分组成，其构成如下所示：

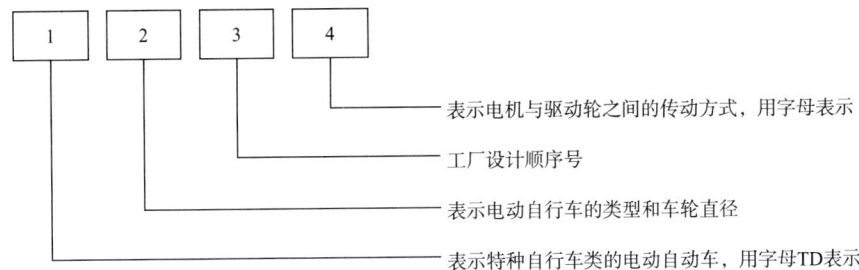

电动自行车类型、车轮直径和代号含义如表 1-1 所示。

表 1-1　电动自行车类型、车轮直径和代号含义

类型 \ 车轮直径/mm(英寸)	710(28)	660(26)	610(24)	560(22)	510(20)	455(18)	405(16)
男式	A	E	G	K	M	O	Q
女式	B	F	H	L	N	P	R

> 男式自行车是指车架上管与中立管的中心线交点，至中接头中心的距离大于或等于中立管高度三分之二的自行车。
>
> 女式自行车是指车架上管与中立管的中心线交点，至中接头中心的距离小于中立管高度三分之二的自行车。

电动自行车传动方向代号及含义如表 1-2 所示。

表 1-2　电动自行车传动方式代号及含义

代号	Z	L	P	M	Q
含义	轴传动	链传动	皮带传动	摩擦传动	其他传动

目前电动自行车广泛采用的是轴传动方式。比如，TDL01Z 型电动自行车是指 22 英寸的女式电动自行车。

◇训练 3：对着实物学组成

由于电动自行车是在普通自行车基础上发展而来的，所以它由机械和电气两大部分构成。其中，机械部分由车架、前轮、后轮、前叉、车座、链条、脚踏板等组成，而电气部分由电

机、控制器、蓄电池、仪表、大灯、后尾灯等构成,如图 1-12 所示。

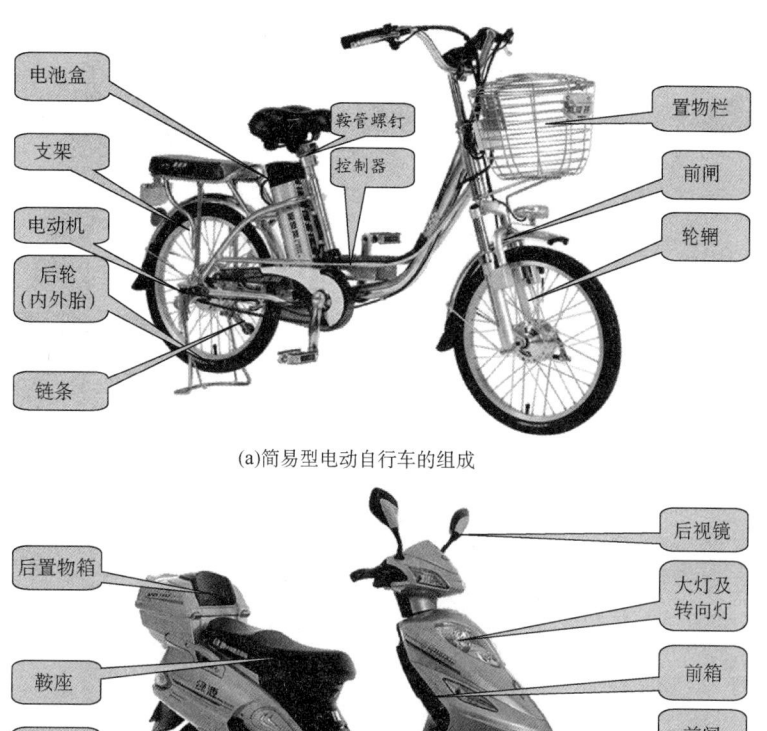

(a)简易型电动自行车的组成

(b)豪华型电动自行车的组成

图 1-12　典型电动自行车组成

电动自行车的组成一般可以按电气部分及机械部分来分类,机械部分一般为自行车的部分配件,此处就不多做介绍,将以电气部分为主。

1."四大件"

"四大件"包括蓄电池、控制器、电机、充电器。

如图 1-13 所示,是单体蓄电池,一般由 2～5 个 12 V 的蓄电池串联组成 36 V 或 38 V 的电池组。它是电动自行车的能源中心,它为整车电气系统供电。

图 1-13　蓄电池

如图 1-14 所示,充电器是给蓄电池充电的设备,它将交流电转换成直流电并储存到蓄电池内部。

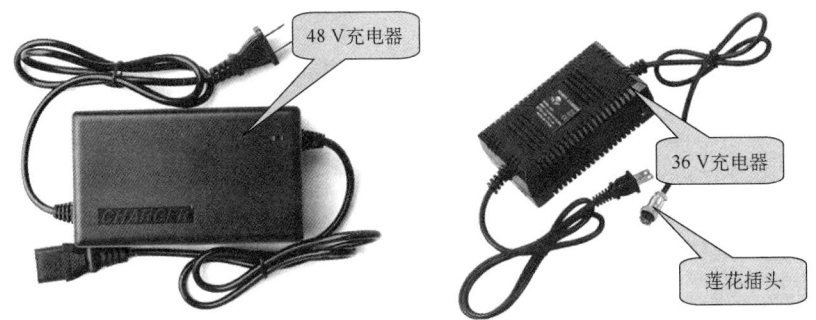

图 1-14　充电器

如图 1-15 所示,控制器控制蓄电池输出电流大小,实现驱动电机旋转并控制转速的目的。

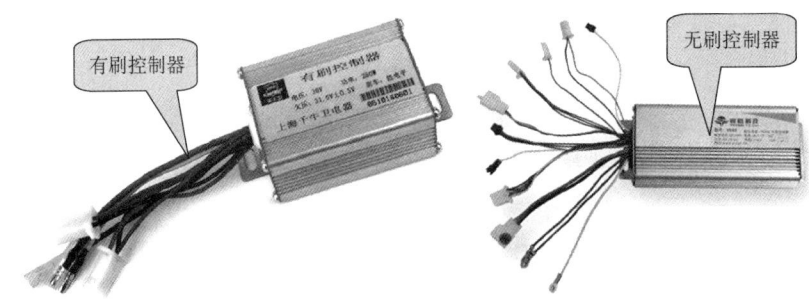

图 1-15　控制器

电机(如图 1-10、图 1-11 所示)是将电能转换为机械能的设备,通过它带动车轮旋转。

2. 转把、闸把、助力传感器

转把、闸把、助力传感器是为控制器提供控制信号的操作部件。

(1)转把

如图 1-16 所示,转把输出的控制信号是速度调整信号,当骑行者旋转转把时,输出的调速信号不同,使控制器为电机提供的驱动电流发生变化,从而改变电机产生的旋转磁场的大小,也就改变了电机的转速,实现了车速的调整。

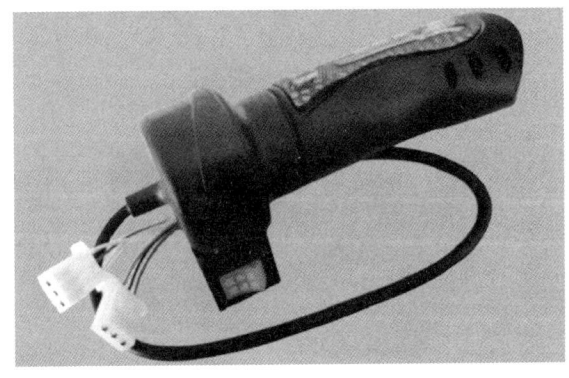

图 1-16　转把

（2）闸把

如图 1-17 所示,闸把(或称刹把)输出的控制信号是刹车信号,当骑行者需要刹车时,闸把给控制器一个控制信号,被控制器处理后不再为电机提供驱动电流,电机停转,实现刹车断电控制功能。

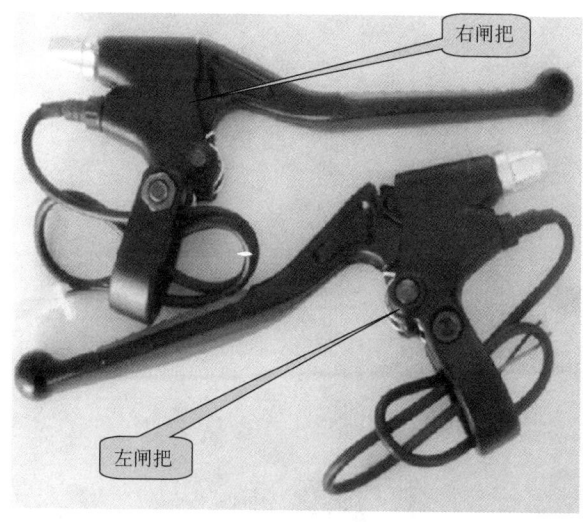

图 1-17　闸把

（3）助力传感器

如图 1-18 所示,助力传感器是当电动自行车处于助力状态时检测骑行脚蹬力矩或脚蹬速度信号的装置。控制器根据助力传感器信号的大小分配给电机相应的驱动电流,以实现人力与电力共同驱动自行车行走的目的。

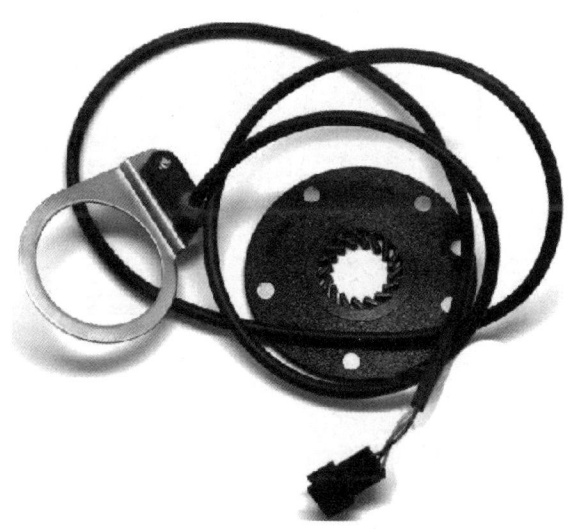

图 1-18　助力传感器

3. 灯具、仪表

灯具、仪表部分是提供照明并提示电动自行车状态的部件组合,分为 LED 数码显示型、指针显示型和 LED 指示灯显示型 3 种,如图 1-19 所示。仪表一般提供蓄电池能量(电压)

显示、车速显示、骑行状态显示、灯具状态显示等功能,对其进行相应加减使用,典型的显示项目的功能如表1-3所示。

(a)LED数码显示型

(b)指针型显示

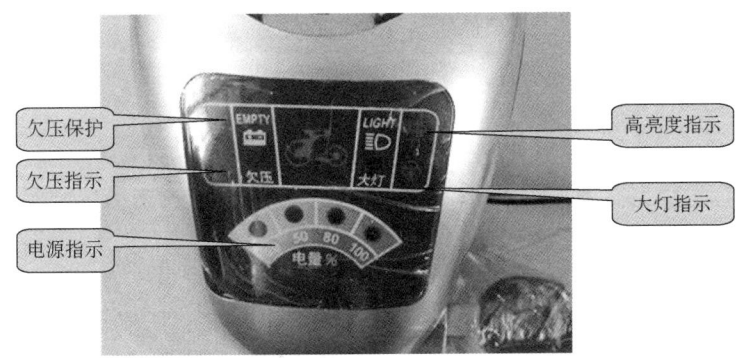

(c)指示灯显示型

图 1-19　显示仪表

表 1-3　仪表显示项目的功能

项目	功能
电源指示	整车电源接通指示
电池电压	蓄电池电压指示
欠压指示	蓄电池达到终止电压指标
过流指示	电机超过允许最大连续工作电流指示
电机电流	电机运行电流大小指示

续表

项目	功能
行驶速度	智能电动"1∶1助力"、"电动"、"定速"骑行状态指示
	行驶车速(km/h)指示
灯具指示	大灯、左右转向灯、刹车灯工作状态指示
累计里程	电动累计行驶公里数指示
本次里程	本次通电行驶的公里数指示
行驶时间	本次通电行驶的时间(时、分、秒)指示
当前温度	当前环境温度指示

项目2:电动自行车的性能参数

◇课程1:电动自行车的主要性能参数

随着电动自行车应用范围越来越广,也相应引发了一些社会问题,比如,近几年来因电动自行车造成的交通事故急剧上升。为此,电动自行车的安全行驶需要具备一些技术指标。我国目前涉及电动自行车安全等方面的法律法规主要有两项:一项是在生产管理方面,将电动自行车纳入生产许可证管理范畴,未经许可,不得生产、销售;另一项是在交通管理方面,将电动自行车纳入非机动车管理范畴。关于电动自行车的安全性能标准,必须符合 GB 17761—1999《电动自行车通用技术条件》的国家标准。

1. 最高车速不超过 20 km/h

根据标准规定,电动自行车的最高车速为 20 km/h。速度过快不仅加快了车辆的磨损,增大单位里程的能耗,而且增大了惯性,加大了车架和前叉等主体部件的负荷,导致制动性能下降,缩短了电动自行车的使用寿命,甚至容易给用户带来伤害。

2. 要防止"飞车"

电动自行车的电机由控制器进行驱动和调整速度,一旦控制器中的末级驱动管击穿短路,为电机绕组提供的电流将达到最大,又因电机绕组是感性元件,所以绕组将产生数十安培的堵转冲击电流,若保险管不能及时熔断,则电机转速达到最大,使车速达到最大,人们把这种情况称为"飞车"。"飞车"不仅给电机带来危害,而且容易引发交通事故。为了防止"飞车",需要设置防"飞车"保护电路。这样,一旦控制器异常引发"飞车"现象时,用户通过简单的操作就可迅速切断总电源,确保人车的安全。

3. 前叉及前叉组件损坏

前叉及前叉组件承受着很大的冲击,特别在紧急刹车等特殊情况下,若锁紧螺杆松动、车把强度不够以及前叉承力部位的薄弱等,可能会造成严重事故。因此,强化前叉及前叉组件产品质量是十分重要的。

4. 电热失控

电热失控引发的事故有两类：一类是电动自行车某些部件接触电阻过大，这样接触不良部位在行车过程中因流过的电流过大而急剧发热，容易导致电动自行车"自燃"；另一类是低成本、低质量的充电器在充电过程中严重发热可能引发"自燃"，或有的充电器出现故障而保险管不能及时熔断也可能出现"自燃"。充电器一旦"自燃"且不能及时处理，则可能引发火灾等更严重的后果。因此，除了要确保电动自行车电气部件质量可靠和各接插件的接触良好外，还要采用保护功能完善、可靠性高的充电器。

另外，制动性也是电动自行车的重要技术指标。选择优质的制动系统是降低维修率和提高安全性的基本保证。

◇课程2：电动自行车的选购标准

1. 看车型

首先看哪一款式适合骑行，一般选购电力助动和人力骑行都相宜的车型较为方便实用，这样在蓄电池存储的电压用完后还可以人力骑行。

2. 看厂家

目前我国电动自行车生产企业有1000多家，但并非都严格按《电动自行车安全通用技术标准》生产，于是不同品牌、不同型号的电动自行车质量上可能出现鱼目混珠、参差不齐的现象。因此，购买时要选择设施完善、技术力量雄厚、管理严谨的电动自行车名牌厂家生产的产品。

3. 看机械系统

车型选中后，则要看车的机械结构装配情况，如车辆整体是否左右对称；传动部件能否轻松灵活地运转，且不与固定件摩擦；油漆件、镀铬部件的外观是否平滑、光亮；螺母等紧固件是否坚固。

4. 看电器系统

将电门开关（电源锁）打开，看控制面板上的标志是否都正确显示（电量、车速、欠压等指标）；转把能否灵活转动，能否正常调速；刹车时能否制动断电；前灯和喇叭是否正常。

5. 看说明书

应仔细阅读该车说明书，了解说明书给出的一些重要参数，如蓄电池的实际容量、放电时率、自放电和自放电率、续行里程、电机的额定输出功率等参数是否符合要求。

6. 看重量

由于锂离子电池较轻，所以没有合适场所存车的骑行者，应该考虑购买采用锂离子电池的电动自行车；而对于存车方便的骑行者，可考虑购买采用价格便宜的铅酸蓄电池的电动自行车。

项目3:准备检修电动自行车工具器材

◇训练1:检修通用工具

由于电动自行车是机、电结合的产物,所以用于其检修的工具较多,接下来将一一介绍。

1. 内六角扳手

电动自行车的连接螺钉使用了很多内六角螺钉,这就必须使用内六角扳手对这些螺钉进行松动和紧固。内六角扳手的尺寸为9～22.5 cm,其外形如图1-20所示。

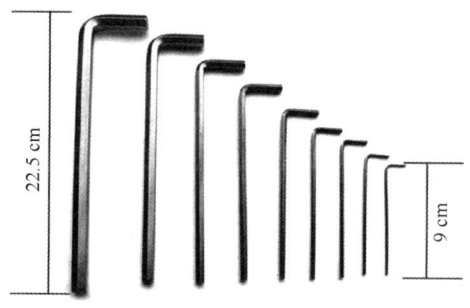

图1-20 内六角扳手

2. 套管扳手

电动自行车使用了很多外六角螺母,这就必须采用相应的套管扳手进行紧固或松动,它们的外形如图1-21所示。

图1-21 套管扳手

3. 尖嘴钳、偏嘴钳、克丝钳

尖嘴钳采用尖嘴结构,便于夹捏,所以它主要用于夹持安装较小的垫片和弯制较小的导线等;偏嘴钳(也叫斜口钳、偏口钳)可以用来剪切导线;克丝钳(也叫钢丝钳)用来剪断钢丝。它们的外形如图1-22所示。

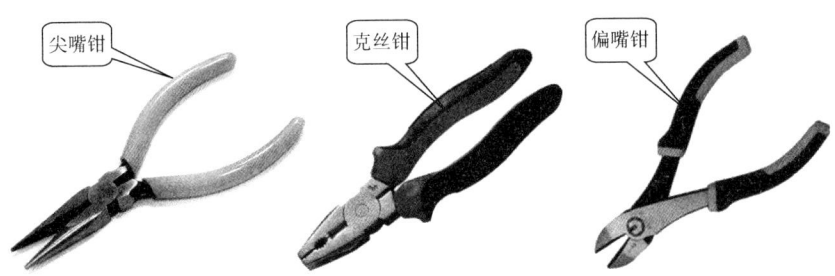

图 1-22　尖嘴钳、偏嘴钳、克丝钳

4．剥线钳

剥线钳也叫拔丝钳，主要用来剥去导线塑料皮。它具有 0.5 mm、0.8 mm、1 mm 等不同的口，以胜任不同线径导线的剥皮工作。它的外形如图 1-23 所示。

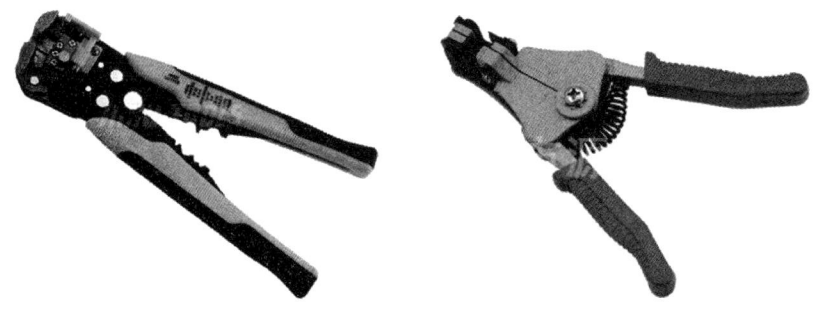

图 1-23　剥线钳

5．螺丝刀

维修人员一般需要准备大、中、小三种规格的"十字"和"一字"电工专用螺丝刀（也叫改锥）。这样，在维修时能松动和紧固各种圆头或平头机械和电气螺钉。如果有条件的话，使用带磁螺丝刀或者电动螺丝刀效率会更高。普通螺丝刀的外形如图 1-24(a)所示，电动螺丝刀的外形如图 1-24(b)所示。

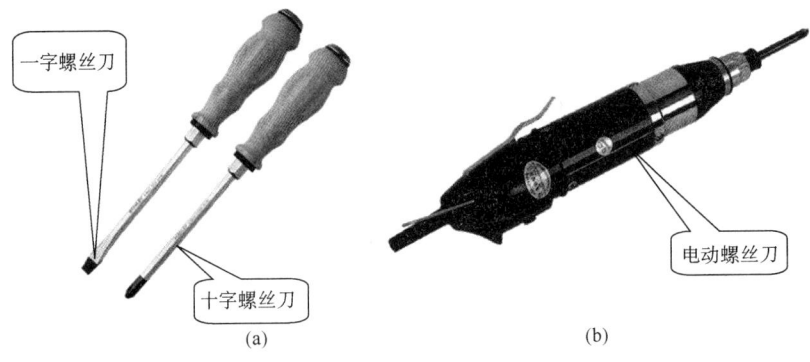

图 1-24　螺丝刀

6．电烙铁

电烙铁是用于锡焊的专用工具，有内加热和外加热两种，电功率通常在 10～300 W。而电动自行车维修最好采用25 W和50 W两种规格的电烙铁。25 W电烙铁通常用于焊接电路板上的元器件,50 W电烙铁则用于焊接供电线路上较大的焊点,如图1-25所示。

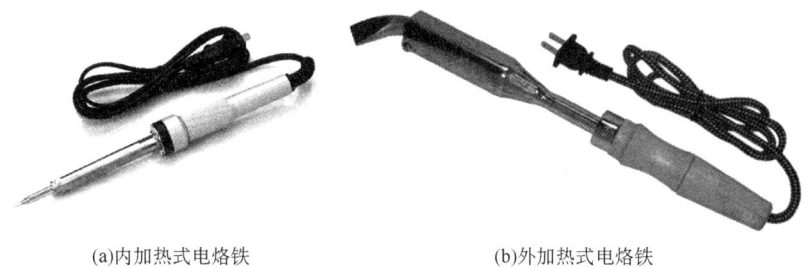

(a)内加热式电烙铁　　　　　　(b)外加热式电烙铁

图1-25　电烙铁

7. 松香

松香是用于焊接的辅助材料。为了避免焊接新的元器件或导线时出现虚焊的现象,需将管脚或接头部位沾上松香,再镀上焊锡进行焊接。塑料盒装的松香外形如图1-26所示。

图1-26　松香　　　　　　图1-27　焊锡

8. 焊锡

焊锡是用于焊接的主要材料。焊锡的外形如图1-27所示。

目前许多焊锡丝已经内置了松香,这样焊接时通常不需要再单独使用松香。

9. 吸锡器

吸锡器是专门用来吸取电路板上焊锡的工具。当需要拆卸集成电路、开关变压器、开关管等元器件时,由于它们引脚较多或焊锡较多,所以在用电烙铁将所要拆卸元器件引脚上的焊锡熔化后,再用吸锡器将焊锡吸掉。吸锡器的外形如图1-28所示。

10. 毛刷

毛刷是用于清扫灰尘的工具。毛刷的外形如图1-29所示。

图1-28　吸锡器　　　　　　图1-29　毛刷

◇训练 2：检修专用的仪器、仪表

在上一节中讲述到的工具，使用简单，而在本节所要讲述的工具，相对要复杂些，所以会增加相应使用的图解。电动自行车维修常用的仪器有万用表、稳压电源、示波器、无刷电机检测仪、蓄电池检测仪、充电器检测器、蓄电池修复仪等。由于蓄电池和控制器、电机等电气设备的检修工作用稳压电源、万用表、无刷电机检测仪和示波器就可胜任，所以不再介绍蓄电池检测仪器和充电器检测仪。蓄电池修复仪将在后面的蓄电池部分进行介绍。

由于示波器成本较高，而且有时可以用万用表来进行替代，所以在学习时也仅要求了解即可。

1. 万用表

常见的万用表有指针式万用表和数字万用表。它们的外形如图 1-30 所示。

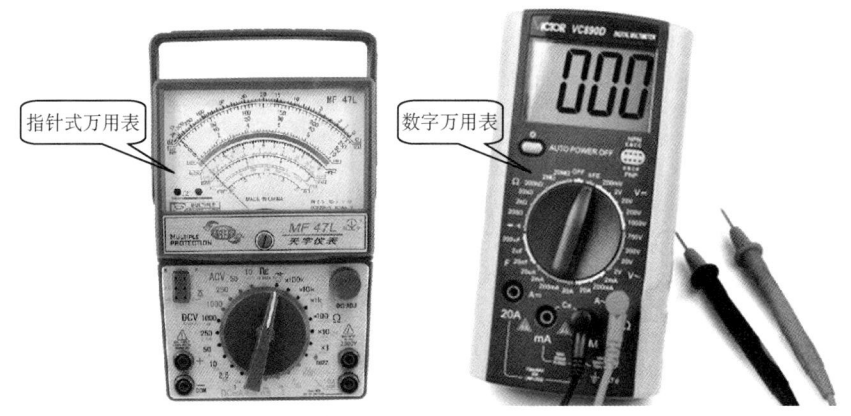

图 1-30　万用表

（1）指针式万用表

指针式万用表具有指示直观、测量速度快等优点。但它的输入阻抗相对较小，测量误差较大，通常用于测量可变的电压、电流及电阻值，并可通过观察表头指针的摆动情况来判断电压、电流的变化范围。

（2）数字万用表

数字万用表具有输入阻抗高、误差小、读数准确、直观等优点，但显示速度较慢，一般用于测量电压、电流值。另外，用数字万用表的"蜂鸣"挡测线路的通断比较方便、准确。

（3）万用表的使用

①电压的测量

直流电压的测量：

测量直流电压时，万用表构成直流电压表，直接并接于被测电压两端。例如，在图 1-31 所示电路中，若需测量电阻 R_2

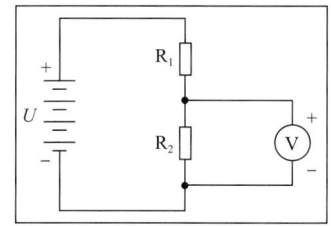

图 1-31　测量电压时万用表应并接于电路

上的压降,将电压表并接于 R_2 上即可。

测量 1000 V 及其以下直流电压时,转动万用表上的测量选择开关至所需的直流 V 挡,如图 1-32 所示。

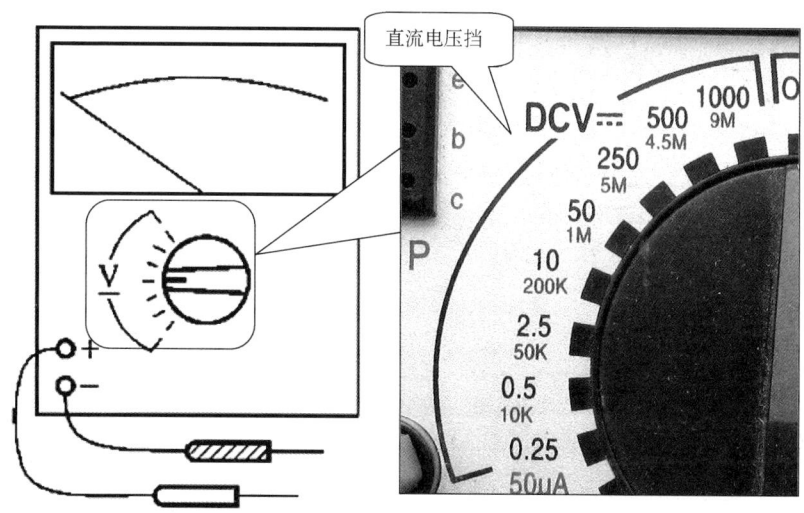

图 1-32　选择直流电压挡位

测量 1000 V 以上至 2500 V 的直流电压时,将测量选择开关置于直流"1000 V"挡,并将正表笔改插入 2500 V 专用插孔,如图 1-33 所示。

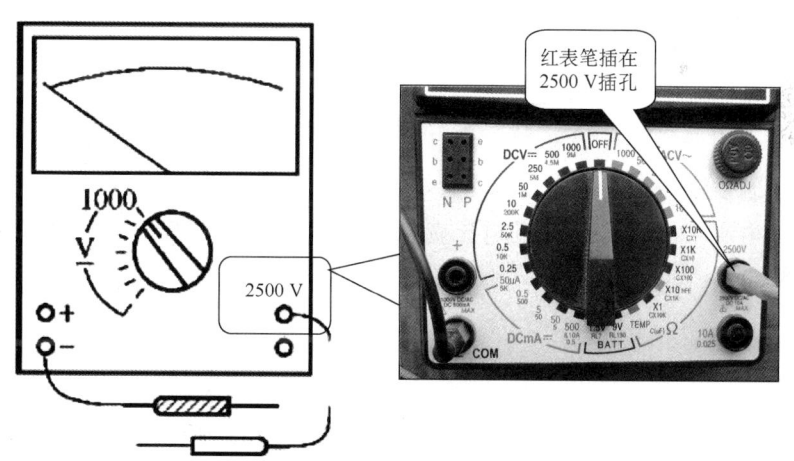

图 1-33　测量 1000 V 以上电压时

交流电压的测量:

测量交流电压与测量直流电压相似,不同之处是两表笔可以不分正、负。测量 1000 V 及其以下交流电压时,转动万用表上的测量选择开关至所需的交流 V 挡,如图 1-34、1-35 所示。

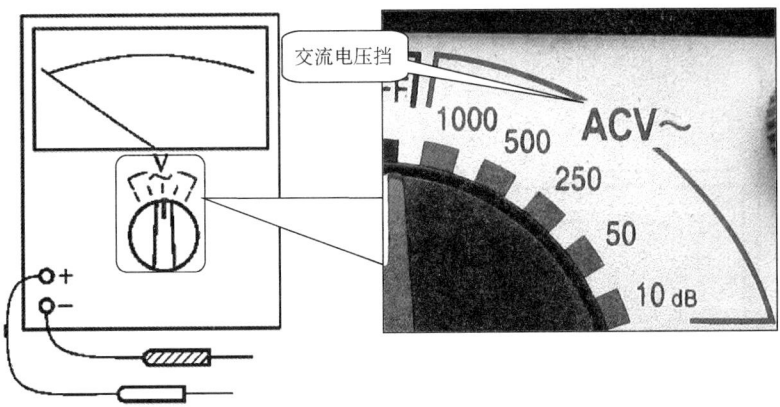

图 1-34 选择交流电压挡位

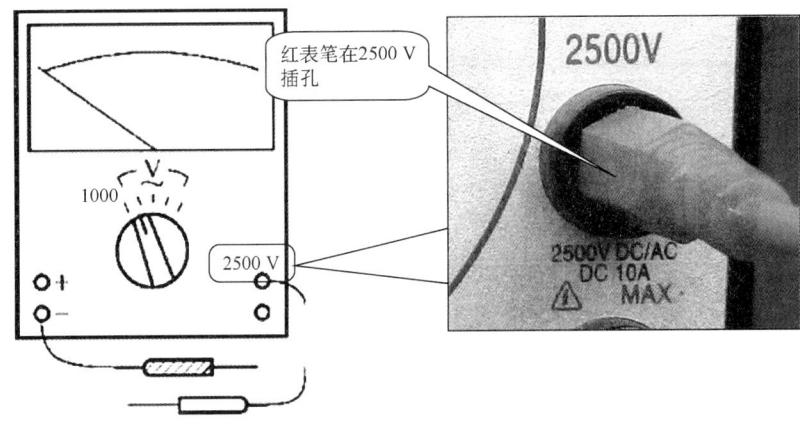

图 1-35 测量 1000 V 以上交流电压时

② 电流的测量

测量直流电流时,万用表构成的电流表应串入被测电路,如图 1-36 所示,既可以串入电源正极与被测电路之间,也可以串入被测电路与电源负极之间。

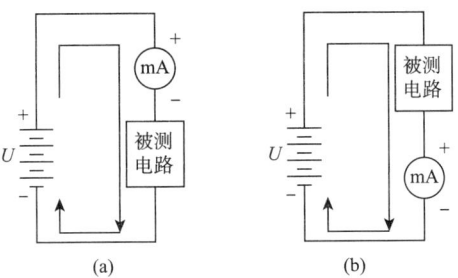

图 1-36 测量电流万用表应串入电路

测量 500 mA 及其以下直流电流时,转动万用表上的测量选择开关至所需的 mA 挡,如图 1-37 所示。测量 500 mA 以上至 5A 的直流电流时,将测量选择开关置于"500 mA"挡,并将正表笔改插入 5A 专用插孔,如图 1-38 所示。

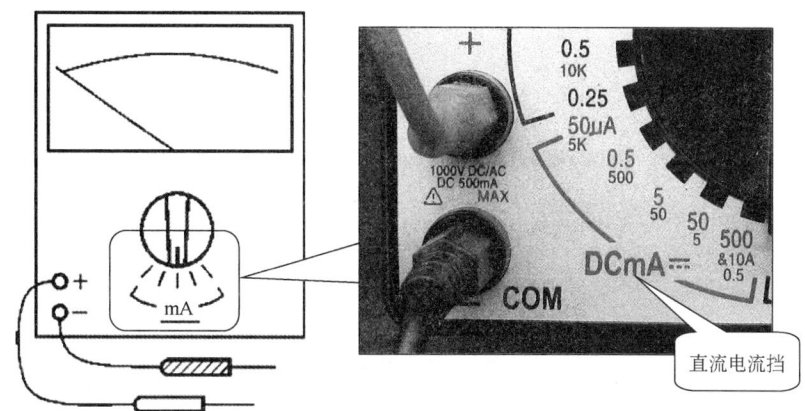

图 1-37　选择电流挡

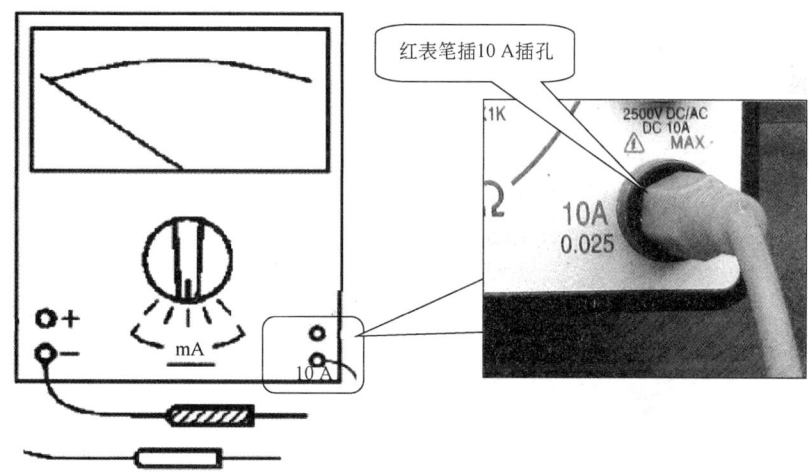

图 1-38　选择电流挡位

2. 直流稳压电源

直流稳压电源在维修控制器时为它提供稳定的直流供电电压,便于对控制器进行测试和维修。目前的直流稳压电源型号较多,但功能基本一致。通常维修控制器时采用直流电压在 0～50 V 可调的直流电源即可,典型的直流稳压电源外形如图 1-39 所示。

直流稳压电源使用时只需要将带有鳄鱼夹的连接线连接到机器端口即可。

3. 示波器

示波器能够观察和测量各种时域信号波形。由于充电器、控制器内许多电路工作在脉冲状态,所以很多点的工作电压为交流电压,往往用万用表无法准确地测量,用示波器则可直观地反映信号的波形,并能定量地测量出

图 1-39　直流稳压电源

电信号的各种参数,如频率、周期、幅度、直流电位等,帮助我们分析、判断故障部位。目前,电气维修时常用示波器的工作频率为 20~100 MHz。典型的双踪示波器外形如图 1-40 所示。

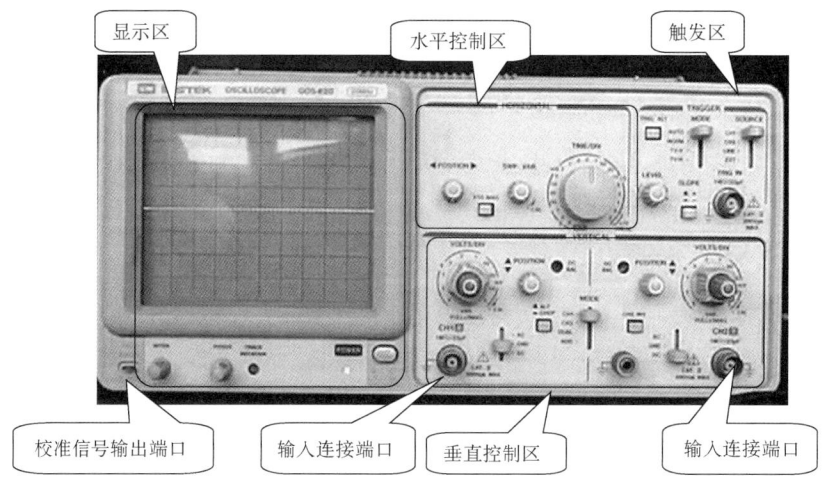

图 1-40　示波器的外观

(1)示波器的调校

探棒校正及垂直偏向灵敏度检查:

①首先将信号源(即方波校准信号)输入到通道 1,如图 1-41 所示。

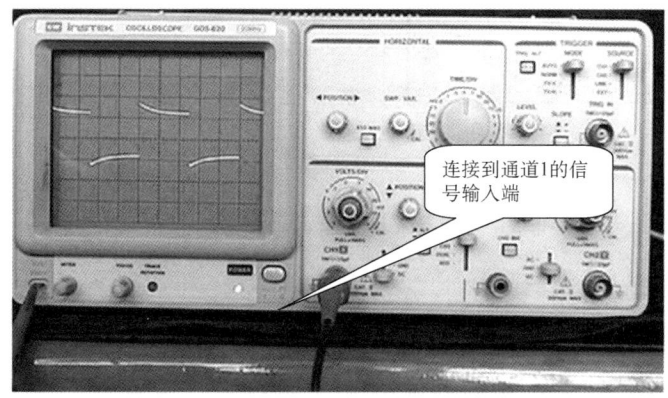

图 1-41　连接信号源

②根据探棒上的信号衰减开关置于 10 倍挡,如图 1-42 所示。

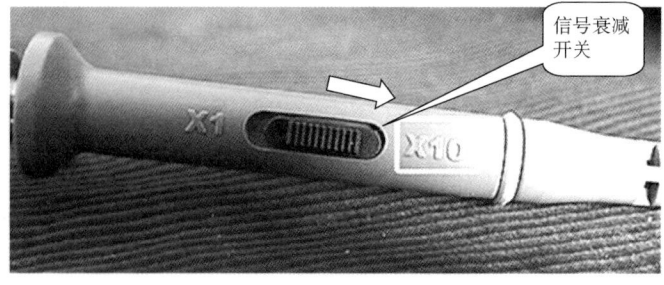

图 1-42　将信号衰减开关置于 10 倍挡

③将通道1垂直衰减钮转至 50 μV 位置,如图 1-43 所示。

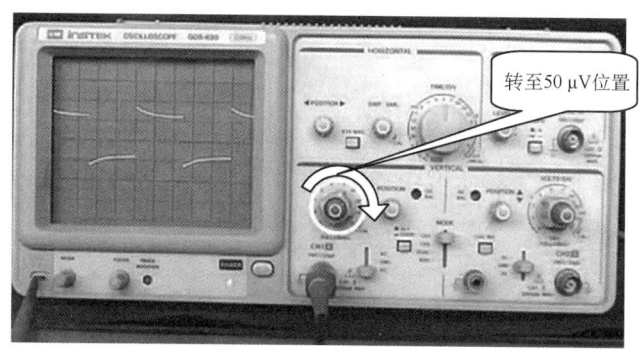

图 1-43 调节衰减旋钮

④如图 1-44 所示,调整探棒上的补偿螺栓,使输入的方波信号最平坦。

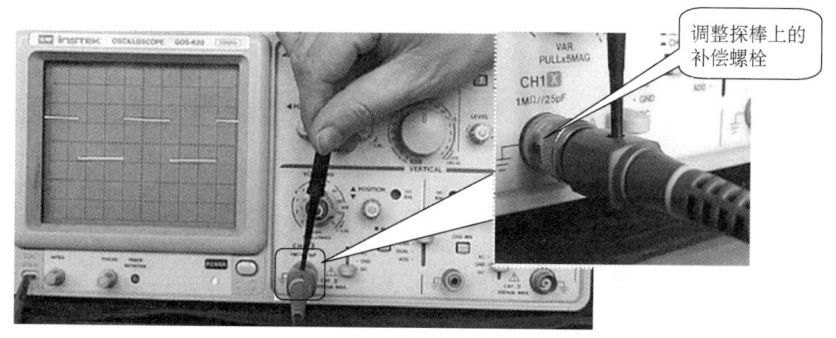

图 1-44 调整探棒上的补偿螺栓

⑤然后测量峰波值是否为 2 V。

(2)测量交直流电压

从信号源输入带直流分量的正弦信号,测量交/直流分量。

①将直流信号选择按钮置于通道 1 位置,如图 1-45 所示。

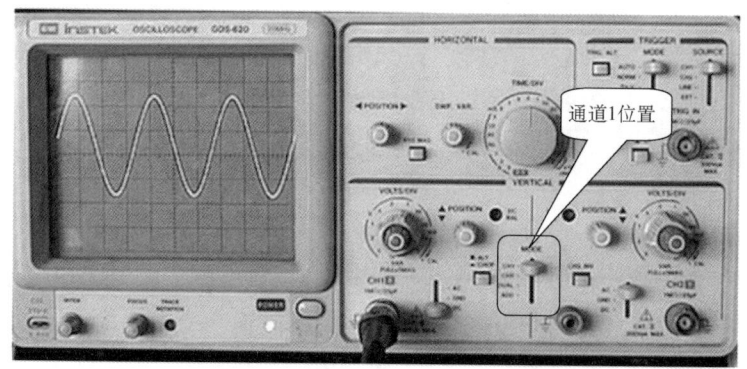

图 1-45 将直流信号选择按钮置于通道 1 位置

②如图 1-46 所示,将通道 1 耦合开关置于接零位置。

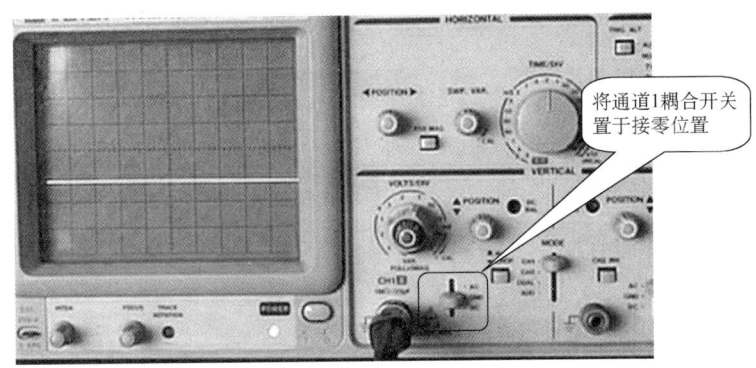

图 1-46　调整通道 1 耦合开关

③如图 1-47 所示,将触发信号源选择开关置于通道 1 位置。将触发模式选择开关置于自动触发模式。

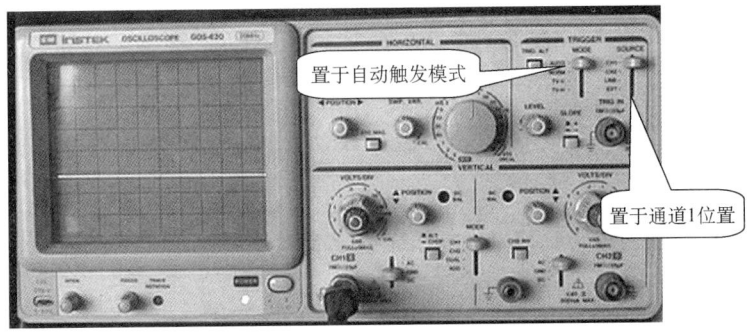

图 1-47　调整触发区按钮

④等待屏幕出现一条直线波形,然后调节轨迹垂直位置调整钮,使直线处于正中位置,如图 1-48 所示。

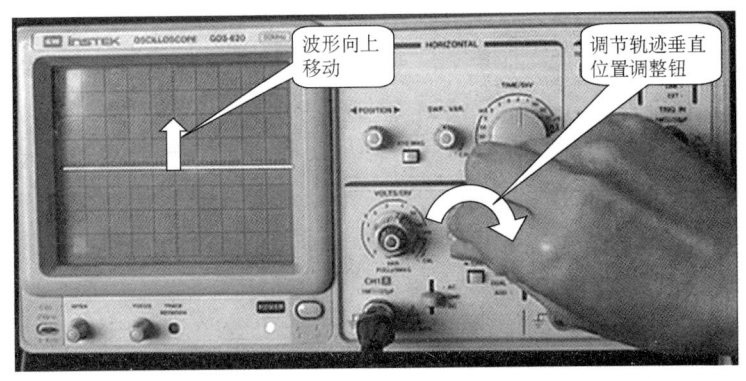

图 1-48　调整波形垂直位置

⑤将信号源输入到通道 1,然后将通道 1 输入信号耦合选择开关置于交流位置,如图 1-49 所示,即可出现如图 1-50 所示波形。

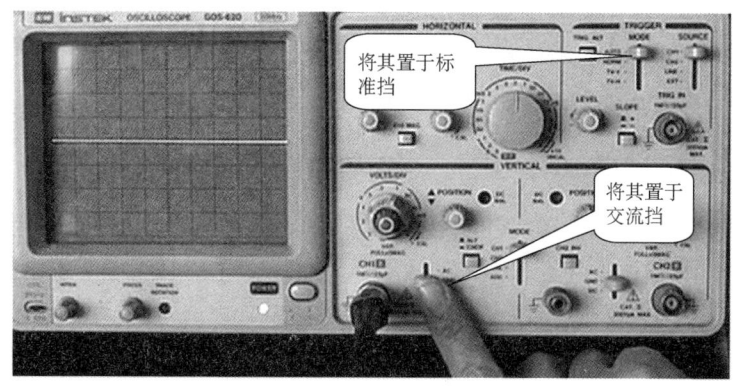

图 1-49　调整输入信号类型

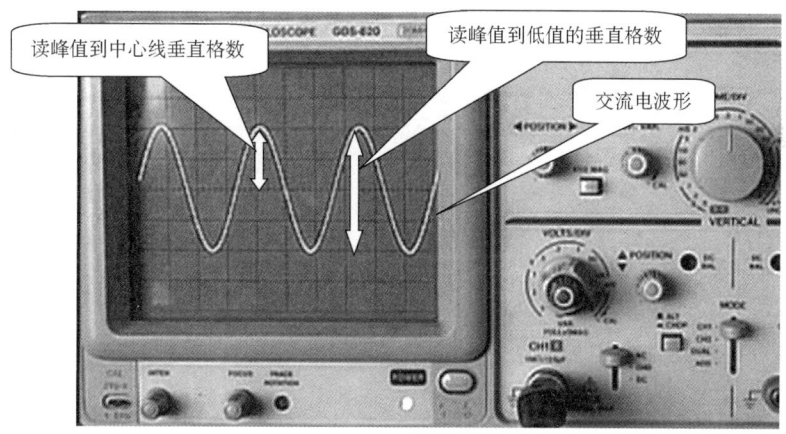

图 1-50　出现交流电波形

峰值到中心线垂直格数乘以垂直衰减挡位值，其结果就是正弦幅值；峰值到最低值的垂直格数乘以垂直衰减挡位值，其结果就是峰峰值。

（3）使用注意事项

为了安全、可靠地使用示波器，测试时维修人员应该注意以下事项：

①对于采用热接地方式的小家电（如电磁炉），需要通过隔离变压器为该电器供电，或通过直流稳压电源为被测电路供电后才能测试，否则会导致示波器损坏。

②测试前，应先估算被测信号幅度的大小，若不明确，应将示波器的幅度扫描调节旋钮（VOLTS/DIV）置于最大挡，以避免因电压过大而损坏示波器。

③示波器工作时，周围不要放大功率的变压器，以免测出的波形出现重影或噪波干扰。

④示波器可作为高内阻的电流、电压表使用。部分小家电产品中的时钟振荡器、锯齿波形成的电路中很多都是高内阻电路，若使用一般万用表测电压，由于万用表的内阻较低，测量结果会不准确，而且可能会影响被测电路的正常工作，甚至会导致部分元器件损坏。但由于示波器的输入阻抗较高，可使用示波器的直流输入方式，先将示波器输入接地，确定好示波器的零基线，就能方便准确地测出被测信号的直流电压了。

⑤在测量小信号波形时，由于被测信号较弱，示波器上显示的波形不易同步，这时可仔细调节示波器上的触发电平旋钮，使被测信号稳定同步，必要时可配合调节扫描微调旋钮。

调节扫描微调旋钮会使屏幕上显示的频率读数发生变化,给计算频率造成一定困难。一般情况下,应将此旋钮顺时针旋转到底,使之位于校正位置(CAL)。

4. 无刷电动机检测仪

无刷电动机检测仪不仅可辨别无刷电机的相位是 60°还是 120°,还可快速检测出助力器、刹把内和电机内的霍尔元件是否正常,所以使用该仪器可使电动自行车无刷电机的维修变得简单、准确,其外形如图 1-51 所示。

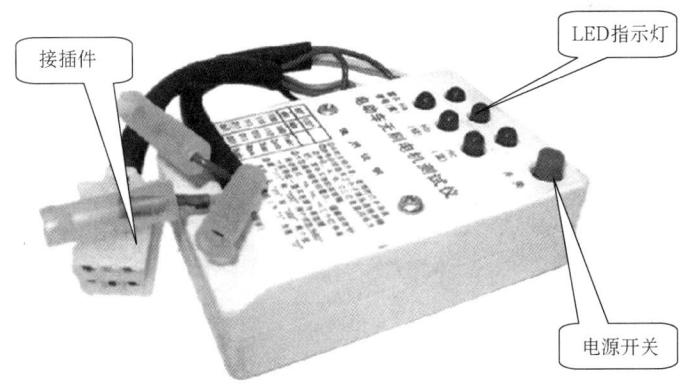

图 1-51　无刷电动机检测仪

(1)电动机霍尔元件的检测

①将检测仪的 3 根连线与电动机的 3 根连线相连(电动机的 3 根粗线,无需考虑颜色和顺序,可以随意连接),如图 1-52 所示。

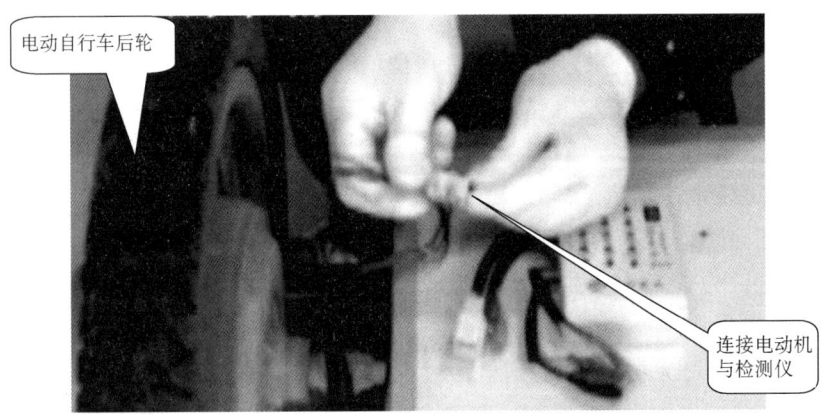

图 1-52　连接电动机与检测仪

②检测时,不需要打开仪器的电池开关,只需要顺时针转动电动机,可以看到测试仪上第 4 排 3 个指示灯点亮且闪烁,如图 1-53 所示。

3 个指示灯点亮且闪烁即为正常;如果有一个或两个或 3 个不亮即为有故障(其中哪个指示灯不亮,表明这一组绕组有故障或有接触不良)。

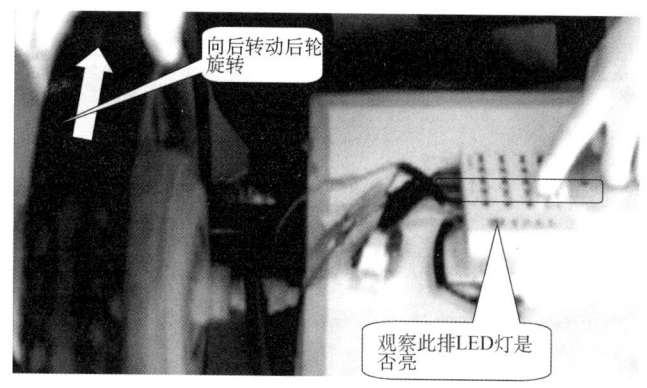

图1-53 观察后轮旋转时检查仪的灯亮情况

(2)判断电动机相位角的检测

关于60°或120°相位角的详细概念请参见本书第三日项目4中电动机故障分析的内容。

①首先将电机引线与测试仪连接,如图1-54所示。

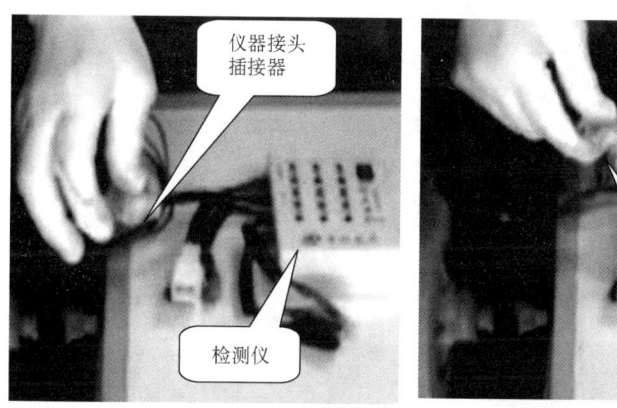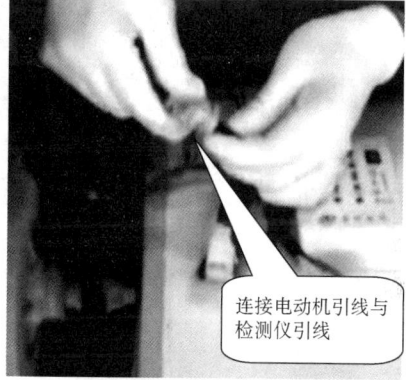

图1-54 将电动机引线与检测仪相连

连接时确保电动机引线颜色与检测仪引线颜色相同即可。

②打开无刷电动机霍尔元件检测仪电源开关,如图1-55所示。

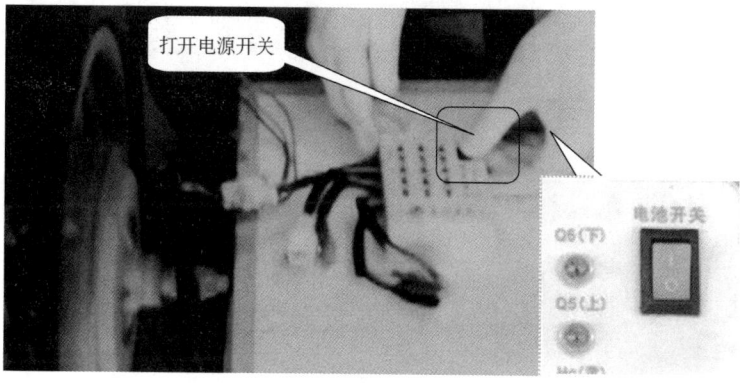

图1-55 打开检测仪电源

③开始检测，其亮灯过程如图1-56所示。

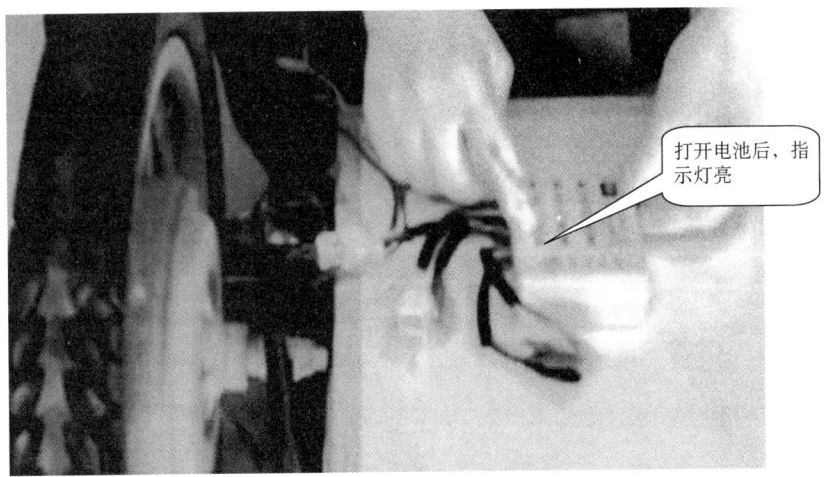

(a)指示灯亮

(b)检测指示灯亮

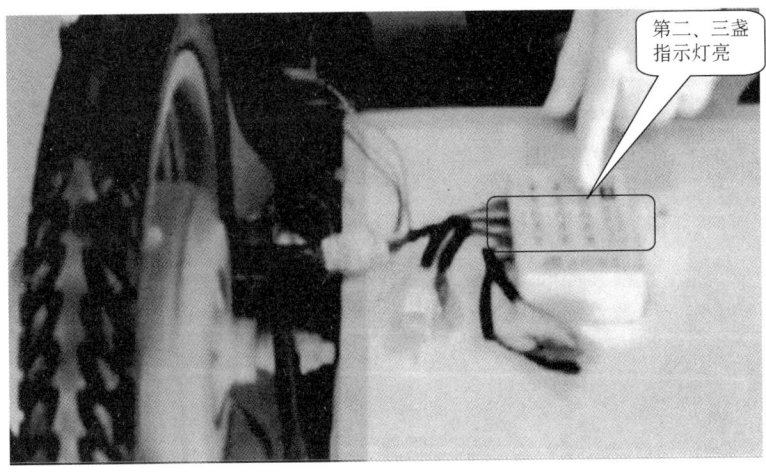

(c)第二、三盏指示灯亮

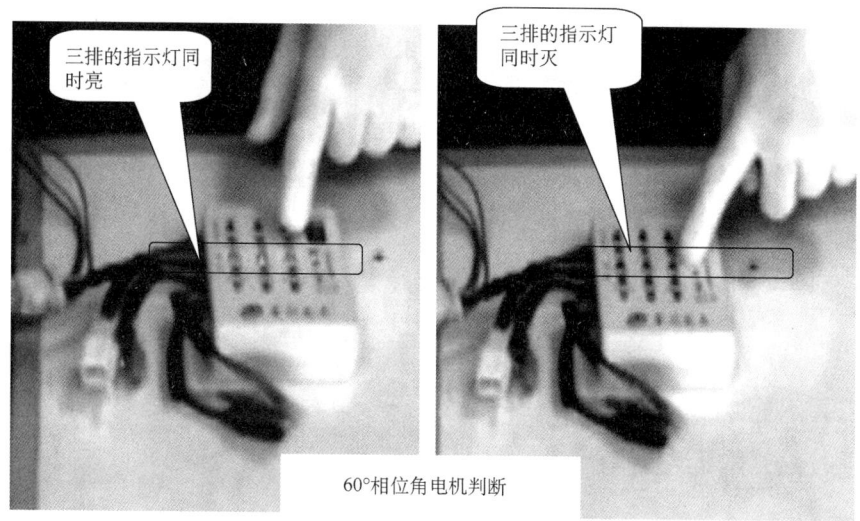

(d) 三排指示灯同时亮/灭

图 1-56　检测电动机相位角

④其中,第 3 排指示灯,三盏灯同时亮,然后再同时灭,说明此电动机为 60°相位角的电动机。

(3) 120°相位角的状态检测

①首先将电动机引线与检测仪连接,如图 1-57 所示,然后打开电池开关。

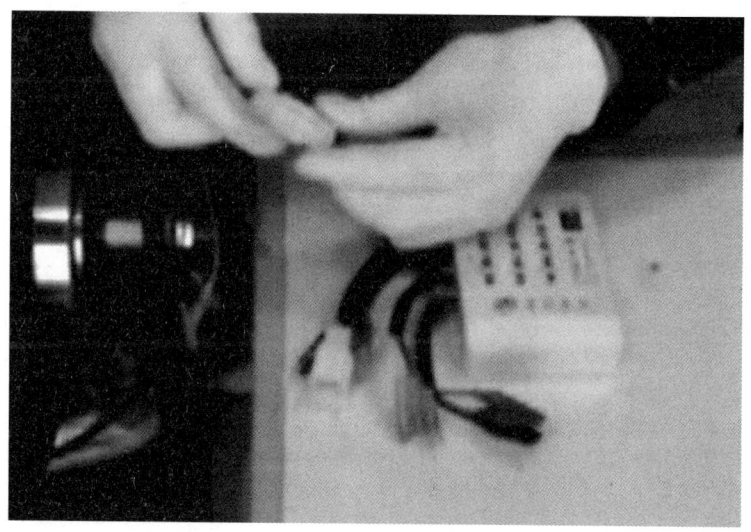

图 1-57　连接电动机及检测仪

②然后观察检测仪显示的数值状态,其过程如图 1-58 所示,其中灯亮表示为 1,灯灭表示为 0。

> 仪器插口不可改动,以避免接触不良,正(红)、负(黑)极不能接反,用后要切断电源,不能掉落或进水。

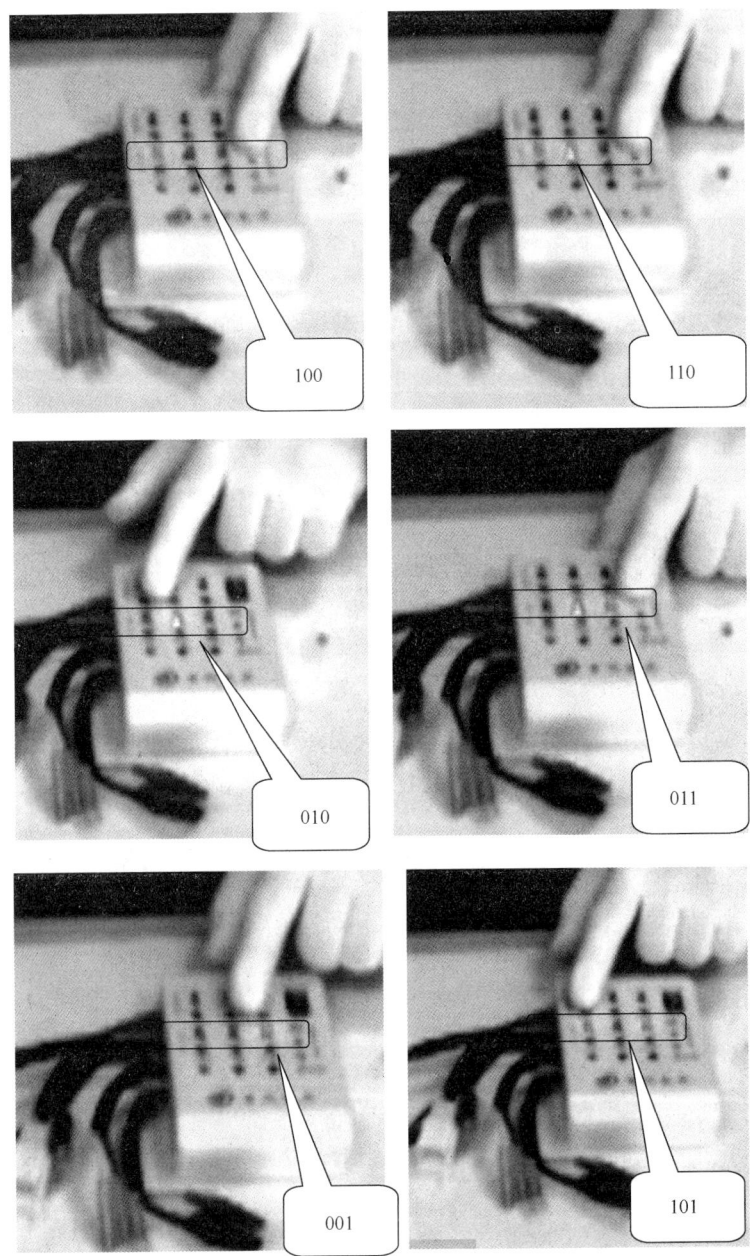

图 1-58 无刷电动机霍尔检测仪检测过程

第二日 电动自行车元件检测及更换

项目1:电动自行车电子元件检测

◇训练1:电阻的认识及检测

电阻在电路中通常起分压分流作用,它的单位是欧姆(Ω)。为了对不同阻值的电阻器进行标注,通常使用千欧(kΩ)、兆欧(MΩ)。其换算关系为:

$$1 \text{ k}\Omega = 1000 \text{ }\Omega$$
$$1 \text{ M}\Omega = 1000 \text{ k}\Omega$$

1. 电阻器的型号识别

根据标准规定,电阻器产品的型号由四部分组成,各部分的含义如下:

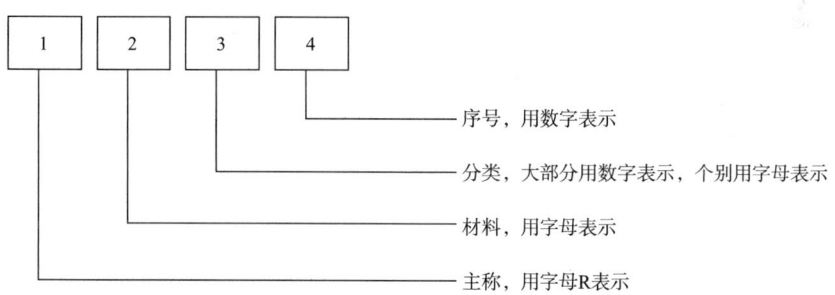

- 序号,用数字表示
- 分类,大部分用数字表示,个别用字母表示
- 材料,用字母表示
- 主称,用字母R表示

其中材料代号的含义如表所示。

表2-1 材料代号的含义

符号	T	H	S	N	J	Y	G	I	X	F
含义	碳膜	合成膜	有机实芯	无机实芯	金属膜	氧化膜	沉积膜	玻璃轴膜	线绕	复合膜

2. 电阻的分类

电阻器可以分为可变电阻与固定电阻。

(1)固定电阻

固定电阻器在电路中通常用字母"R"表示,其电路符号如图2-1所示。

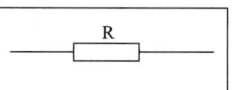

图2-1 电阻器的电路符号

固定电阻在电动车中一般出现在控制器和充电器中。

固定电阻器通常采用以下三种标注方法。

① 直标法

即直接在电阻器的表面标明其阻值,如 100 Ω、1 kΩ、1 MΩ 等。

② 数字符号法

即在电阻器表面用三位数表示其阻值的大小,三位数的前两位是有效数字,第三位数是 10 的指数,如 100 表示 10 Ω,101 表示 100 Ω;当阻值小于 101 Ω 时,以"R"表示,这里的 R 表示小数点,如 5R1 表示 5.11 Ω,R22 表示 0.221 Ω。

③ 色环标注法

简称色标法,即将表示元件各种参数值的颜色直接标志在产品表面上的一种方法,各种颜色表示的数值如表 2-2 所示。

表 2-2　电阻器表面色环与数字的关系

颜色	数字	乘数	允许误差/%	颜色	数字	乘数	允许误差/%
银色	—	10^{-2}	±10	黄色	4	10^4	—
金色	—	10^{-1}	±5	绿色	5	10^5	±0.5
黑色	0	10^0	—	蓝色	6	10^6	±0.2
棕色	1	10^1	±1	紫色	7	10^7	±0.1
红色	2	10^2	±2	灰色	8	10^8	—
橙色	3	10^3	—	白色	9	10^9	+5～−20

根据表 2-2 可知,图 2-2(a)所示电阻器的阻值为 27000 Ω(271),允许误差 ±0.5%;图 2-2(b)所示电阻器的阻值为 17.51 Ω,允许误差 ±1%。

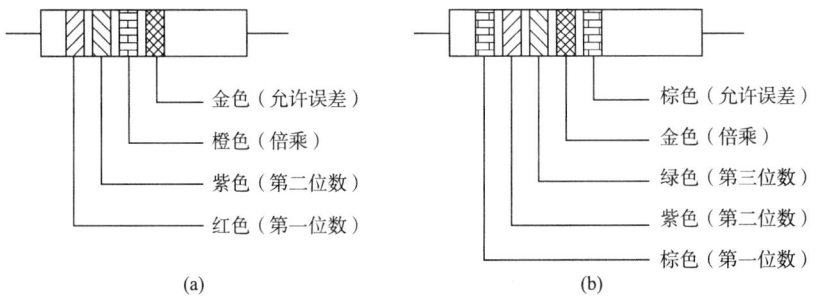

图 2-2　电阻器色环标志示意图

(2) 可变电阻

可变电阻器的阻值是可变的,它又分为可调电阻器、压敏电阻器、热敏电阻器、光敏电阻器等几种,因为可变电阻在电动车中应用很少,故不再赘述。

3. 电阻的检测

(1) 非在路测量

测量非在路的电阻时,将万用表两表笔(不分正、负)分别连接被测电阻的两端,指针即指示出被测电阻的阻值,如图 2-3 所示。

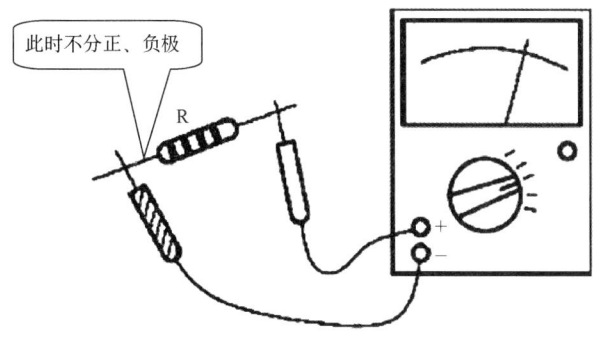

图 2-3　电阻的测量

(2) 在路测量

测量电路板上的在路电阻时,应如图 2-4 所示,将被测电阻的一端从电路板上焊开,然后再进行测量,否则由于电路和其他元器件的影响,测得的电阻值误差将很大。

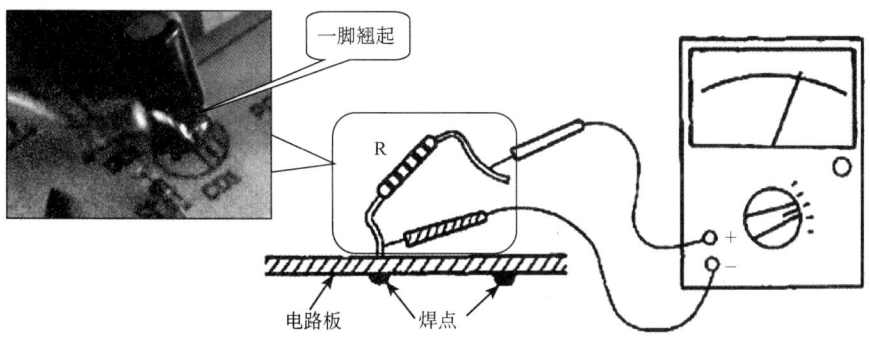

图 2-4　电路板上电阻的测量

> 应该注意的是,测量电路电阻时应先切断电路电源,如电路中有电容,则应先行放电,以免损坏万用表。

◇训练 2：电容的认识及检测

电容是除电阻器外电动自行车上第二种最常用的电子元件。其主要物理特征是储存电荷。在电动自行车电路里主要起耦合、滤波、隔直流、延时、调谐的作用。电容器的单位用法拉(F)表示。但 F 这一单位太大,通常使用微法(μF)、皮法(pF)。其换算关系为:

$$1 \text{ F} = 1000000 \text{ }\mu\text{F}$$
$$1 \text{ }\mu\text{F} = 1000000 \text{ pF}$$

1. 电容的型号识别

根据相关标准规定,电容器产品的型号由四部分组成,各部分的含义如下:

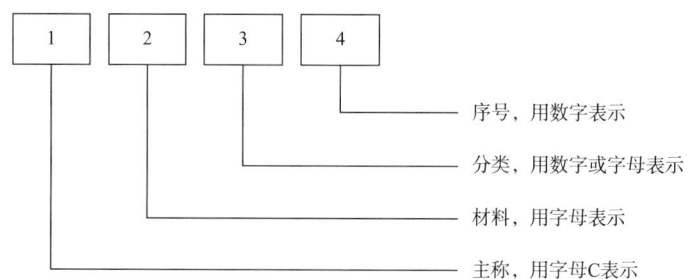

其中材料代号的含义如表2-3所示。

表2-3 材料代号的含义

符号	G	T	I	O	Y	V	Z	J	B
含义	高频瓷	低频瓷	玻璃釉	玻璃膜	云母	云母纸	纸介	金属化纸	聚苯乙烯
符号	L	Q	H	D	A	N	G	E	
含义	涤纶	漆膜	复合介质	铝电解	钽电解	铌电解	合金电解	其他材料电解	

2. 电容的分类

常见的电容器外形如图2-5所示。电容器在电路中通常用字母"C"表示，其电路符号如图2-6所示。

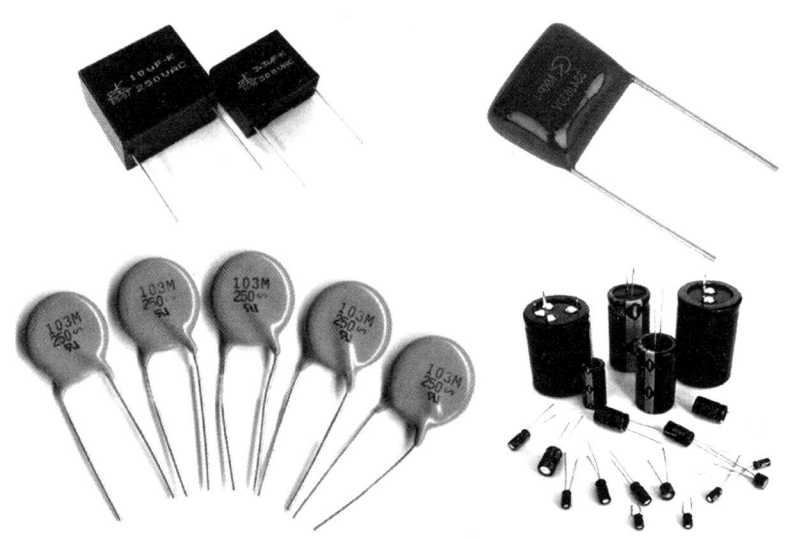

图2-5 电容器外形图

电容器由两个金属极，中间夹有绝缘材料（介质）构成。由于绝缘材料的不同，所构成的电容器的种类也有所不同。

(1) 按结构分类

可分为：固定电容器、可变电容器、微调电容器。在电动自行车电路中，最常见到的就是可变电容器。

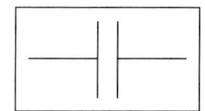

图2-6 电容器的电路符号

(2) 按介质材料分类

可分为：气体介质电容器、液体介质电容器、无机固体介质电容器、有机固体介质电容器、电解电容器。

在电动自行车电路里,最常见到的是瓷片电容器、云母电容器、涤纶电容器、钽电容器等,其中钽电容器特别稳定。

(3)按极性分类

可分为无极性的普通电容器和有极性的电解电容器。在电动自行车电路里,最常见到的就是有极性的电解电容器。

3. 电容的检测

测量时,通过电源变压器将交流 220 V 市电降压后获得 10 V、50 Hz 交流电压。将被测电容 C 与万用表任一表笔串联后,再串接于 10 V 交流电压回路中,如图 2-7 所示,指针便指示出被测电容 C 的容量。

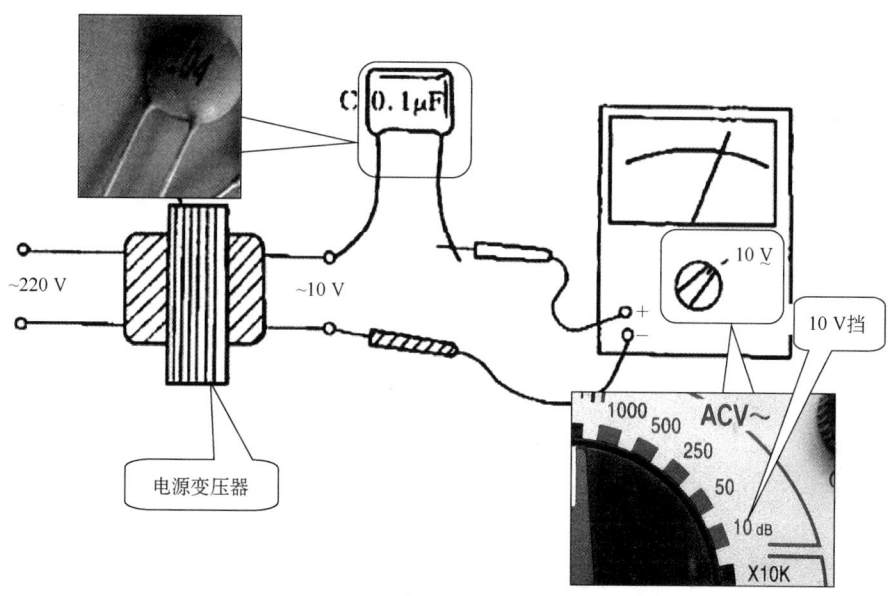

图 2-7 电容的检测

◇训练 3:二极管、三极管的认识及检测

一、二极管

晶体二极管,一般简称二极管。它是一种常用的具有一个 PN 结的半导体晶体器件。

1. 晶体二极管的表示

晶体二极管在电路中常用"D"加数字表示,如 D5 表示编号为 5 的二极管。

2. 晶体二极管的分类

根据电动自行车中晶体二极管的不同作用,可分为普通二极管、变容二极管、稳压二极管、发光二极管等。

3. 二极管的检测

二极管是现如今驱动、控制电路板中常用的电子器件，接下来学习用万用表检测、判断二极管的引脚及其正常与否。

（1）检测判断二极管的引脚

检测时，将万用表置于"R×1k"挡，两表笔分别接到二极管的两端，如果测得的电阻值较小，则为二极管的正向电阻，这时与黑表笔（即表内电池正极）相连接的是二极管正极，与红表笔（即表内电池负极）相连接的是二极管负极，如图2-8所示。

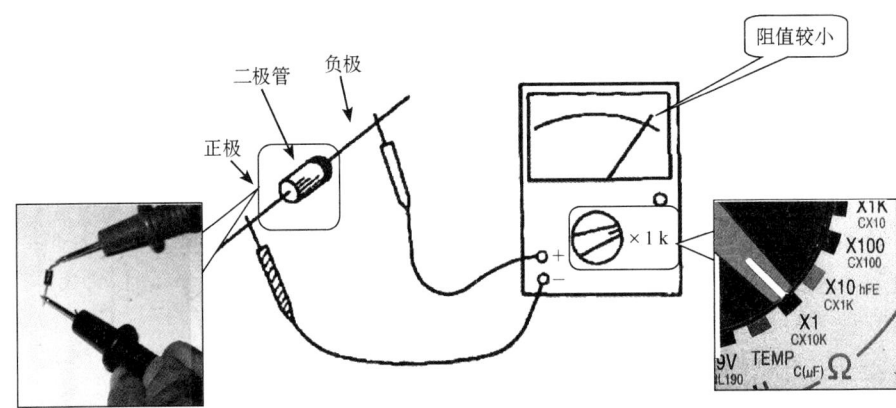

图 2-8　测量正向电阻识别二极管引脚

如果测得的电阻值很大，则为二极管的反向电阻，这时与黑表笔相接的是二极管负极，与红表笔相接的是二极管正极，如图2-9所示。

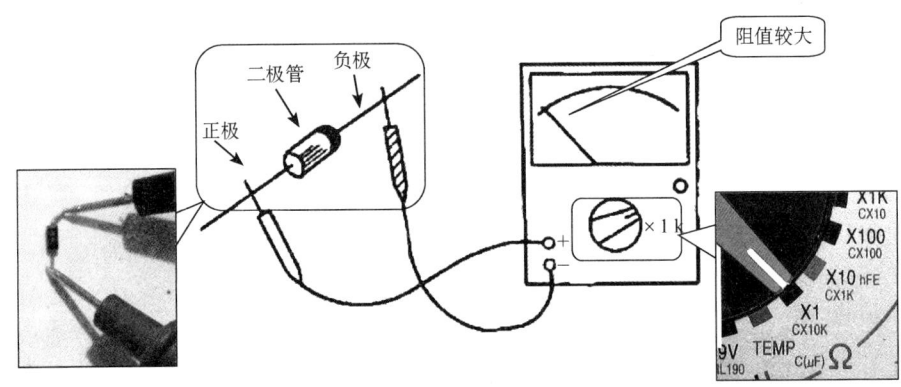

图 2-9　测量反向电阻识别二极管引脚

（2）检测二极管好坏

检测时，万用表置于"R×1k"挡，分别测量二极管的正向电阻和反向电阻。正常的二极管的正、反向电阻的阻值应该相差很大，且反向电阻接近于无穷大。

如果某二极管正、反向电阻值均为无穷大，说明该二极管内部断路损坏，如图2-10所示。如果正、反向电阻值均为0，说明该二极管已被击穿短路，如图2-11所示。如果正、反向电阻值相差不大，如图2-12所示，说明该二极管质量太差，也不宜使用。

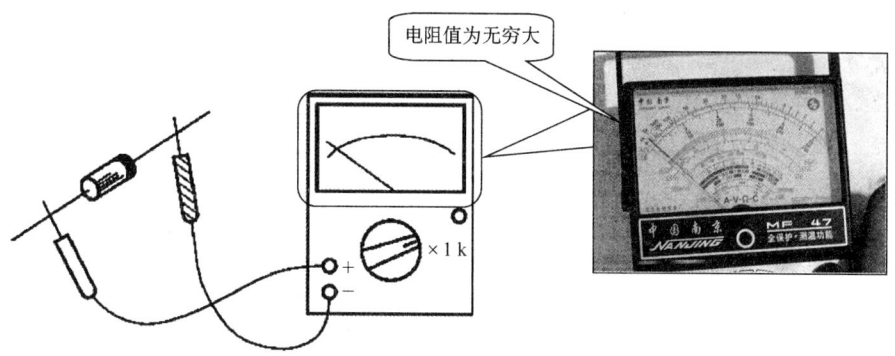

图 2-10 二极管内部断路

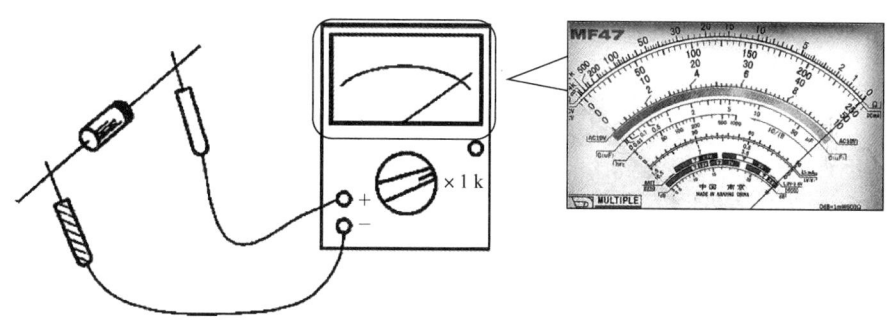

图 2-11 二极管击穿短路

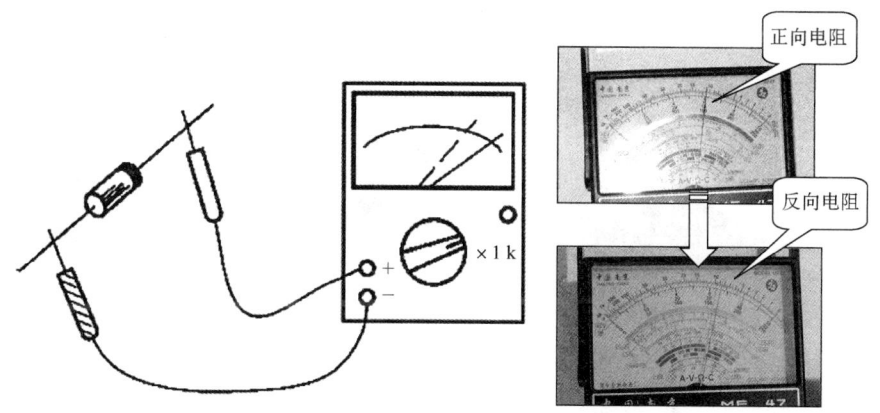

图 2-12 二极管质量差

(3) 检测判断锗二极管或是硅二极管

由于锗二极管和硅二极管的正向管压降不同,因此,可以用测量二极管正向电阻的方法来区分。如果正向电阻小于 1 kΩ,则为锗二极管,如图 2-13 所示。如果正向电阻为 1～5 kΩ,则为硅二极管,如图 2-14 所示。

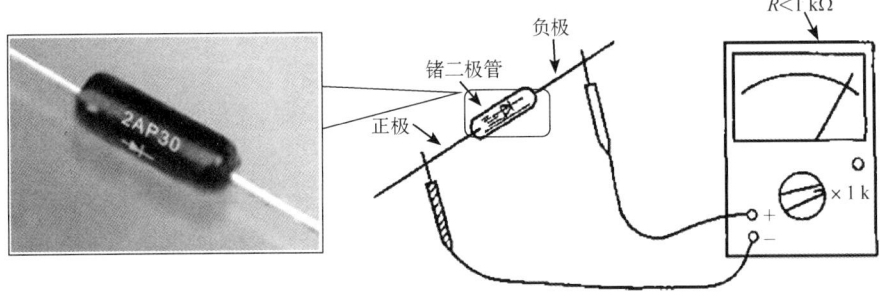

图 2-13 锗二极管的正向电阻

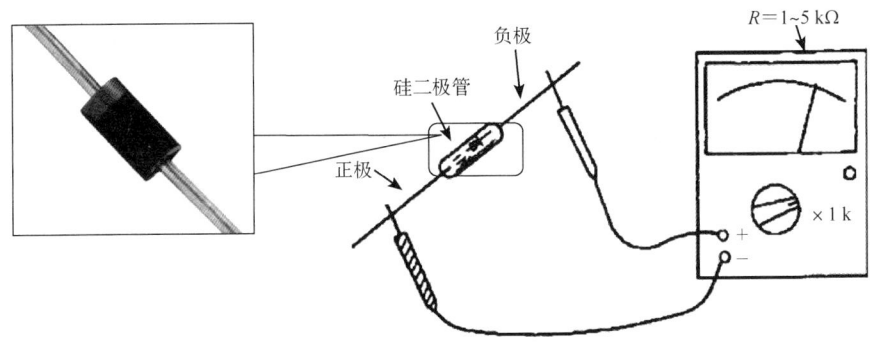

图 2-14 硅二极管的正向电阻

二、三极管

晶体三极管,一般简称三极管或晶体管。它是一种常用的具有两个 PN 结的半导体晶体器件。其外形如图 2-15 所示。

图 2-15 三极管外形图

常用晶体管的管脚排列(从底部看)如图 2-16 所示。

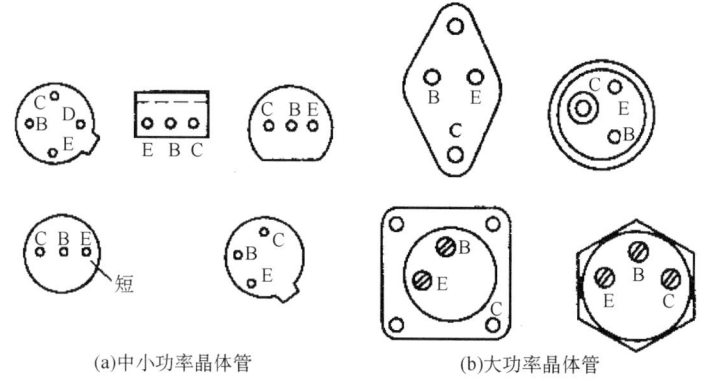

(a)中小功率晶体管　　　　(b)大功率晶体管

图 2-16　常用晶体管的管脚排列

晶体三极管的应用十分广泛,在电路中通常起到电流放大与开关的作用。

1. 晶体三极管的表示

晶体三极管在电路中用"V"或"VT"(旧文字符号为"Q"、"GB"等)表示。其电路符号如图 2-17 所示。

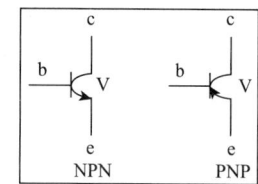

图 2-17　普通三极管的电路符号

2. 晶体三极管的分类

目前,电动自行车中常用的三极管从电路结构上可分为以下几种:

(1)普通三极管

部分大功率三极管的外形和双二极管(即两个二极管组成的元件,也为 3 个引脚)、场效应管极为相似,判断时应注意区分,以免造成误判。

用数字万用表测量管子基极和发射极 PN 结的正向压降,硅管的正向压降一般为 0.5~0.8 V,锗管正向压降一般为 0.2~0.4 V。

(2)带阻三极管

带阻三极管是由一个三极管及 1~2 个电阻组成的。

带阻三极管相当于一个开关电路使用,当三极管饱和导通时 I_C 很大,C-E 结压降较小,当三极管截止时 I_C 很小,C-E 结压降较高,约等于 V_{CC} 供电电压,管中的内置电阻决定管子的饱和深度,基极电阻值越小,管子导通程度越强,C-E 结压降越低,但该电阻不能太小,否则会影响开关速度。

带阻三极管外观上与普通三极管几乎相同,要区分它们只能通过万用表进行测量。

(3)光敏三极管

光敏三极管的导通信号是光信号。早期的电动自行车采用此类三极管用于车速调整。光敏三极管的电路符号如图 2-18 所示。

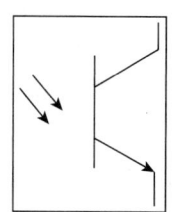

图 2-18　光敏三极管的电路符号

3. 晶体管的检测

(1)判断晶体管的引脚

检测时,将万用表置于"R×1k"挡。

①对于 NPN 管,先用黑表笔接某一引脚,红表笔分别接另外两引脚,测得两个电阻值。再将黑表笔换接另一引脚,重复以上步骤,直至测得两个电阻值都很小,这时黑表笔所接的是基极 b,如图 2-19 所示。

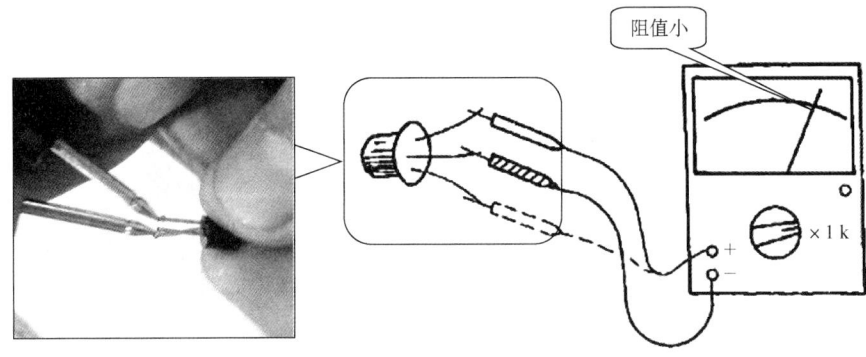

图 2-19　判别 NPN 管基极

用万用表测量剩余两引脚之间的电阻值,先测一次,再将红、黑表笔对调后再测一次。在电阻值较小的那一次测量中,红表笔所接的是发射极 e,黑表笔所接的是集电极 c,如图 2-20 所示。

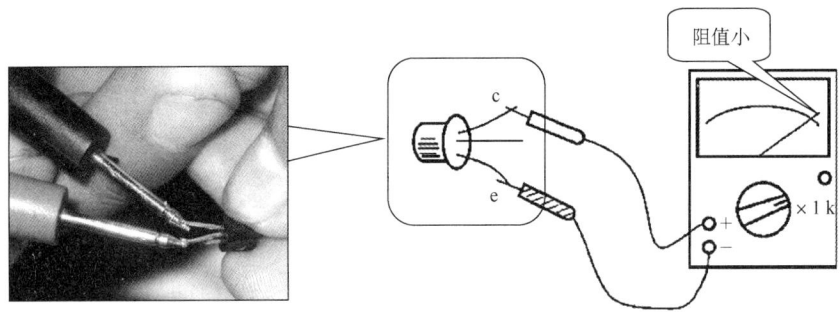

图 2-20　判别 NPN 管发射极与集电极

②对于 PNP 管,先用红表笔接某一引脚,黑表笔分别接另外两引脚,测得两个电阻值。再将红表笔换接另一引脚,重复以上步骤,直至测得两个电阻值都很小,这时红表笔所接的是基极 b,如图 2-21 所示。

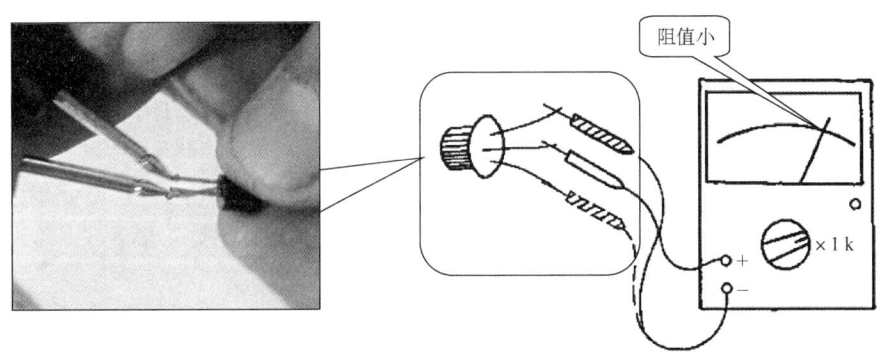

图 2-21　判别 PNP 管基极

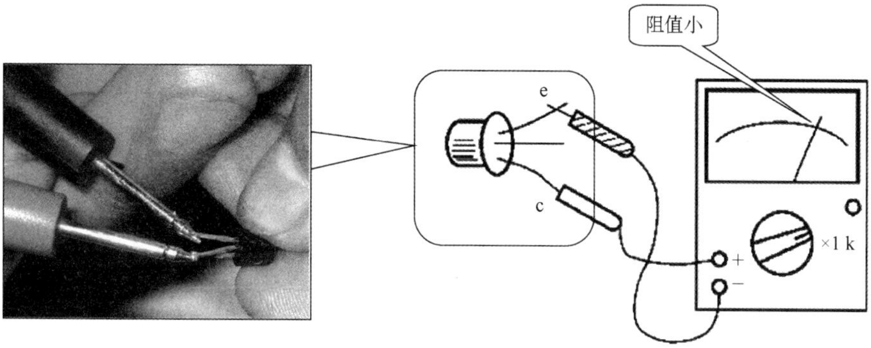

图 2-22 判别 PNP 管发射极与集电极

用万用表测量剩余两个引脚之间的电阻值,先测一次,再将红、黑表笔对调一下再测一次。在电阻值较小的那一次测量中,红表笔所接的是集电极 c,黑表笔所接的是发射极 e,如图 2-22 所示。

(2)检测晶体管

将万用表置于"R×1k"挡,测量晶体管基极与集电极之间、基极与发射极之间的正/反向电阻,其结果应与表 2-4 基本相符,否则说明该管已损坏。

表 2-4 晶体管的正、反向电阻正常值

晶体管极性	正向电阻		反向电阻
	万用表表笔接法	阻值	(对调两表笔后测得)
NPN 型	黑表笔→基极 红表笔→发射极	1~5 kΩ	>200 kΩ
	黑表笔→基极 红表笔→集电极	1~5 kΩ	>200 kΩ
PNP 型	红表笔→基极 黑表笔→发射极	1~5 kΩ	>200 kΩ
	红表笔→基极 黑表笔→集电极	1~5 kΩ	>200 kΩ

(3)测量晶体管的放大倍数

晶体管的放大倍数可用万用表进行测量。

①用万用表欧姆挡进行测量

以 NPN 管为例,将万用表置于"R×1k"挡,红表笔(表内电池负极)接晶体管的发射极,左手拇指与中指将黑表笔(表内电池正极)与集电极捏在一起,同时用左手食指触摸基极,如图 2-23 所示,这时指针应向右摆动。指针摆动幅度越大,说明被测晶体管的电流放大倍数 β 值越大。

②用 MF47 等具有 b 或 h_{FE} 挡的万用表测量

首先进行 h_{FE} 挡校准。将万用表上的测量选择开关转动至"ADJ"(校准)挡位,两表笔短接,调节欧姆挡调零旋钮使指针对准 h_{FE} 刻度线的"300"刻度,如图 2-24 所示。

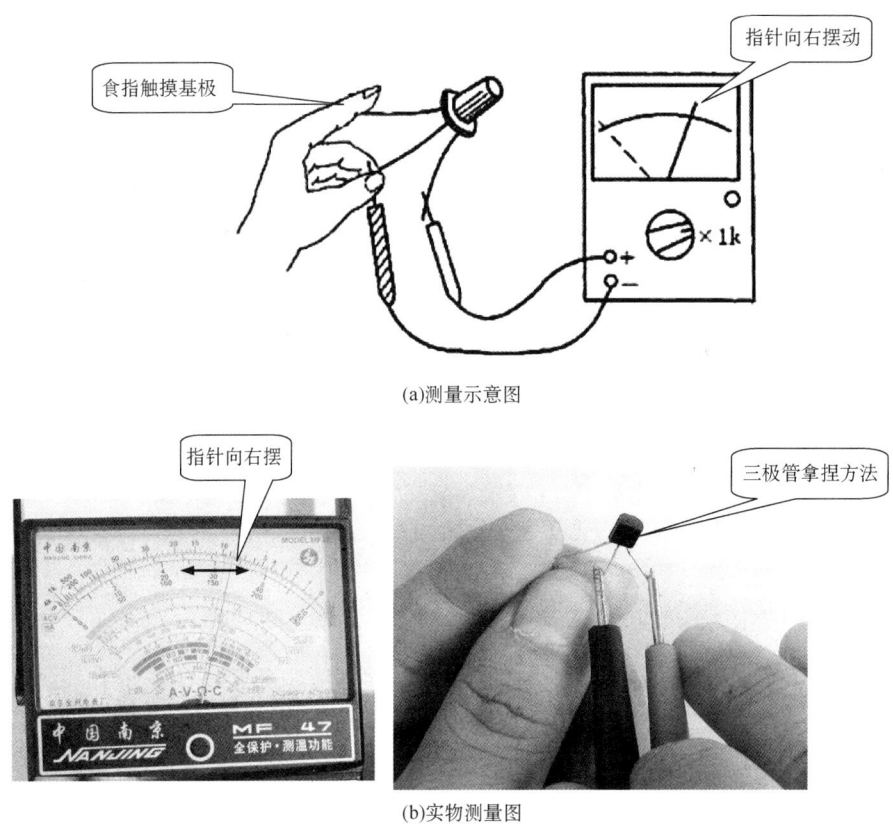

图 2-23　万用表欧姆挡测量晶体管放大倍数

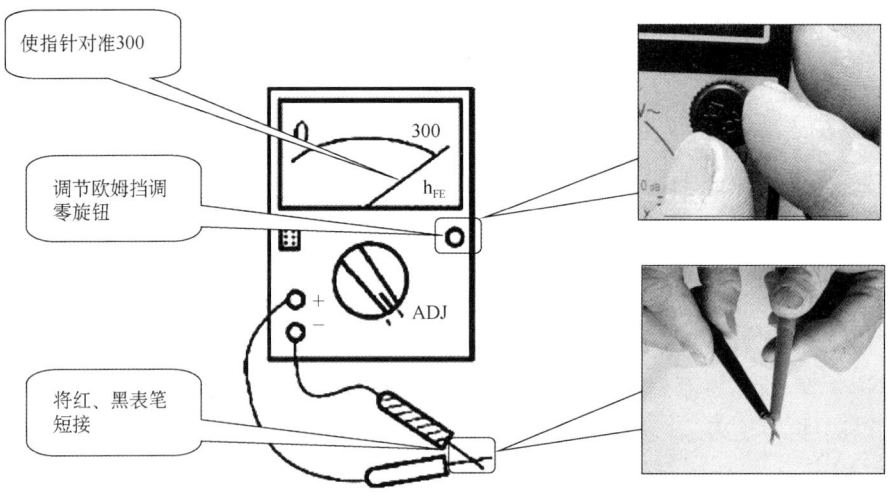

图 2-24　h_{FE}挡的校准

然后分开两表笔,将测量选择开关转动至"h_{FE}"挡位,如图 2-25 所示,将晶体管的 3 个引脚分别插入测量插座的相应插孔,万用表指针即指示出该被测晶体三极管的电流放大倍数值。测量时需注意 NPN 管和 PNP 管应插入各自相应的插座。

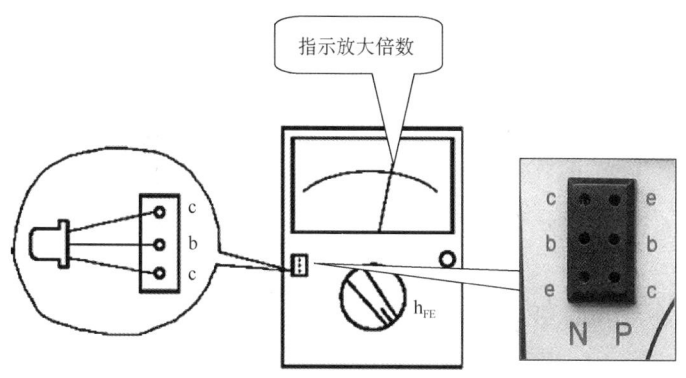

图 2-25 万用表 h_{FE} 挡测量晶体管放大倍数

◇训练 4：晶闸管的认识及检测

晶闸管,也称可控硅,主要应用在充电器中,可用作可控直流电源、交流调压开关,无触点继电器及变频、调速等。其外形如图 2-26 所示。

图 2-26 晶闸管外形图

晶闸管有单向晶闸管、双向晶闸管、可关断晶闸管、光控晶闸管等。下面我们重点了解单向晶闸管和双向晶闸管。

1. 单向晶闸管

单向晶闸管是由 3 个 PN 结构成的四层三端器件,它的结构和电路符号如图 2-27 所示。

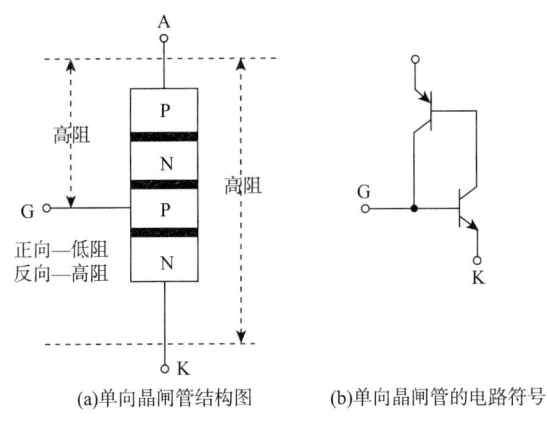

图 2-27 单向晶闸管

单向晶闸管的 3 个引脚功能分别是:G(控制极)、A(阳极)、K(阴极)。

2. 双向晶闸管

双向晶闸管的结构为两个单向晶闸管反向并联,所以它具有双向导通特性,即只要控制极 G 输入触发电流后,无论 T_1、T_2 间的电压方向如何,它都能够导通。

双向晶闸管的等效电路及电路符号如图 2-28 所示。

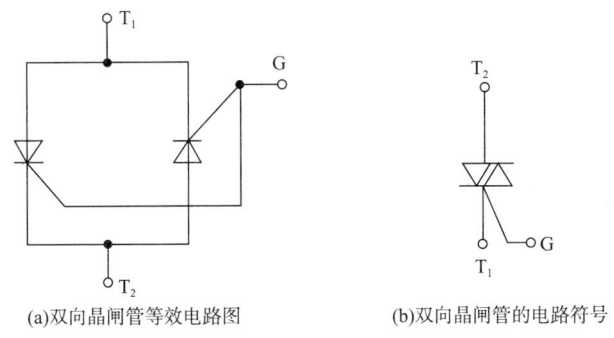

图 2-28 双向晶闸管

3. 晶闸管的检测

(1)检测单向晶闸管

检测单向晶闸管时,万用表置于"R×10"挡。将万用表黑表笔(表内电池正极)接单向晶闸管的控制极 G,红表笔接其阴极 K,这时测量的是单向晶闸管 PN 结的正向电阻,应有较小的阻值,如图 2-29 所示。对调两表笔后测其反向电阻,应比正向电阻明显大一些。

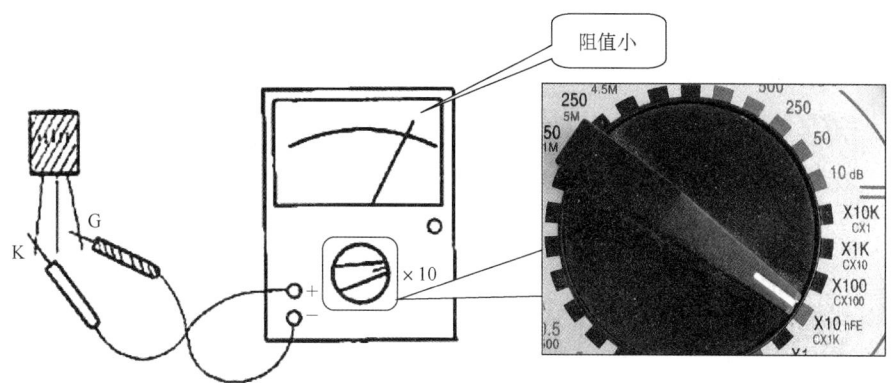

图 2-29　检测单身晶闸管 G-K 极

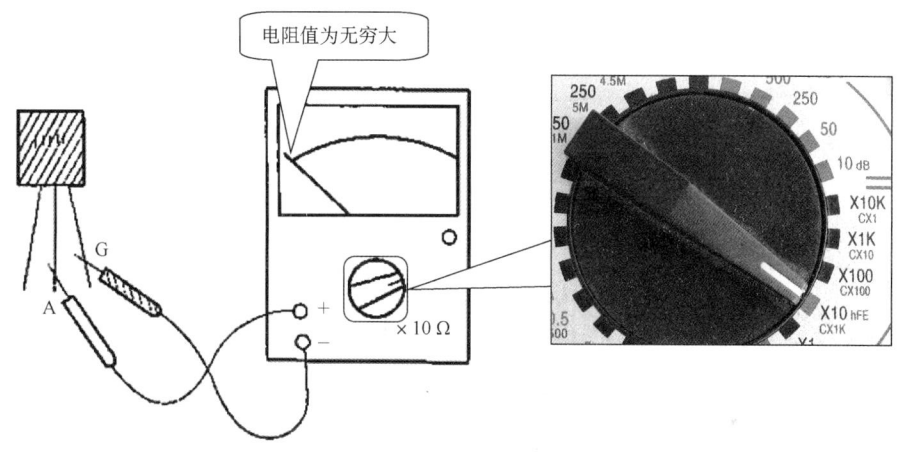

图 2-30　检测单向晶闸管 G-A 极

万用表黑表笔仍接单向晶闸管的控制极 G，红表笔改接至阳极 A，阻值应为无穷大，如图 2-30 所示。对调两表笔后再测仍应为无穷大。这是因为 G、A 极间为两个 PN 结反向串联，正常情况下正/反向电阻均为无穷大。

检测单向晶闸管的导通特性时，万用表置于"R×1"挡，黑表笔接单向晶闸管的阳极 A，红表笔接其阴极 K，指针指示应为无穷大。这时用螺丝刀等金属物将控制极 G 与阳极 A 短接一下（短接后即断开），指针应向右偏转并保持在十几欧处，如图 2-31 所示，否则说明该晶闸管已损坏。

(2) 检测双向晶闸管

检测时，万用表置于"R×1"挡，用两表笔去测量双向晶闸管的控制极 G 与主电极 T_1 间的正/反向电阻，均应为较小阻值，如图 2-32 所示。

再用万用表两表笔去测量双向晶闸管的控制极 G 与主电极 T_2 间的正/反向电阻，均应为无穷大，如图 2-33 所示。如果不符合上述测量结果，说明该被测双向晶闸管已损坏。

检测双向晶闸管的导通特性时，万用表仍置于"R×1"挡，黑表笔接双向晶闸管的主电极 T_1，红表笔接其主电极 T_2，指针指示应为无穷大。这时用螺丝刀等金属物将控制极 G 与主电极 T_2 短接一下，指针应向右偏转并保持在十几欧处，如图 2-34 所示，否则说明该双向晶闸管已损坏。

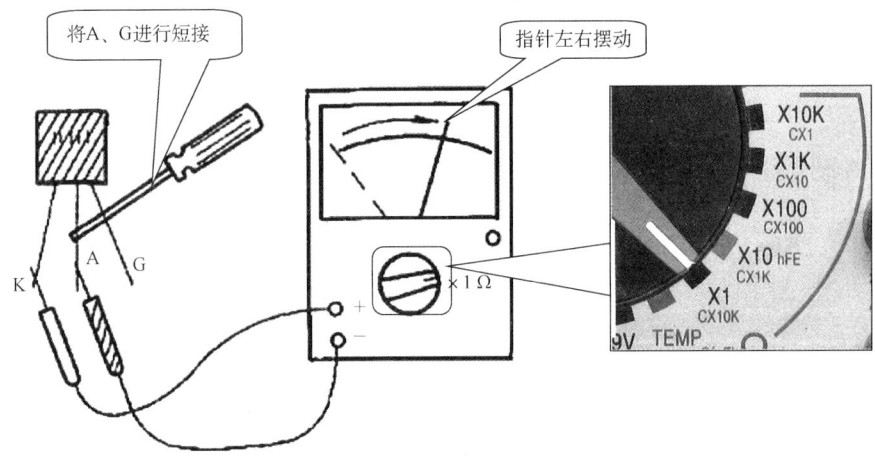

图 2-31 检测单向晶闸管导通特性

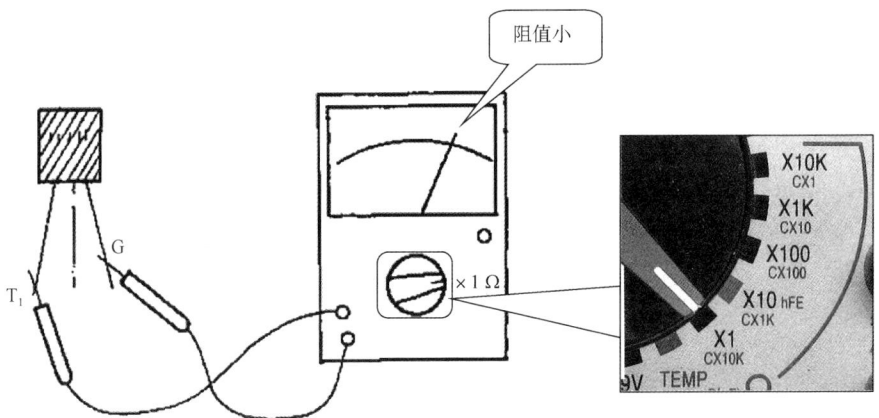

图 2-32 检测双向晶闸管 G-T_1 极

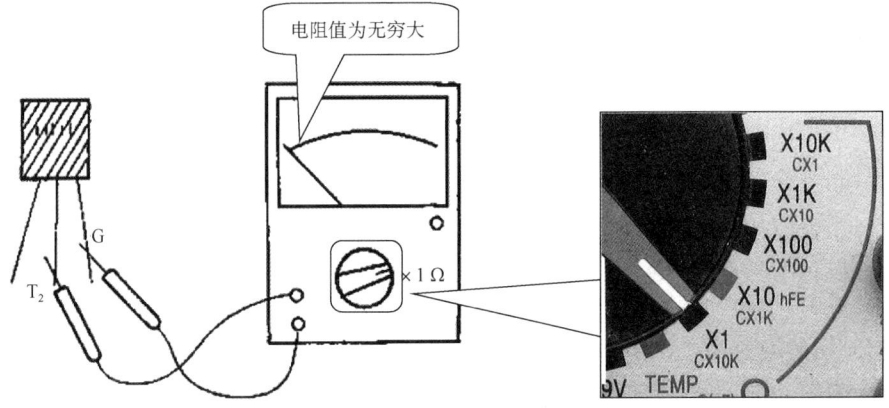

图 2-33 检测双向晶闸管 G-T_2 极

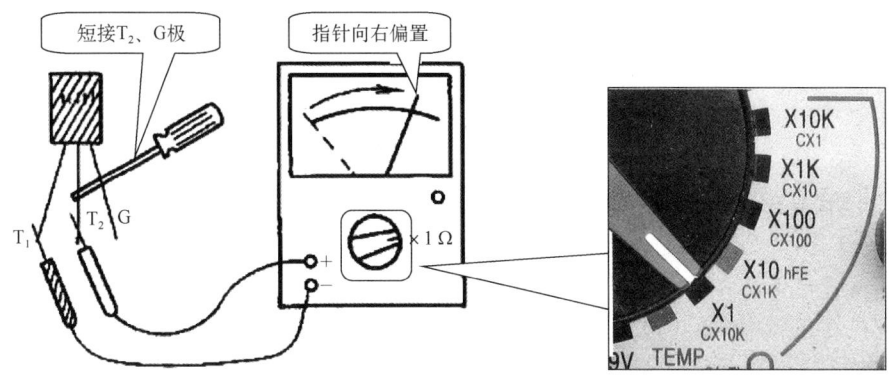

图 2-34 检测双向晶闸管导通特性

(3)检测可关断晶闸管

检测时,万用表置于"R×1"挡,黑表笔接可关断晶闸管的阳极 A,红表笔接其阴极 K,指针指示应为无穷大,如图 2-35 所示。

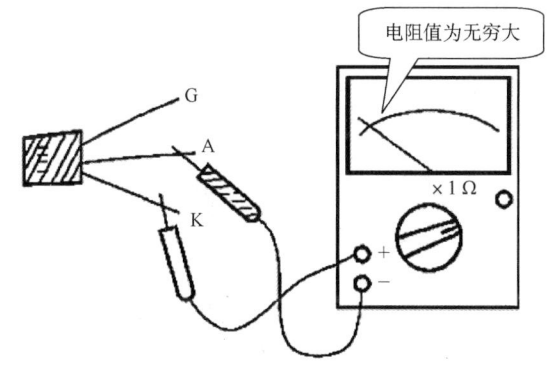

图 2-35 检测可关断晶闸管

用一节 1.5 V 电池串联一只 100 Ω 左右限流电阻作为控制电压,其一端接在阴极 K 上,如图 2-36 所示。当用电池正极触碰一下可关断晶闸管的控制极 G 后,指针应右偏,指

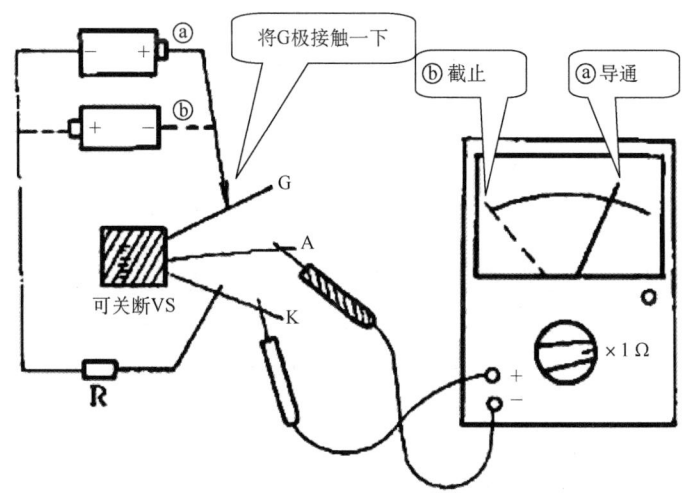

图 2-36 检测可关断晶闸管的导通与关断

示晶闸管导通。当调换电池极性,用电池负极触碰一下可关断晶闸管的控制极 G 后,指针应返回无穷大位置,表明晶闸管关断,否则说明该可关断晶闸管已损坏。

◇训练 5:霍尔元件的认识及检测

霍尔组件是电动自行车经常采用的控制型组件,比如,调速转把发出速度控制指令,无刷直流电机在运转中的换向,大多是采用霍尔组件来完成的。此外,还有霍尔型数字式里程速度表等。

> 霍尔组件用于无刷电机,其作用是告知控制器何时改变电机电流的方向。

将霍尔元件、放大器、温度补偿电路等集成在一个芯片上,即成为霍尔组件。霍尔组件的外形如图 2-37 所示。其内部结构如图 2-38 所示。

图 2-37 霍尔组件外形图

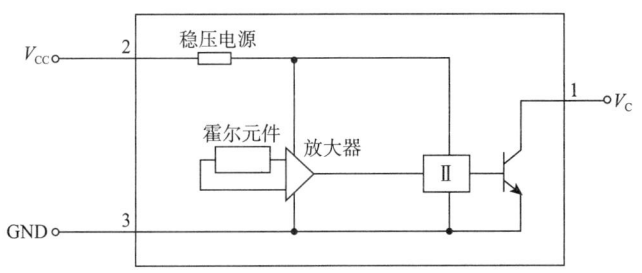

图 2-38 霍尔组件内部结构图

1. 霍尔组件的分类

霍尔组件按照输出方式可分为以下两类。

(1)线性输出

线性输出方式的霍尔组件是当由强到弱的磁场靠近霍尔元件时,其输出电压随之逐渐增大或减小。

(2)开关输出

开关输出方式的霍尔组件是当一个磁场靠近或远离霍尔元件时,其输出电压随之改变为低电平或高电平。

2. 引脚功能的判断

霍尔组件引脚功能的判断方法如下:

(1)根据霍尔导线的颜色判断

无刷电机与控制器相连的霍尔线有5根,一般黑线为接地端,红线为电源正端,其余的黄、蓝、绿线则为霍尔信号输出端(接霍尔相线)。

(2)直观判断法

将霍尔组件表面带字母的面朝上放置,中间脚为接地端,左脚为电源正端,右脚为信号输出端(接霍尔相线)。如图2-39所示。

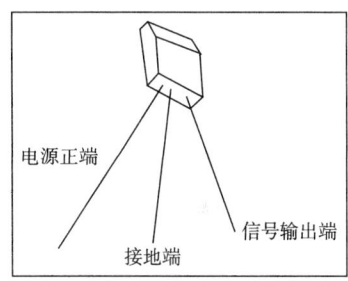

图2-39 霍尔组件的引脚排列

3. 霍尔组件的检测

一般来说,霍尔组件的故障主要有霍尔组件脱落、霍尔集成电路失效、霍尔引线断开等。如怀疑霍尔组件损坏,应按以下方法进行检测。

(1)拆解电机,检测霍尔组件

选用数字式万用表电阻挡,让红表笔接中间脚,如黑表笔接左脚(电源正端)时,其电阻为无穷大(即显示"1"),则呈现断路状态;黑表笔接右脚(相线脚)时,其电阻一般为400~900 Ω(因不同的霍尔组件间的电阻有所不同),否则说明霍尔组件损坏。

(2)检测霍尔相线电压

把电机与控制器连接好,并接通电源。选用万用表10 V直流电压挡,让黑表笔接黑色霍尔导线,红表笔接红色霍尔电源线,即测霍尔组件的电源电压,一般为5 V,但也有4.5 V或6.25 V的。

在霍尔导线及连接正常的情况下,进行以下测量:如霍尔电源电压为5 V,将万用表黑表笔接黑线,红表笔接蓝线(或黄线、绿线),慢慢转动后轮,万用表读数按0~5 V顺序变化为正常。如长期处于高电位5 V,或长期处于低电位0 V,则说明蓝线对应的霍尔组件损坏。其他霍尔组件的测量以此类推。

(3)不拆解电机,检测霍尔引线间的电阻

将电机与控制器相连的插接器去掉,同时把数字式万用表的档位旋钮旋至二极管挡。

将万用表的红表笔接霍尔接地线,黑表笔分别接霍尔相线(即蓝线、绿线、黄线),3个电阻值应基本一致。然后将黑、红表笔对调,分别测量3线阻值,也应基本一致。如所测某相阻值与其他两相阻值相差很大,则说明与其相对的传感器异常。

◇训练 6：集成电路的认识及检测

集成电路(Integrated Circuit 英文缩写为 IC)是将晶体管、电阻器及电容器等元器件，按电路结构的要求制作在一块硅片上，然后封装而成的。集成电路可分为数字集成电路和模拟集成电路两种。

① 模拟集成电路

电信号连续变化的，称模拟信号。模拟电路是用来处理模拟信号的，如运算放大器等。

② 数字集成电路

电信号不连续的，称数字信号。数字电路是用来处理数字信号的，由于信号的不连续性，数字电路多半是由开关电路组成的逻辑电路。

此外，还有一些集成电路内含模拟和数字电路，构成专用集成电路，如开关电源、晶闸管触发、逆变电源控制等专用集成电路。

1. 集成电路的识别

电动自行车上使用的集成块有三端稳压器、三端可调压器、精密稳压器、运算放大器、电压比较器、门电路、脉宽调制电路(PWM)、单片机、时基电路、光电耦合器、无刷电机控制台专用芯片等。

(1) 常见集成电路的外形与封装

集成电路按外形、封装不同有圆形封装、扁平封装(表面安装)、双列直插和单列直插封装、软封装，以及大规模集成电路封装等多种，如图 2-40 所示。

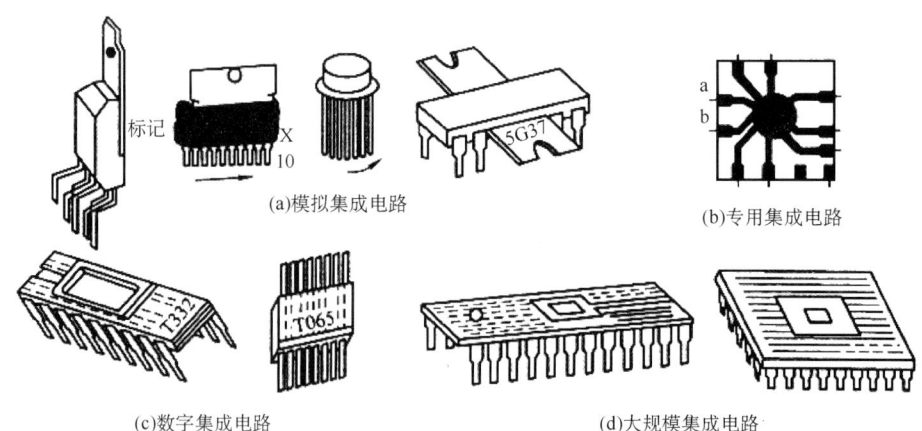

图 2-40 集成电路外形

其中，双列或单列直插多为塑料外壳，最为通用。

(2) 集成电路的引脚排列与识别

集成电路的引脚数量虽不同，但排列方式仍有一定规律可循。一般从外壳顶部看，按逆时针方向编号，如图 2-41 中箭头所示方向，第 1 脚位置都有参考标记，如圆形管座以键为参考标记，逆时针数。如是扁平形或双列直插形，无论是陶瓷封装还是塑料封装，一般均有色点或某种标记(如小圆孔或锁口、缺角等),在色点或标记的正面左方,靠近色点的脚或靠近标记的左下脚就是第 1 脚,然后按逆时针方向数下去。

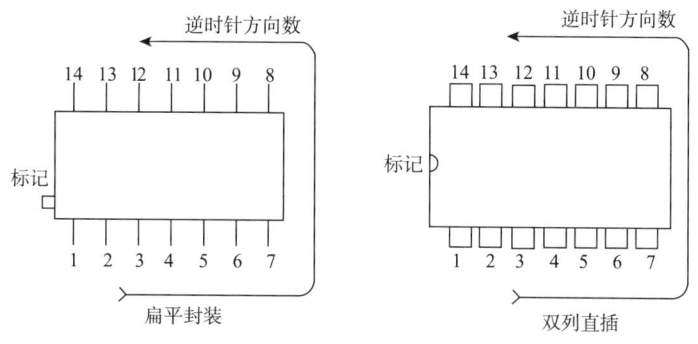

图 2-41 扁平和双列直插集成电路引脚的识别

2. 电动自行车中典型的 IC

(1)TL494-PWM 控制芯片

脉冲宽度调制(PWM),是英文"Pulse Width Modulation"的缩写,简称脉宽调制,是利用微处理器的数字输出来对模拟电路进行控制的一种非常有效的技术。TL494 正是一款脉宽调制(PWM)式开关电源控制电路,其芯片内的振荡器既可工作在主动振荡方式,也可工作在外同步信号触发状态,驱动输出电路既可工作在双端输出方式,也可工作在单端输出方式。TL494 的内部由基准电压发生器、振荡器、误差放大器、双稳态触发器、比较器等构成,其外形如图 2-42 所示,引脚功能如表 2-5 所示。

图 2-42 TL494

表 2-5 **TL494 引脚功能**

引脚号	引脚名	功能
1	NONINV INPUT	误差放大器 1 同相输入
2	INV INPUT	误差放大器 1 反相输入
3	COMPEN/PWM COMP INPUT	误差放大器 1 输出
4	DEADTIME CONTROL	休止期控制信号输入(该电源为接地)

续表

引脚号	引脚名	功能
5	C_T	振荡器外接定时电容
6	R_T	振荡器外接定时电阻
7	GND	接地
8	C1	驱动管 Q1 供电(该机用于激励信号输出)
9	E1	激励信号 1 输出(该机接地)
10	E2	激励信号 2 输出(该机接地)
11	C2	驱动管 Q2 供电(该机用于激励信号输出)
12	V_{CC}	供电
13	OUTPUT CONTROL	激励脉冲输出方式控制(L:单端输出;H:双端输出)
14	V_{ref}	5 V 基准电压输出(悬空)
15	INV INPUT	误差放大器 2 反相输入
16	NONINV INPUT	误差放大器 2 同相输入

(2)UC3842-PWM 控制芯片

UC3842 是一种电流型电源控制芯片,内部由振荡器、5 V 基准电压发生器、PWM 锁存器、电流比较器等构成,其外形如图 2-43 所示,其引脚功能如表 2-6 所示。

图 2-43 UC3842

表 2-6 UC3842 引脚功能

引脚号	功能	参考电压
1	误差放大器输出,与②脚间接有 RC 补偿网络,缩短放大器响应时间	3.4 V
2	误差信号输入,该脚输入的电压与开关电源输出的电压成反比	2.4 V
3	开关管电流检测信号输入	0.1 V
4	振荡器外接 R、C 定时元件端/外触发信号输入	1.9 V
5	接地	0 V
6	开关管激励脉冲输出	2 V
7	供电/欠压检测	17 V
8	5 V 基准电压输出端	5 V

(3)L296-PWM 控制芯片

L296 是一款可用于充电器和控制器的 PWM 控制芯片,它内设锯齿波发生器、PWM 比较器、禁止复位比较器、禁止触发器、功率放大器、稳压器、过热保护等电路,其外形如图

2-44所示,引脚功能如表2-7所示。

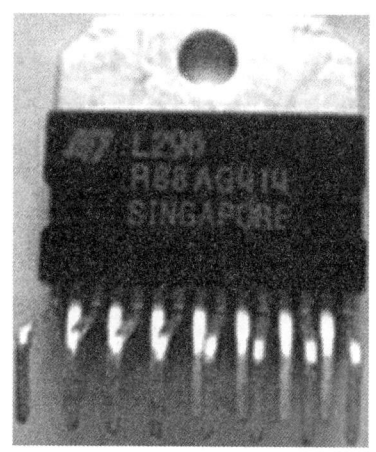

图2-44 L296

表2-7 L296引脚功能

引脚号	功能	引脚号	功能
1	保护信号输入	9	误差放大器输出
2	电压输出	10	误差信号输入
3	供电	11	锯齿波形成
4	基准电流调整	12	重置输入
5	放电控制	13	重置输出
6	禁止信号输入	14	重置延迟控制
7	锯齿波形成	15	保护信号输出
8	接地		

(4) MC33033-PWM控制芯片

MC33033是摩托罗拉公司生产的一款性能优异的单片无刷直流电机控制信号处理器,它内设转子定位解码器、低电压切断控制器(欠压保护电路)、基准调节器、误差放大器、振荡器、末级驱动等,其外形如图2-45所示,其引脚功能如表2-8所示。它的低电压切断点为8.9 V,即它在供电低于8.9 V时不能工作。

图2-45 MC3033

表 2-8 MC33033 引脚功能

引脚号	引脚名	功能
1	B_T	B 路开关管激励信号输出（集电极输出方式）
2	A_T	A 路开关管激励信号输出（集电极输出方式）
3		电机正转/反转控制信号输入
4	S_A	A 路传感器信号输入
5	S_B	B 路传感器信号输入
6	S_C	C 路传感器信号输入
7		基准电压输出
8		振荡器外接定时电容、电阻
9		误差放大器同相输入
10		误差放大器反相输入
11		脉宽调制(PWM)比较信号输入
12		开关管电流检测信号输入
13	GND	接地
14	V_{CC}	供电/供电异常检测
15	A_B	A 路开关管激励信号输出（发射极输出方式）
16	B_B	B 路开关管激励信号输出（发射极输出方式）
17	C_B	C 路开关管激励信号输出（发射极输出方式）
18	$60°/\overline{120°}$	60°或 120°位置传感器设置，低电平时为 120°
19		输出使能，高电平期间电机转动，低电平期间电机停机
20	C_T	C 路开关管激励信号输出（集电极输出方式）

(5) LM339-四电压比较器

LM339 内设 4 个完全相同的电压比较器，采用差分输入方式。它有 DIP-14 双列直插和 SOP-14(SMP) 两种封装形式，其外形如图 2-46 所示，其引脚功能如表 2-9 所示。

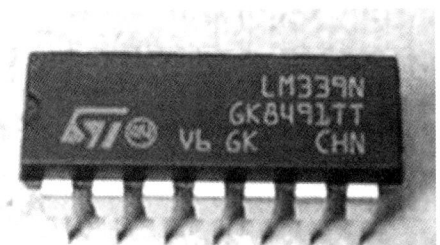 

图 2-46 LM339 的外形

表 2-9 LM339 的引脚功能

引脚号	引脚名	功能
1	OUT2	电压比较器 2 输出
2	OUT1	电压比较器 1 输出
3	V_{CC}	供电
4	IN1?	电压比较器 1 反相输入端
5	IN1+	电压比较大 1 同相输入端

续表

引脚号	引脚名	功能
6	IN2?	电压比较器2反相输入端
7	IN2+	电压比较器2同相输入端
8	IN3?	电压比较器3反相输入端
9	IN3+	电压比较器3同相输入端
10	IN4?	电压比较器4反相输入端
11	IN4+	电压比较器4同相输入端
12	GND	接地
13	OUT4	电压比较器4输出
14	OUT3	电压比较器3输出

（6）LM393-双电压比较器

LM393内设3个完全相同的电压比较器，采用差分输入方式，它的工作电压范围达到2～36 V。LM393的外形如图2-47所示，其引脚功能如表2-10所示。

图 2-47 LM393

表 2-10 LM393 的引脚功能

引脚号	引脚名	功能	引脚号	引脚名	功能
1	OUTA	电压比较器A输出	5	INB+	电压比较器B同相输入端
2	INA−	电压比较器A反相输入端	6	INB−	电压比较器B反相输入端
3	INA+	电压比较器A同相输入端	7	OUTB	电压比较器B输出
4	GND	接地	8	V_{CC}	供电

3．集成电路的拆卸

拆卸集成电路通常有3种方法：第一种是吸锡法，第二种是悬空法，第三种是吹气法。

（1）吸锡法

吸锡法可用吸锡器或吸锡绳（类似屏蔽线）将集成电路引脚上的焊锡吸掉，以便于拆卸集成电路。

如图2-48所示，采用吸锡器吸锡时，先用30 W的电烙铁将集成电路引脚上的锡熔化，再用吸锡器将锡吸掉,随后用镊子或一字螺丝刀将集成电路取下。

(a)吸锡　　　　　　　　　　　　(b)取出

图 2-48　吸锡器拆卸集成电路示意图

采用吸锡绳吸锡时,先将吸锡绳放到焊点上,再用 30 W 的电烙铁将集成电路引脚的锡熔化,当焊锡吸附到吸锡绳上时,就可取下集成电路。若手头没有吸锡绳,也可用话筒线内的屏蔽线代替,但在吸锡前需要将它蘸好松香。

(2)悬空法

如图 2-49 所示,采用悬空法吸锡时,先用 30 W 的电烙铁将集成电路引脚上的锡熔化,随后用 9 号针头或专用的套管插到集成电路的引脚上并旋转,将集成电路的引脚与焊锡和线路板隔离,随后用镊子或一字螺丝刀将集成电路取下。采用该方法时也可以先将针头插到集成电路引脚上,再用电烙铁将焊锡熔化。

图 2-49　针头拆卸集成电路

(3)吹锡法

采用吹锡法时,先用 30 W 的电烙铁将集成电路引脚上的锡熔化,再用洗耳球(一种小型带气管的橡皮球,也称作吹尘球、皮吹子)将集成电路引脚上的锡吹散,使引脚与线路板脱离。

4. 集成电路的焊接安装

集成电路的引脚较多且有一定的排列顺序,同时又有相应的标识。在双列直插式集成电路的一端上平面有一缺口标识,来表示其引脚顺序,并且上平面的型号标识的朝向也有固定规律。正规厂家生产的电路板上也有相应集成电路缺口朝向标识,如图 2-50 所示。双列直插式集成电路具体的安装操作步骤如下。

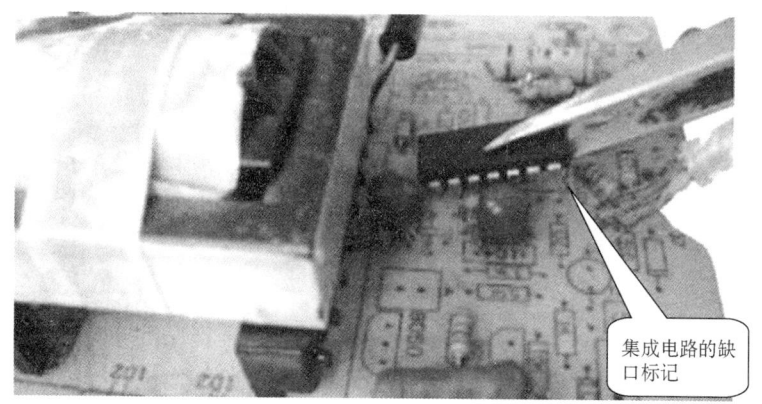

图 2-50　集成电路的缺口标记

(1)用镊子夹住集成电路,使其缺口对准电路板上相应的缺口标识,然后将其引脚插入相应的孔中,如图 2-51 所示。

图 2-51　集成电路的安装

(2)用空心针将已穿过电路板的集成电路对角引脚朝相反方向折弯,防止该集成电路不会从电路板上自行脱落,如图 2-52 所示。

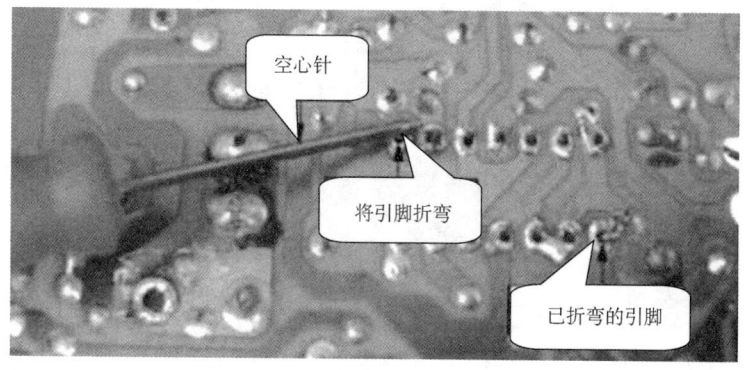

图 2-52　将集成电路对角引脚折弯

(3)将电烙铁头搭在集成电路一个引脚与其焊盘结合处,对该引脚与其焊盘一起加热,如图 2-53 所示。

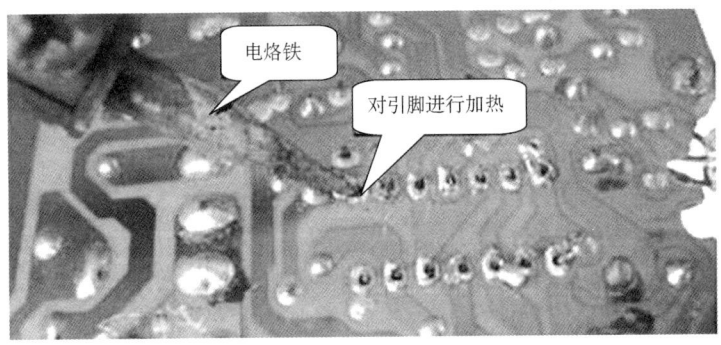

图 2-53　对集成电路一只引脚及焊盘进行加热

(4)待该引脚及其焊盘温度升至适当程度时,让焊锡丝触及该引脚与其焊盘的结合处,如图 2-54 所示。

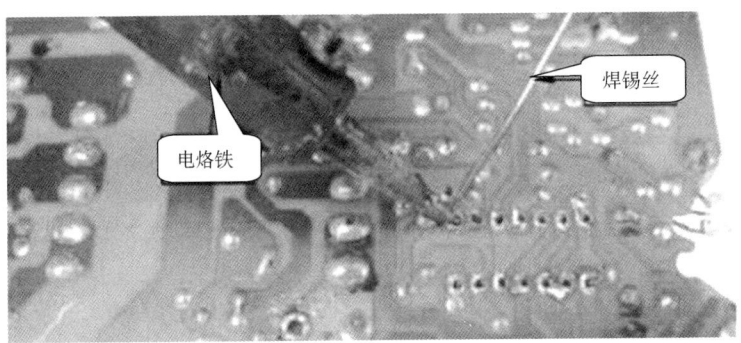

图 2-54　上焊锡丝

(5)待焊锡丝受热熔化吸附在该引脚与其焊盘的结合处,并堆积覆盖住整个焊盘及引脚时,应及时拿开焊锡丝,如图 2-55 所示。

图 2-55　焊锡丝受热熔化吸附在引脚及其焊盘处

(6)依照上述方法,将集成电路剩余引脚也焊接好,并注意焊点不能过饱,防止焊点之间粘连短路,如图 2-56 所示。

图 2-56　集成电路剩余引脚的焊接

提示：对集成电路引脚的加热时间不能过长，否则可能会造成集成电路损坏。为防止集成电路积温偏高，也可采取间隔几个引脚进行加热或延长引脚与引脚之间的加热时间间隔的方法。

项目 2：电动自行车故障点查找分析

◇课程 1：机械故障点查找分析

机械系统是电动自行车的底层框架，它的故障多为以下常见几种：

1. 车速慢

车速慢的故障可能是机械系统异常或者是电气系统异常引起的。区分故障原因的方法是：关闭电源锁后人力骑行若是正常，则说明故障是由于电气系统异常引起的；若不正常，说明故障是由于机械系统异常引起的。该故障的检修流程如图 2-57 所示。

2. 车轮晃动或倾斜

车轮晃动或倾斜的主要原因是轴挡、螺母或辐条松动。该故障的检修流程如图 2-58 所示。

3. 中轴辊不能正常转动

中轴晃动或倾斜说明中轴辊不能正常工作。该故障的检修流程如图 2-59 所示。

4. 飞轮转动不正常

飞轮转动不正常说明飞轮油污过多或滚动轴承异常。该故障的检修流程如图 2-60 所示。

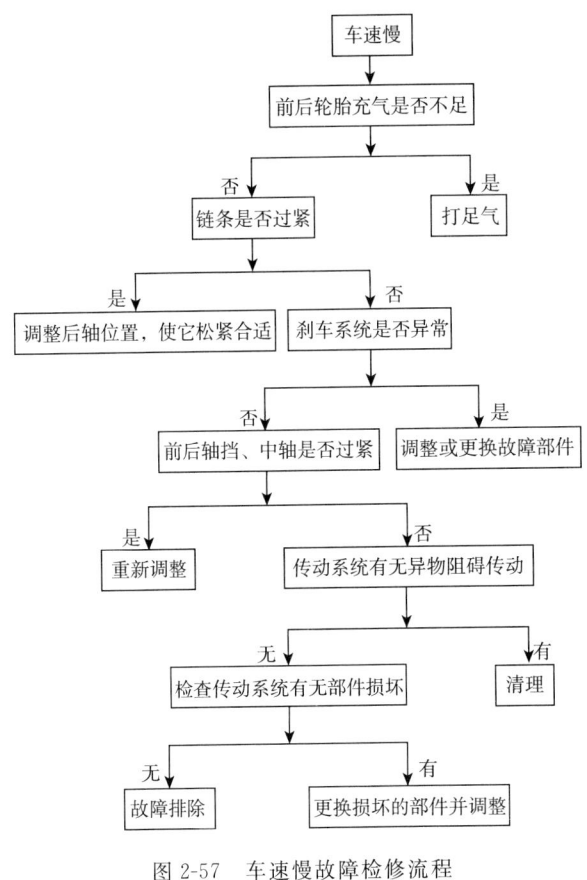

图 2-57 车速慢故障检修流程

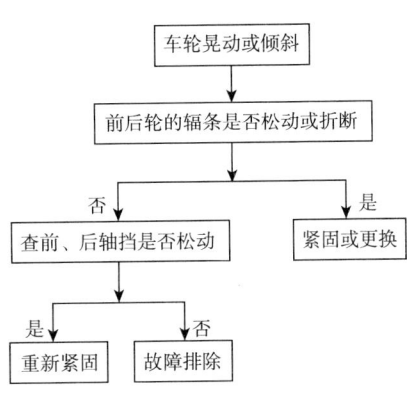

图 2-58 车轮晃动或倾斜故障检修流程

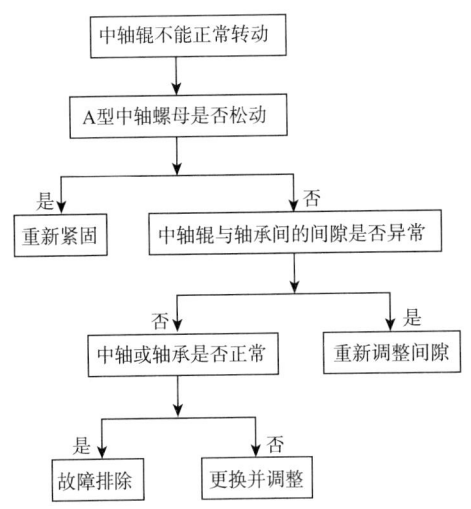

图 2-59 中轴辊不能正常转动故障检修流程

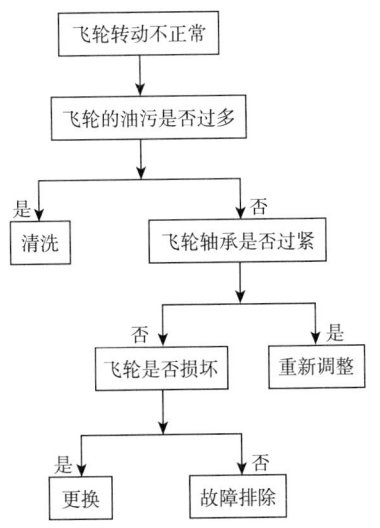

图 2-60 飞轮转动不正常故障检修流程

若飞轮内的油污较少,不必拆开飞轮,可直接清洗。首先将电动自行车向左倾斜,从飞轮外套和千斤簧空隙倒入汽油,同时转动踏板使飞轮倒转,从而使飞轮内的油污被清洗出来。

5. 钳形闸闸叉不能正常复位

该故障是钳形闸闸叉系统工作异常所致。该故障的检修流程如图 2-61 所示。

6. 经常掉链

该故障多因链条过长或链轮、飞轮不正常所致。该故障的检修流程如图 2-62 所示。

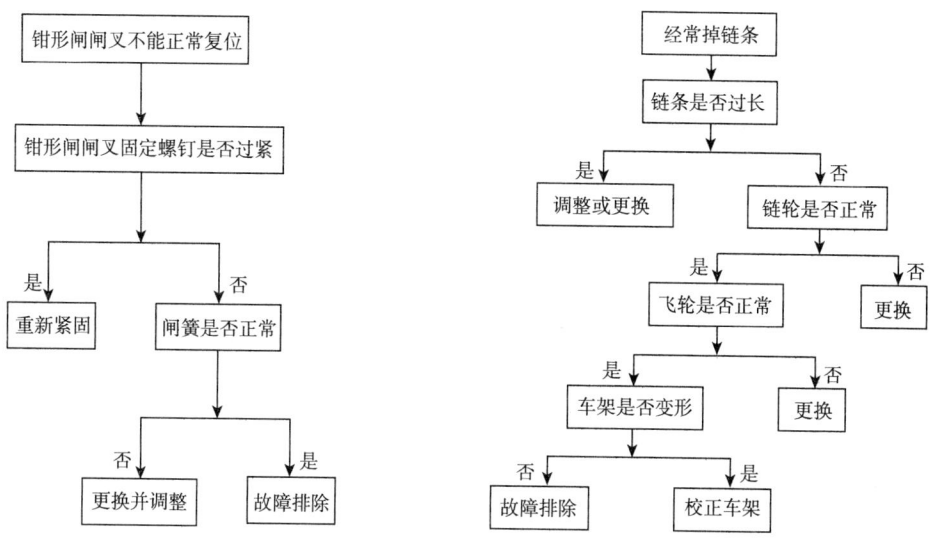

图 2-61　钳形闸闸叉不能正常复位故障检修流程

图 2-62　经常掉链故障检修流程

7. 踏空

该故障多因油污过多使飞轮内的千斤簧(细钢丝)与外套内齿不正常啮合,或外套内齿磨损过大,使飞轮不能在链条带动下旋转所致。该故障的检修流程如图 2-63 所示。

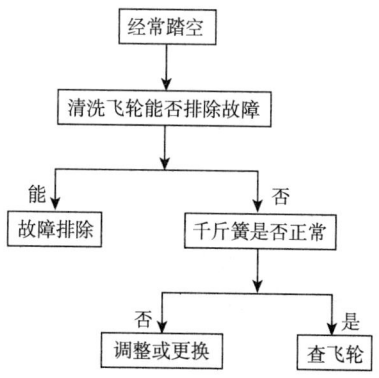

图 2-63　经常踏空故障检修流程

◇课程 2:电气故障点查找分析

电气故障是电动自行车经常会发生的,在此课程中将会讲述其检测分析流程。

1. 仪表无显示,电机不转

该故障说明供电系统异常。该故障的检修流程如图 2-64 所示。

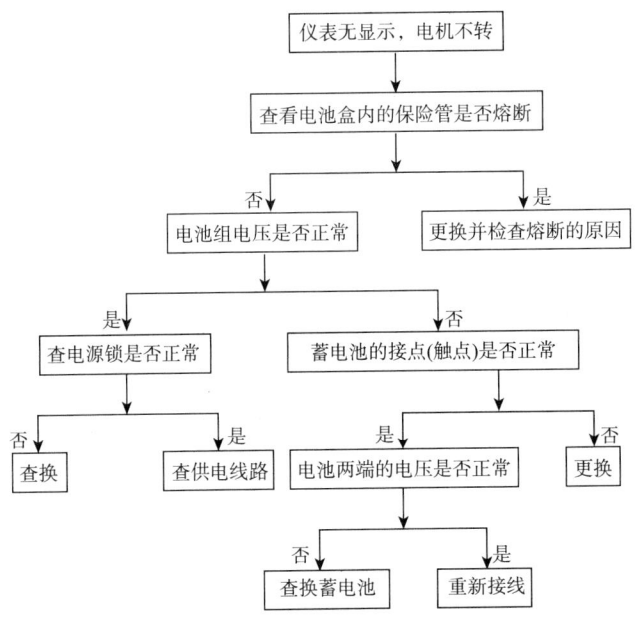

图 2-64 仪表无显示、电机不转故障检修流程

2. 仪表有显示,电机不转

该故障说明供电基本正常,但控制器或电机工作异常。该故障的检修流程如图 2-65 所示。

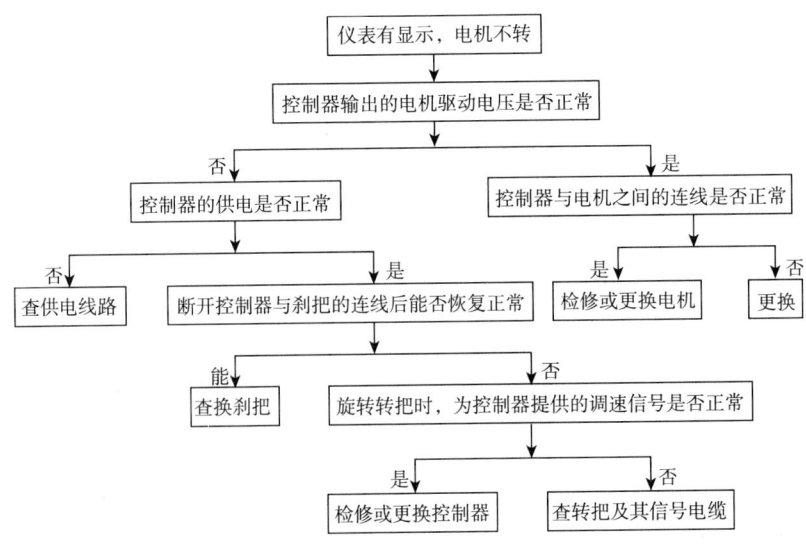

图 2-65 仪表有显示、电机不转故障检修流程

3. 行驶里程短

该故障说明蓄电池或控制器等部件异常。该故障的检修流程如图 2-66 所示。

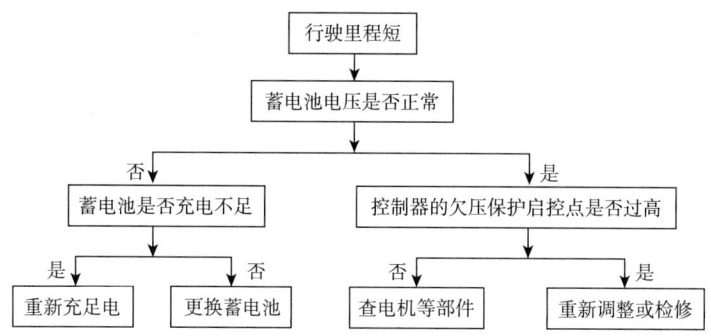

图 2-66　行驶里程短故障检修流程

4. 蓄电池充不足电

该故障说明蓄电池或充电器异常。该故障的检修流程如图 2-67 所示。

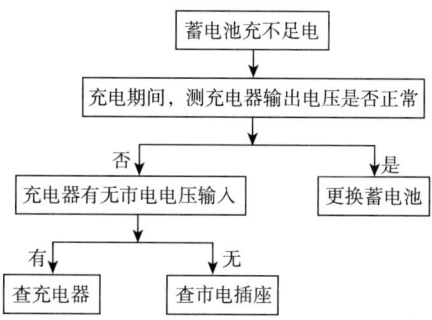

图 2-67　蓄电池充不足电故障检修流程

5. 电机时转时停

该故障说明电机或其供电以及刹车系统异常。该故障的检修流程如图 2-68 所示。

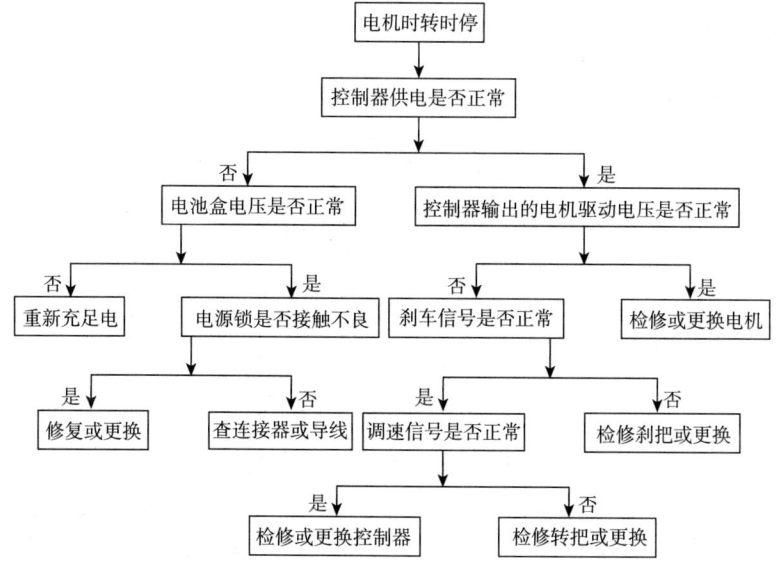

图 2-68　电机时转时停故障检修流程

6. 仪表盘工作不正常

该故障说明仪表盘故障或其供电异常。该故障的检修流程如图 2-69 所示。

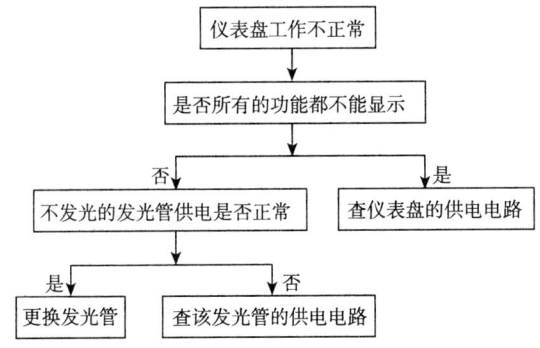

图 2-69　仪表盘工作不正常故障检修流程

7. 大灯不发光

该故障说明大灯故障或其供电异常。该故障的检修流程如图 2-70 所示。

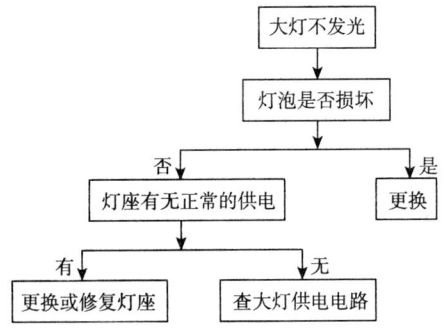

图 2-70　大灯不发光故障检修流程

8. 转向灯不发光

该故障说明转向灯、转向灯控制器或其供电异常。该故障的检修流程如图 2-71 所示。

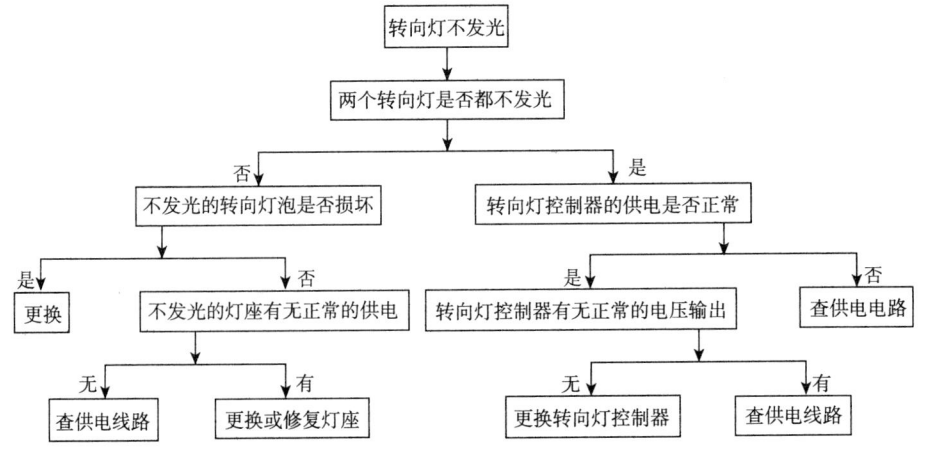

图 2-71　转向灯不发光故障检修流程

9. 喇叭不响

该故障说明喇叭故障或其供电异常。该故障的检修流程如图 2-72 所示。

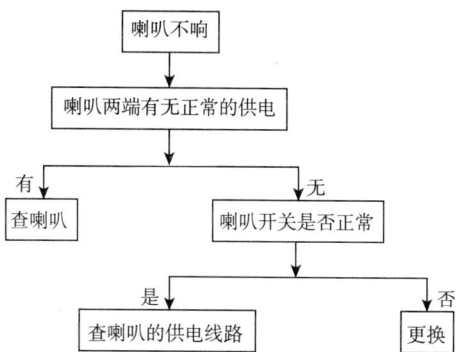

图 2-72　喇叭不响故障检修流程

第三日 电动机的检测及故障检修

项目1:初识电动机

◇课程1:电动机的分类及组成

电动机,俗称为电机,又称马达,它是电动自行车的动力源泉,在电动自行车中用到的是直流电机。常见的电动车用电机如图3-1所示,它主要由定子和转子(电枢)两部分组成,如图3-2所示。

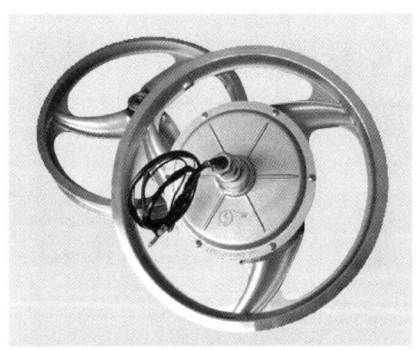

(a)有刷电机

(b)无刷电机

(c)数码变压电机

(d)无刷有齿电机

(e)三轮车用500 W有刷电机　　(f)三轮车用1000 W串励电机

图 3-1　电机

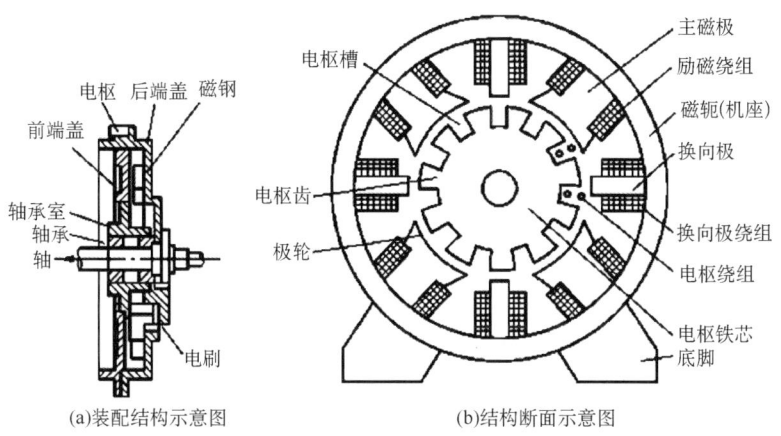

(a)装配结构示意图　　(b)结构断面示意图

图 3-2　直流电机结构示意图

1. 定子部分

如图 3-3 所示,直流电机的定子部分主要由主磁极、电刷组件、机座和端盖等部件组成。

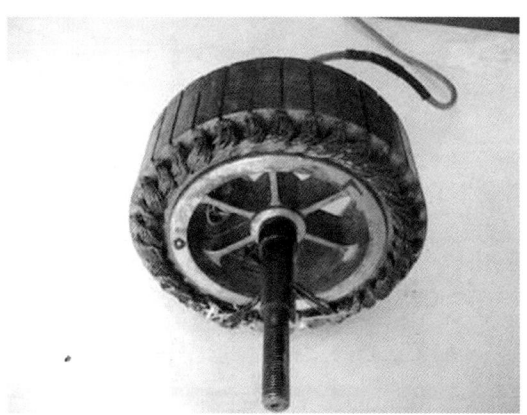

图 3-3　定子

(1)主磁极

主磁极用于产生磁场。有一种是采用永久磁铁构成的,如图 3-4 所示;还有一种采用励磁绕组和主磁极铁芯构成,如图 3-5 所示。主磁极铁芯由 1～1.5 mm 厚的硅钢片叠压而成,励磁绕组由漆包线绕制而成。

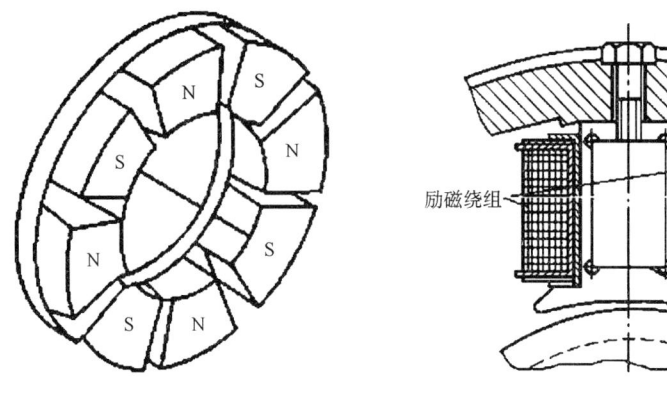

图 3-4 磁钢示意图　　　　图 3-5 主磁极结构示意图

(2)电刷装置

电刷装置由电刷(石墨构成的导电块)、刷握、刷杆和导电铜丝辫等组成,如图 3-6 所示。

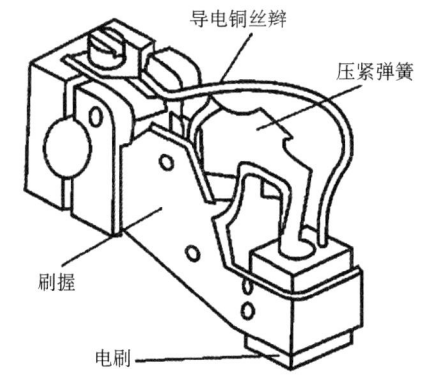

(a)电刷组件构成示意图

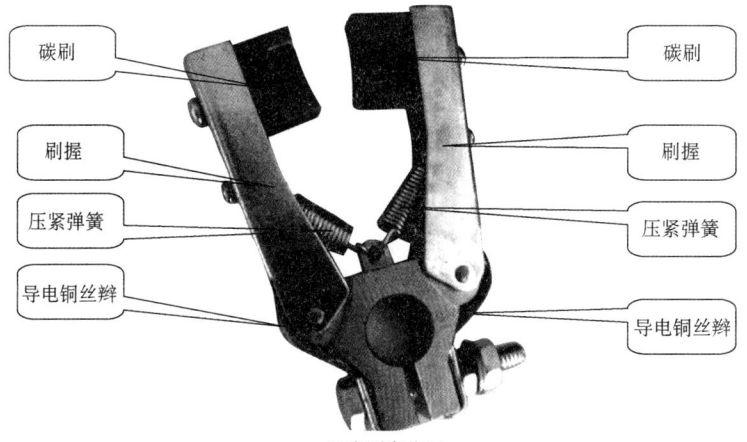

(b)电刷实物图

图 3-6 电刷

> 电刷块磨损是导致有刷电机不能正常旋转的最主要原因。刷握支架等损坏有时是由于控制器异常导致过热。刷握支架等损坏会出现变形等异常现象。

电刷的安装位置如图 3-7 所示。在压紧弹簧的作用下,电刷与换向器的表面紧密接触,这样在旋转时电刷就可以依次与换向器上的铜片接触,从而完成电流换向。

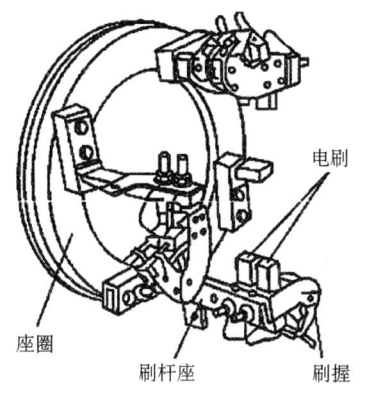

图 3-7　电刷组件

(3) 机座

机座主要由铸铁或合金构成,主要用于固定主磁极和端盖等部件。

2. 转子部分

转子部分主要由电枢铁芯、电枢绕组、换向器、转轴等组成。

(1) 转轴

转轴主要由不锈钢车制而成,用于安装电枢铁芯等部件。而对于轮毂电机,它安装的是定子。

(2) 电枢铁芯

参见图 3-8,电枢铁芯通常由硅钢片叠加而成。它的一个功能是构成了主磁路,另一个功能是嵌放电枢绕组。

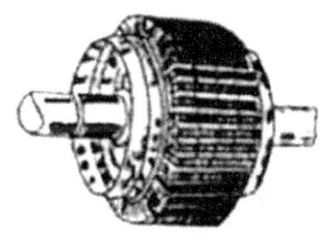

图 3-8　电枢铁芯构成

(3) 电枢绕组

电枢绕组流过导通电流后产生磁场,实现电机能量的电磁转换。它通常由漆包线绕制而成,分两层嵌放在电枢铁芯的槽内,并用槽楔压紧,如图 3-9 所示。

(4) 换向器

换向器是将直流电压转换为交流电压的主要部件,它主要由用于连接的条状铜片(也称连接片)和用于绝缘的云母片等构成,如图 3-10 所示。每个铜片都与绕组相接,有刷无齿电机换向器的安装位置见图 3-10。

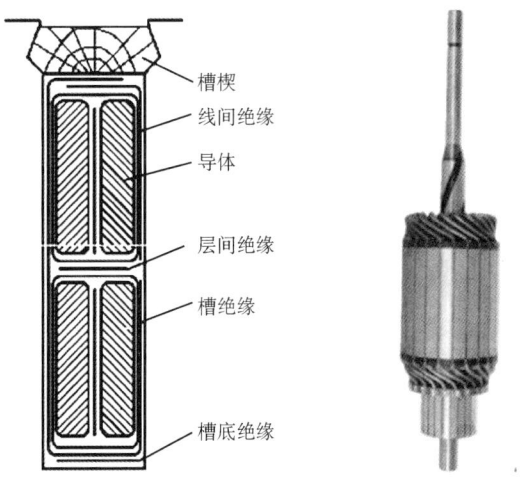

图 3-9 电枢绕组构成示意图

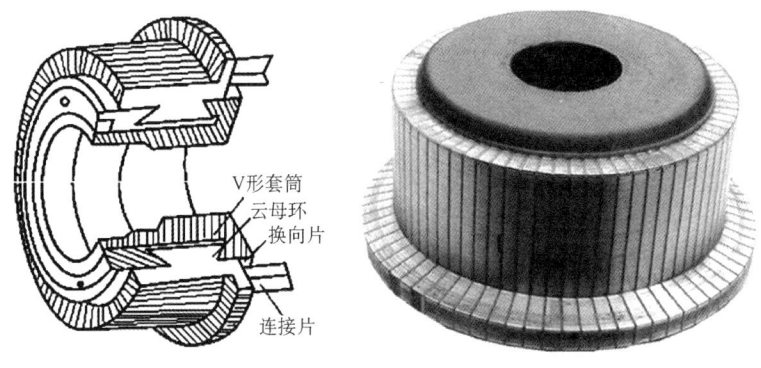

图 3-10 换向器构成

(5)端盖

端盖安装在机座两端并通过端盖中的轴承支撑转子,将定子、转子连为一体。目前电动自行车电机的端盖均采用压铸铝构成。端盖内部构成示意图如图 3-11 所示。

图 3-11 端盖构成

◇课程2:电动机的工作原理

1. 有刷电动机的工作原理

如图3-12所示,有刷直流电机的定子上安装了永久磁铁(磁钢),由它构成主磁极N和S,在转子上安装了电枢铁芯和绕组,绕组的两端接换向器的铜片,再通过铜片与电刷相接。由于控制器输出的驱动电压加到电刷正、负极,所以当换向器的条状铜片交替与电刷的正、负极接触时,绕组就能通过换向器得到交替变化的导通电流,从而使绕组产生不同方向的电动势,产生交变磁场,吸引转子旋转。

电机绕组两端电压越高,磁场强度越大,转子转动的转矩也越大,电机的转速也就越快;反之亦然。因此,通过调整绕组两端所加电压的大小就可实现电机转速的调整,而改变绕组的供电方向就可改变电机旋转方向。

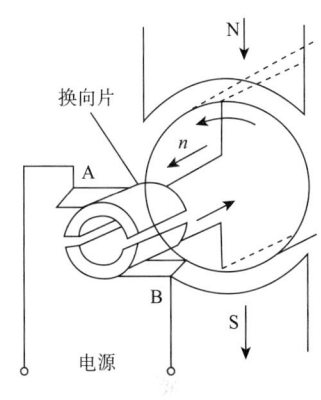

图3-12 有刷直流电机工作原理示意图

2. 无刷电动机工作原理

如图3-13所示,为无刷直流电机的工作原理方框图,通过给两相绕组通电使其产生一定的磁场。由于磁通具有走最短路径的特点,从而使转子和定子的相对位置发生了变化。当按照一定的顺序为不同两相绕组供电时,则可使电机内部的磁场旋转起来,从而使电机转动。电机通电顺序不同,电机转动的方向也就不同。

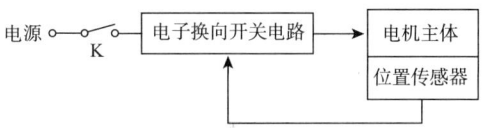

图3-13 无刷电机工作原理方框图

参见图3-14,无刷直流电机由电机主体、位置传感器及电子换向开关电路3个基本部分组成。其中位置传感器的定子和电子换向开关电路相当于一个静止的换向器,与位置传感器旋转着的"电刷"一起组成一个没有机械接触的电子换向装置。

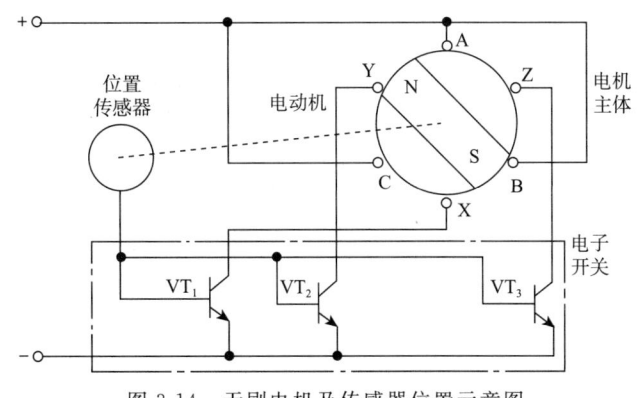

图3-14 无刷电机及传感器位置示意图

电机由磁钢转子和一个多相的电枢绕组定子组成。电枢绕组分别与相应的电子换向开关电路连接。为了保持电枢绕组电流与磁场极性相对关系不变,设有检测转子位置的传感器,使电枢绕组能随转子位置变化依次通电。

位置传感器是一种无机械接触的检测转子位置的装置,由传感器定子和传感器转子构成,分别装在定子机壳内和转子轴上,由它提供的信号通过控制器内的解码器处理后,再通过放大器放大后就可按一定顺序触发电子换向开关电路。目前,无刷电机常用的位置传感器为霍尔元件,传感器的转子为永磁体。

电子换向开关电路中各功率元器件分别与相应的各相定子绕组串联,各功率元器件的导通与截止取决于位置传感器的检测信号。绕组电路的导通可以是一相一相依次导通,也可以是两相两相依次导通。

当电机绕组两端电压越高使磁场强度增大时,转子转动的转矩也越大,电机的转速也就越快;反之亦然。因此,通过调整绕组两端所加电压大小就可实现电机转速的调整。当主转子N极在定子Y位置时,垂直换向传感器将产生X方向上的电动势,此信号使电子开关导通,与此串联的定子X绕组中将有电流流过,并使定子X极磁化为S极,以吸引转子旋转90°,N极到达定子X位置,此时垂直换向传感器输出为0,水平换向传感器将产生Y方向电动势,并使定子Y极磁化为S极,以吸引转子继续旋转90°。因此,对于不同的主转子位置,换向传感器依次输出不同信号,使主定子绕组按X→Y→Z→X→Y的循环顺序轮流通电,形成旋转磁场,吸引转子旋转。

> 无刷电机的磁钢数量一般是12片、16片或18片,其对应的定子槽数是36槽、48槽或54槽。电机在静止状态时,转子磁钢的磁力线有沿磁阻最小方向行走的特性,因此转子磁钢所停顿的位置恰好为定子槽凸极的位置。磁钢不会停在定子槽心的位置,这样转子与定子的相对位置只有36种、48种或54种有限的几个位置。因此,无刷电机的最小磁拉力角就是360°/36°、360°/48°或360°/54°。

以上介绍了有刷电机和无刷电机的工作原理。它们的区别详见表3-1。

表3-1 有刷电机与无刷电机的性能比较

	电机种类 项目	无刷电机	高速有刷电机	低速有刷电机
性能	效率	高	低	中
	功率密度	中	高	低
	换向火花	无	大	小
	寿命	长	短	中
	振动	中	中	小
	噪声	小	大	中
	电磁干扰	无	大	中
	启动加速	良	优	差
	过载能力	中	大	小
	温升(绕组)	中	高	低
	磁体温度(退磁可能性)	低	高	高
	可靠性	高	低	中

续表

项目	电机种类	无刷电机	高速有刷电机	低速有刷电机
经济性	结构	复杂	复杂	简单
	工艺	复杂	复杂	简单
	材料消耗	中	中	多
	成本	中	较贵	低
	运行费用	低	较贵	低
维护维修性	维护	不需要	定期	定期(间隔长)
	维修性	难	难	中
	维修技术	难	复杂	中
	维修费用	高	高	低
环境适用性		强	有选择	有选择

注：表中性能比较的是"相对"概念，是定性，而非定量。

◇课程3：电动机型号的识别

电动自行车电机的生产厂家众多，电机的功率、形式和结构也不同。国际上关于电动自行车用电机的命名标准如下：

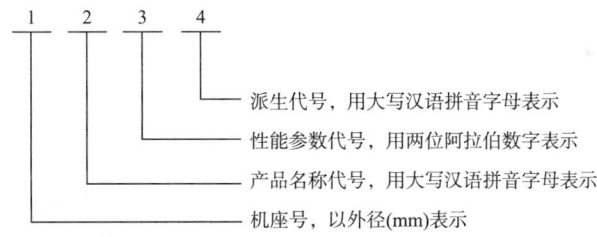

其中，产品名称代号的具体含义如下。
SYT：铁氧体永磁式直流伺服电动机；
SYX：稀土永磁式直流伺服电动机；
SXPT：铁氧体永磁式线绕盘式直流电动机；
SXPX：稀土永磁式线绕盘式直流电动机；
SWT：铁氧体永磁式无刷直流伺服电动机；
SWX：稀土永磁式无刷直流伺服电动机；
SN：印制绕组直流伺服电动机；
YX：三相异步电动机。
命名举例：180SYT01A 表示外径为 180 mm 的铁氧体永磁式直流伺服电动机，属厂家01A 类产品。

项目2：电动机的拆解

◇训练1：电动机从整车上拆下

电动机在安装时，一般存在于电动自行车的后轮中，首先需要将后轮从整车上拆下，需要进一步如下操作：

（1）首先保证电动车电源开关处于关闭状态（如图3-15所示），然后将控制器从保护壳中拆出，如图3-15(b)所示。

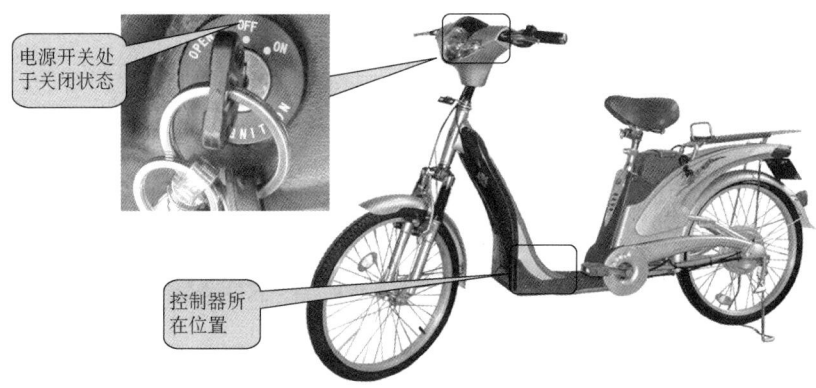

(a)关闭电动车电源开关

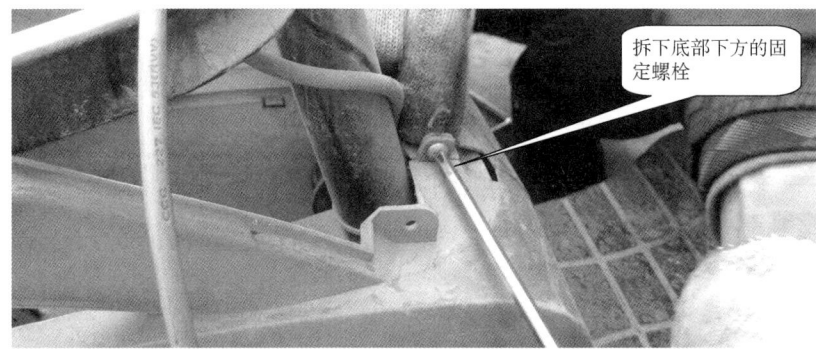

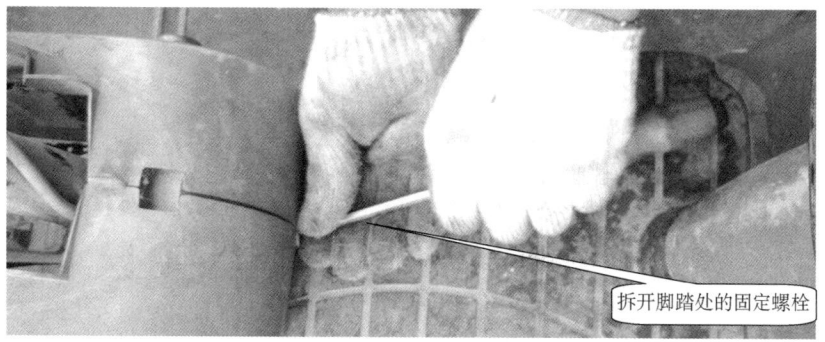

(b)拆开固定器外壳的固定螺栓

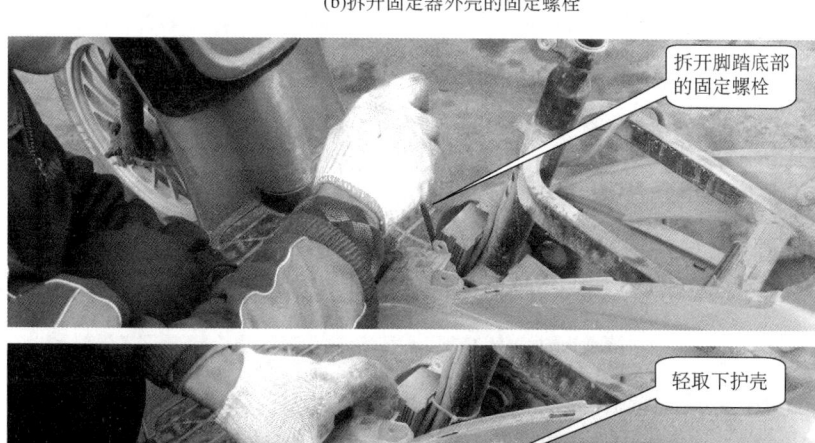

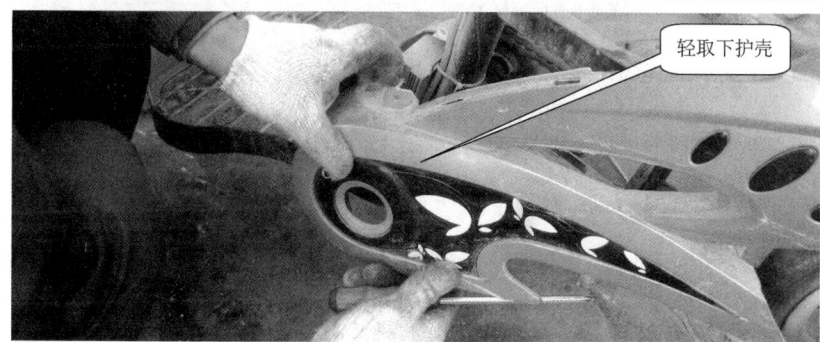

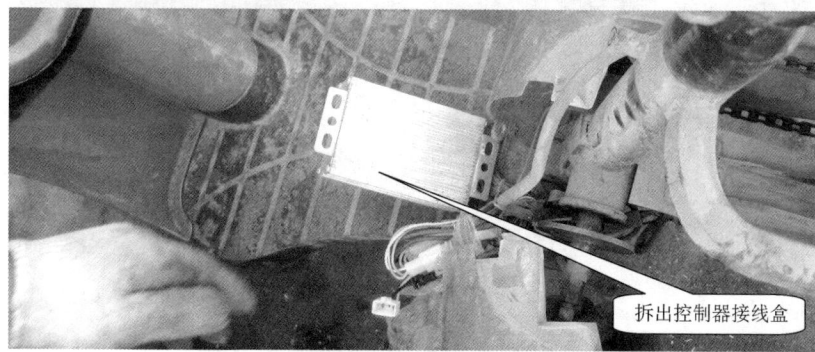

(c)断开控制器与电动机的接线端

图 3-15 拆开控制器接线盒

(2)找到连接控制器与电动机的引线,顺着引线拔下连接控制器的插接器,如图 3-16 所示,并记录原引线的功能,以免安装时接错。

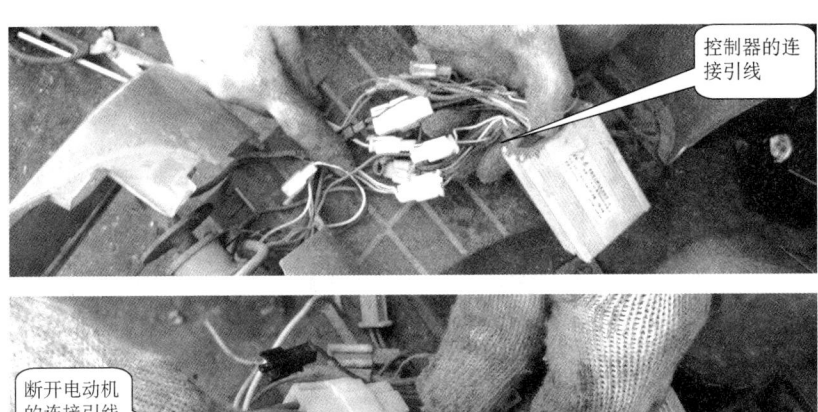
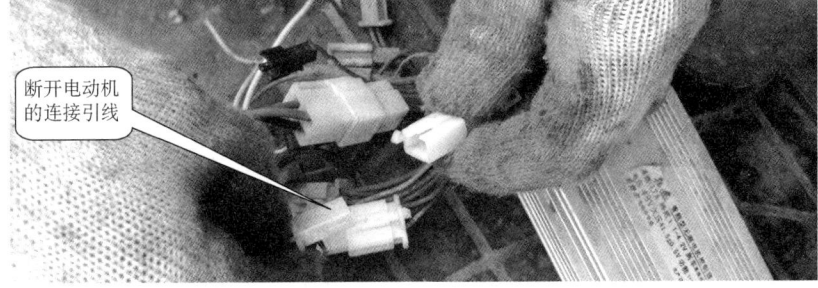

图 3-16　拔下控制器与电动机连接的插接器

(3)按图 3-17 所示方法用扳手拧松后轮固定轴上的螺栓,将电动机所在的后轮拆下来。

图 3-17　拆卸电动机所在的后轮

◇训练 2:电动机的拆解与装复

经过前面所述训练,已经将电动机所在的后轮从电动自行车上拆下,分解后轮,就可以拆出电动机。接下来,将电动机分为无刷电动机的拆解和有刷电动机的拆解来讲述它们的操作步骤。

1. 无刷电动机的拆解

(1)在电动机的轮毂与侧盖上做好标记(如图 3-18 所示),防止装复时出现错误,主要是电枢轴的方位不要搞错,否则车轮将反转。

图 3-18 为轮毂做标记

(2)用内六角扳手按对角方向拧松左侧盖螺栓并全部拆下,如图 3-19 所示。

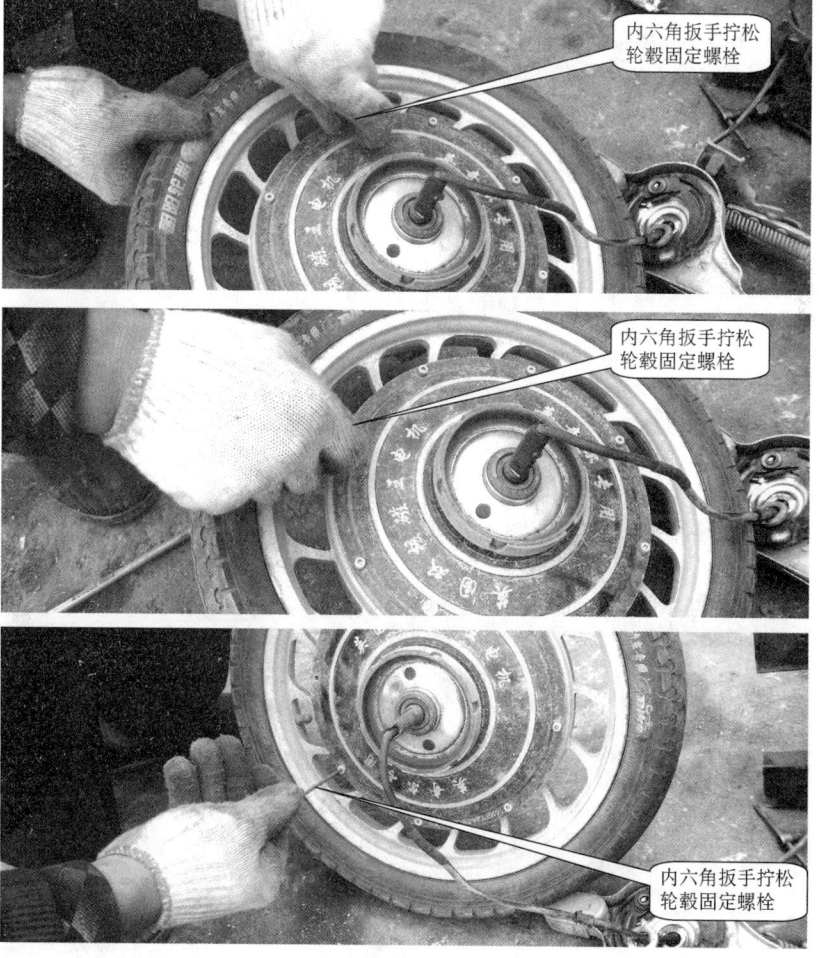

图 3-19 拆解后轮内六角螺栓

(3)将螺栓拆下后,用锤子按图3-20所示方法轻敲左侧盖,利用反弹力使轴承与侧盖分开。

图 3-20　轻敲左侧盖

(4)用平口螺丝刀对准轮毂与侧盖结合处,按图3-21所示方法撬开侧盖。注意:要沿侧盖周围均匀用力,切勿用力过大,避免侧盖变形。

图 3-21　撬开轮毂与侧盖结合处

(5)撬开后就可以取出侧盖,如图3-22所示。

图 3-22　掀开左侧盖

(6) 按图 3-23 所示方法,用力向下压轮毂,以使定子从磁钢中脱出。

图 3-23 脱出定子

(7) 拆开的电动机内部如图 3-24 所示。

图 3-24 拆开后的无刷电动机

2. 无刷电动机的装复

无刷电动机装复前,应将损坏部件更换,同时将电动机零部件表面的异物清理干净。若电动机绕组潮湿,应用吹风机或其他方法干燥,以增大绕组的绝缘电阻。若无刷电动机零部件无异常现象,应予以重新安装复位。无刷电动机的装复程序如下。

(1) 将适量的润滑脂加入轴承内,并转动轴承。然后按图 3-25 所示方法,一人手握轮毂,另一人手握电动机轴,保证轮毂端面与电动机轴垂直且与电动机轮毂中心成一条直线,慢慢将定子插入转子磁钢内,勿挤伤手指。

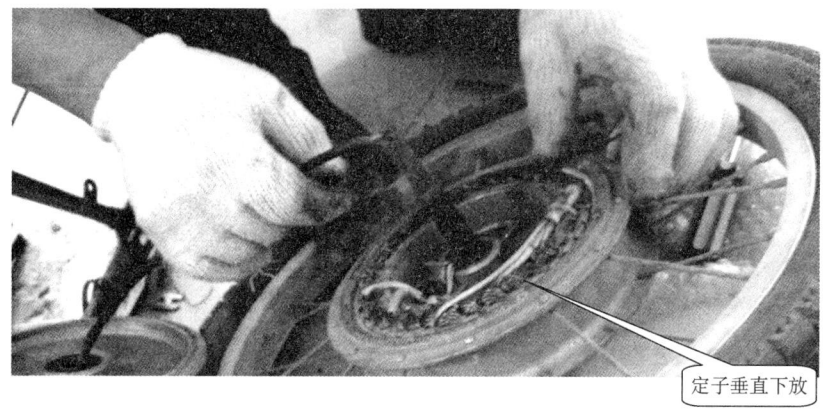

图 3-25　将电动机定子装入转子内

(2) 将右侧盖按图 3-26 所示方法装在右半轴上。

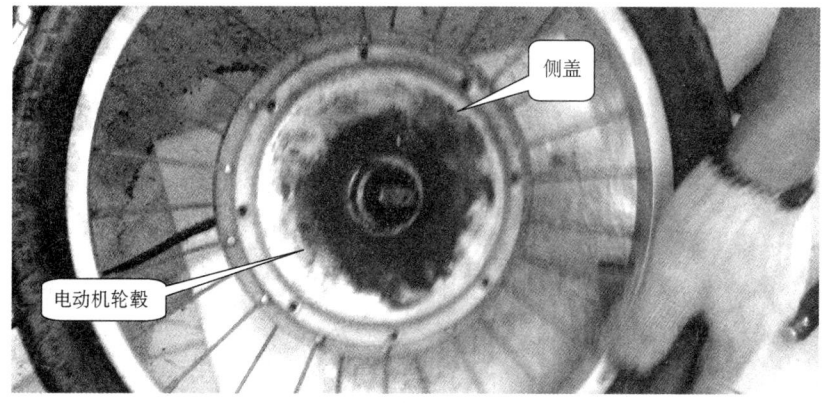

图 3-26　将右侧盖装在右半轴上

(3) 将右侧盖与轮毂上的标记对准,如图 3-27 所示。

图 3-27　将右侧盖与轮毂上的标记对准

(4) 按图 3-28 所示方法,用内六角扳手对称拧紧右侧盖。
(5) 然后用内六角扳手对称拧紧左侧盖,将其拧紧后即完成装复。
有刷电动机的装复与无刷电动机的装复操作类似,所以不再赘述。

图 3-28　用内六角扳手紧固右侧盖

3. 有刷电动机的拆解

(1) 在电动机的轮毂下侧盖上做好标记(见图 3-29)，以防装复时出错。

图 3-29　在电动机的轮毂与端盖上做好标记

(2) 按图 3-30 所示方法，先用螺丝刀或内六角扳手对角拧松左、右侧盖螺栓，然后逐个拧松，防止侧盖变形而密封不严。

(a) 拆卸左侧盖螺栓　　　　　　　　(b) 拆卸右侧盖螺栓

图 3-30　用螺丝刀或内六角扳手对角拧松螺栓

(3)将左、右侧盖螺栓拆除后,要检查是否有其他因素影响开盖,并确定侧盖与轮毂间没有密封胶。

(4)按图3-31所示方法,将右侧盖与轮毂分离。

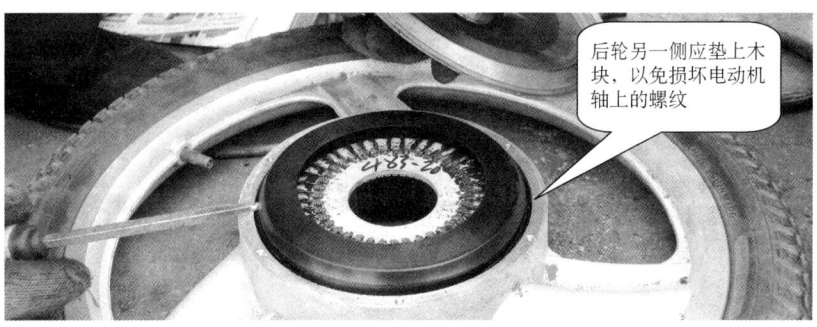

图3-31 分离侧盖与轮毂

(5)用平口螺丝刀对准接缝,沿周边均匀地撬开接缝,如图3-32所示。

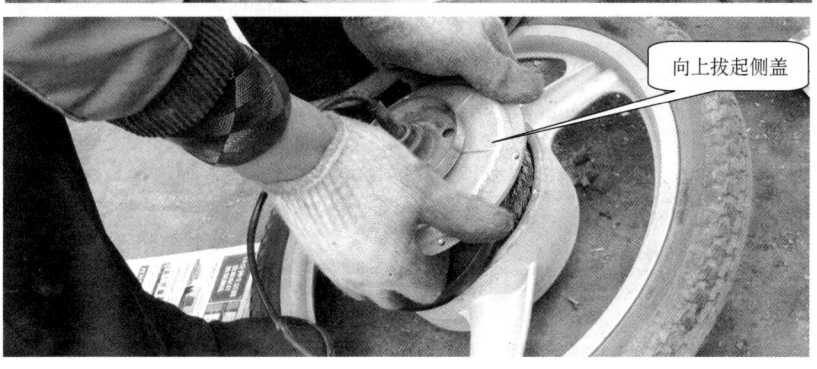

图 3-32　分离侧盖与轮毂

（6）翻过另一侧，慢慢地将右侧盖从电动机轮毂上拆下，如图 3-33 所示。

图 3-33　将右侧盖从电动机轮毂上拆下

（7）按图 3-33 所示方法，从电动机轴上取下垫圈，然后便可以看到电动机的线圈绕组，如图 3-34 所示。

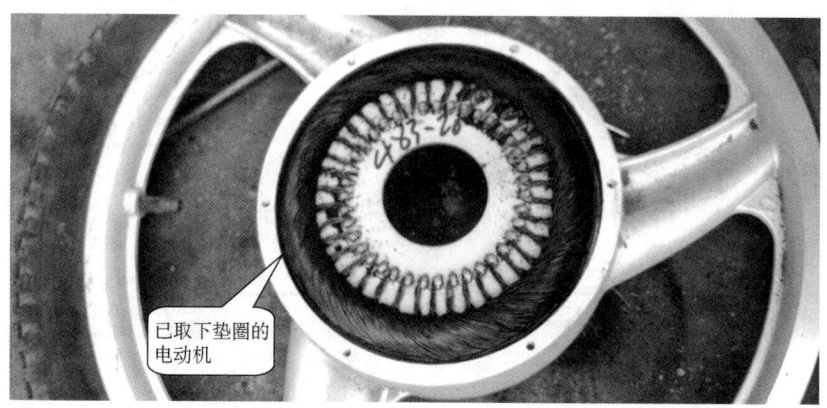

图 3-34　取下垫圈的电动机

(8)按图3-35所示方法,用力压下轮毂,使定子从磁钢中脱出。这样便完成了有刷电动机的拆解。

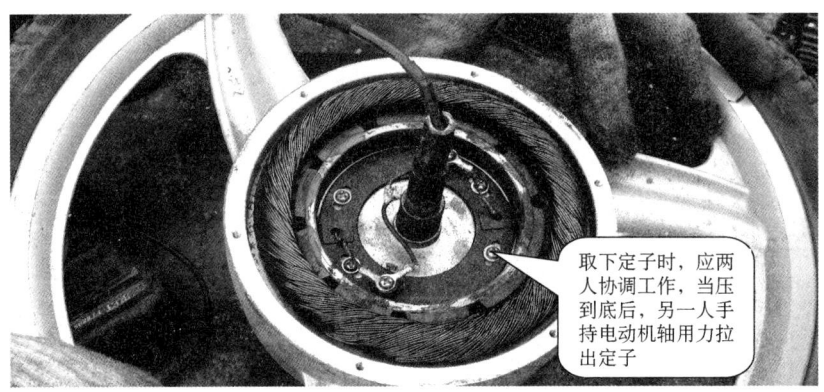

取下定子时,应两人协调工作,当压到底后,另一人手持电动机轴用力拉出定子

图3-35 压下轮毂使磁钢脱出

项目3:电动机的检测

◇训练1:有刷电动机的检测

1. 有刷电动机绕组断路的检测

有刷电动机绕组断路检测示意图如图3-36所示,按照图示进行以下检测。

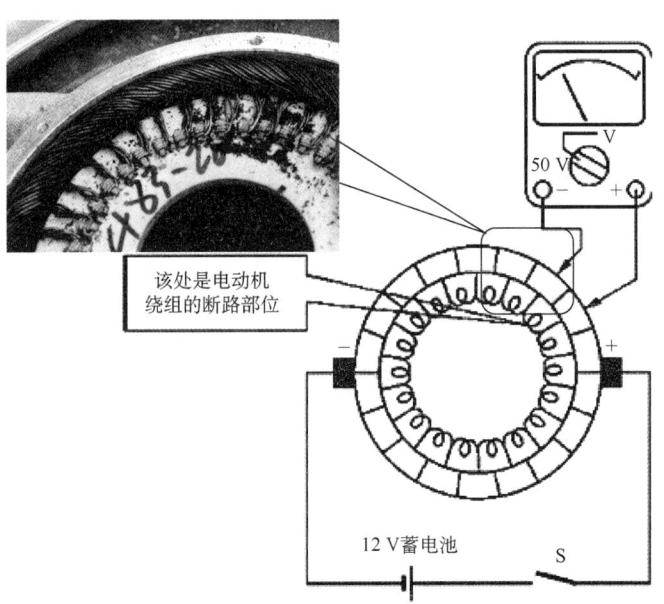

该处是电动机绕组的断路部位

图3-36 有刷电动机绕组断路检测示意图

(1)将一只 12 V 单体蓄电池和一只开关用导线串联在一起作为电源,如图 3-37 所示。

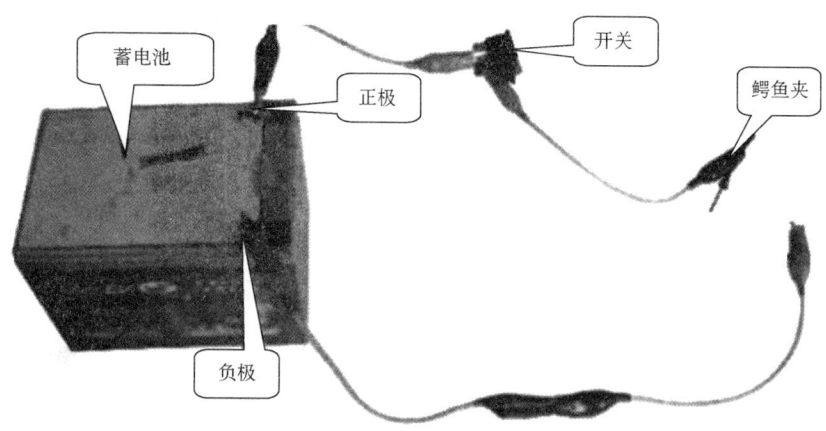

图 3-37 电源的连接

(2)如图 3-38 所示,将电源的负极鳄鱼夹夹在图中 A 处,电源的正极鳄鱼夹夹在与 A 处相对应的 B 处(AB 连线通过圆心)。

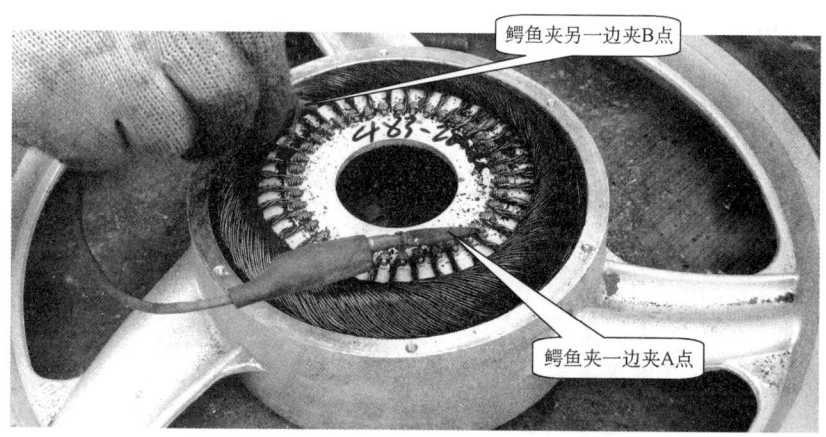

图 3-38 电源正/负极鳄鱼夹的位置

(3)将数字万用表的挡位开关指向 20 V 直流电压挡,如图 3-39 所示。

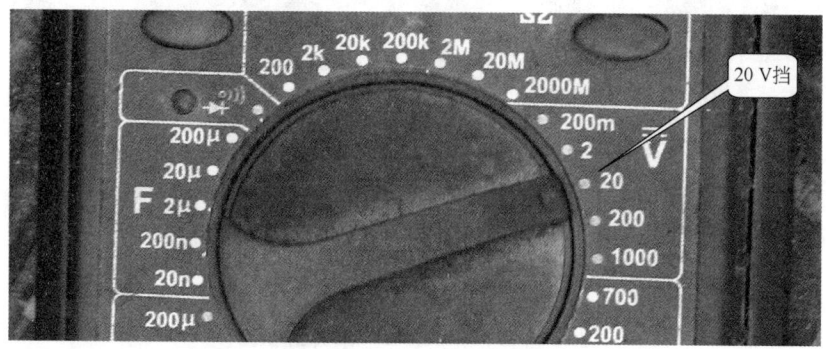

图 3-39 20 V 直流电压挡的选择

(4)将万用表的黑、红表笔分别接在相邻的换向片上,应保证红表笔接高电位即近 B 点,黑表笔接低电位即近 A 点。若每相邻两个换向片间的电压都为 2.2 V,则表明该绕组无断路现象,如图 3-40 所示。

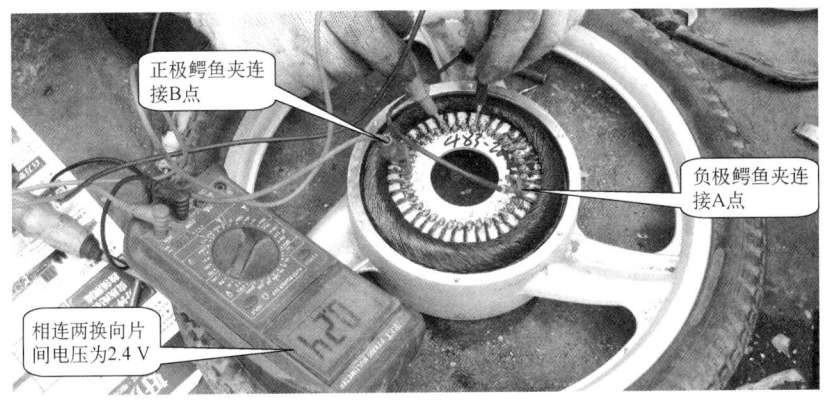

图 3-40　检测绕组断路情况

(5)若测量时某相邻换向片间的电压较高(接近 12 V,如图 3-41 所示),而其他相邻换向片间的电压为 0,则表明测试电压为 12 V 的相邻换向片间的绕组断路。

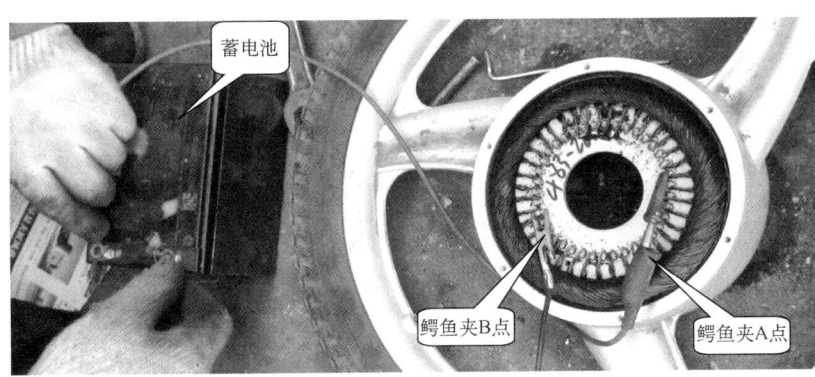

(a)连接蓄电池

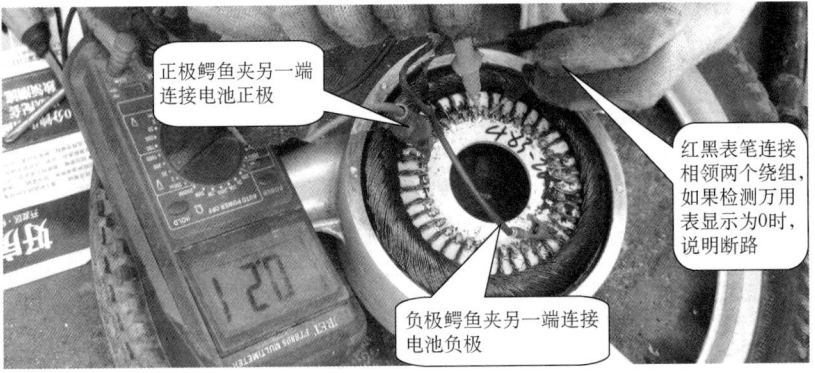

(b)检测绕组

图 3-41　检测另一组绕组

(6)按图 3-42 所示的方法,用导线将断路线圈在接线端子上短接,该绕组即可重新投入使用。

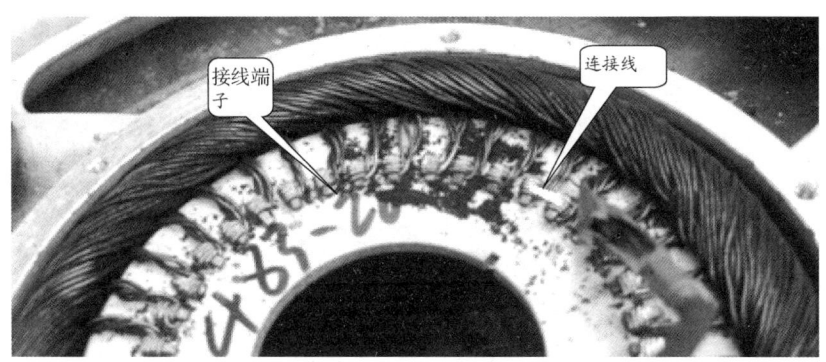

图 3-42 短接断路绕组的接线端子

2. 有刷电动机绕组多处断路的检测

有刷电动机绕组多处断路的检测示意图如图 3-43 所示。具体检测技巧如下。

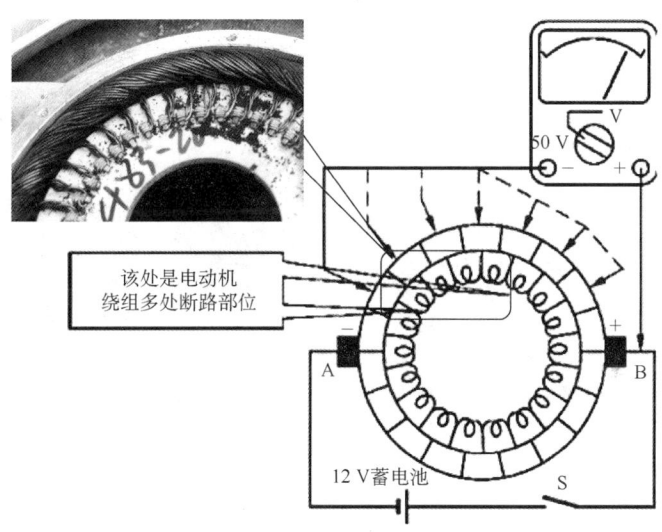

图 3-43 有刷电动机绕组多处断路检测示意图

(1)将一只 12 V 单体蓄电池与一只开关用导线串接起来(以下简称电源),如图 3-44 所示。

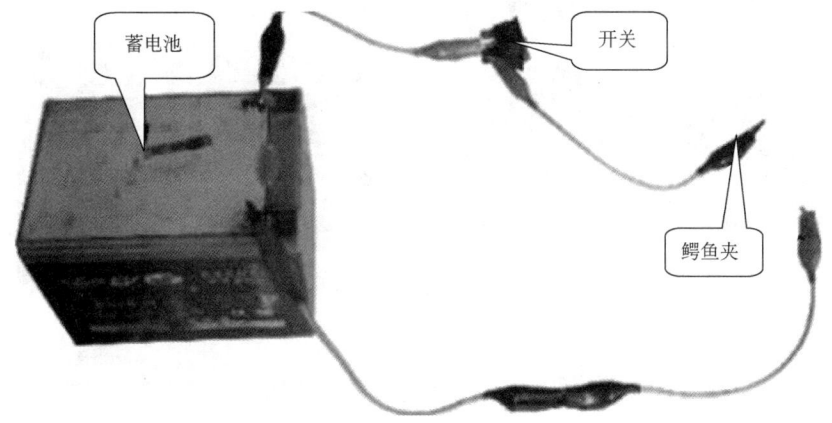

图 3-44 电源的连接

(2)如图 3-45 所示,将电源的负极鳄鱼夹夹在图中 A 处,电源的正极鳄鱼夹夹在与 A 处正对应的 B 处(A、B 连线通过圆心)。

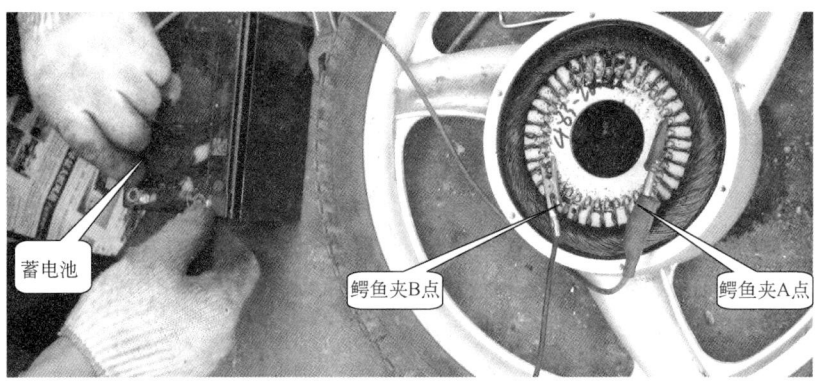

图 3-45　电源正、负极鳄鱼夹的位置

(3)将数字万用表的量程开关指向 20 V 直流电压挡,如图 3-46 所示。

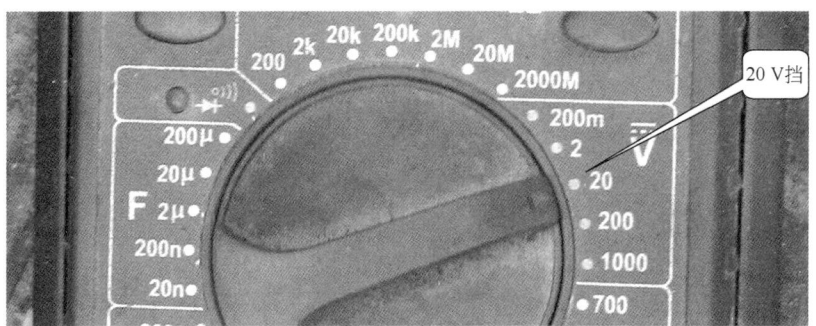

图 3-46　20 V 直流电压挡的选择

(4)让红表笔接在高电位 B 处,如图 3-47 所示。

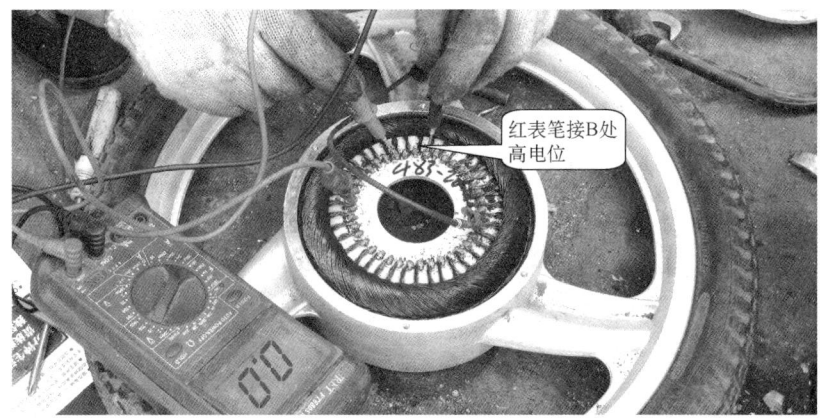

图 3-47　红表笔接高电位 B 处

(5)然后打开开关,将黑表笔从 A 处逐个接触绕组接线端子并向 B 处移动,此时若万用表显示值不断减小则为正常。测量方法如图 3-48 所示。

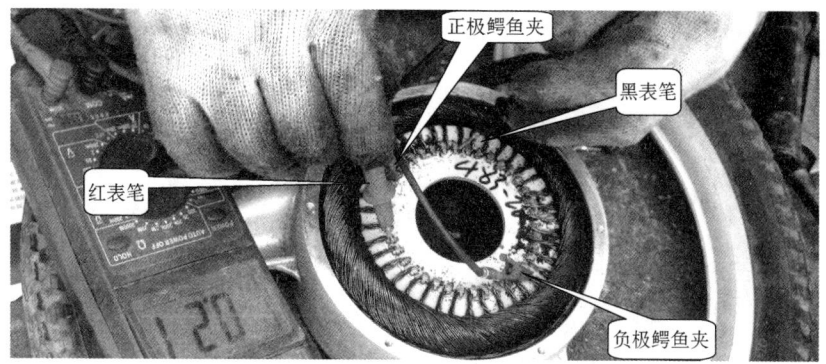

图 3-48 绕组无断路时的显示情况

（6）在测量过程中，当黑表笔接触某绕组接线端子时万用表显示为"00.0"，则表明该接线端子与近 B 端相邻的接线端子间的绕组断路。

此时应将发现的断路处连上（将两接线端子用导线连接），如图 3-49 所示，再依次检测余下的断路部位。

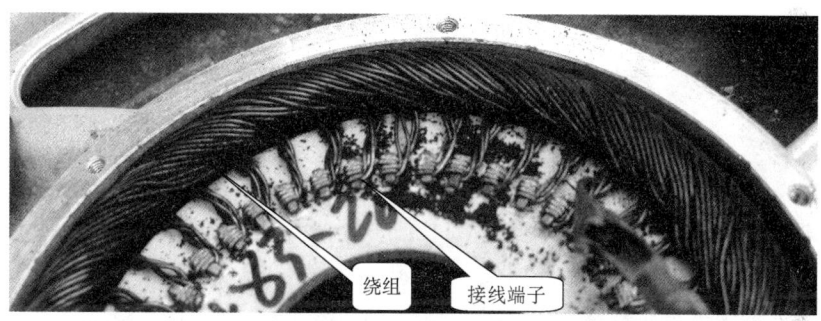

图 3-49 短路断路绕组的接线端子

3. 有刷电动机绕组短路的检测

有刷电动机绕组短路的检测示意图如图 3-50 所示。具体检测技巧如下。

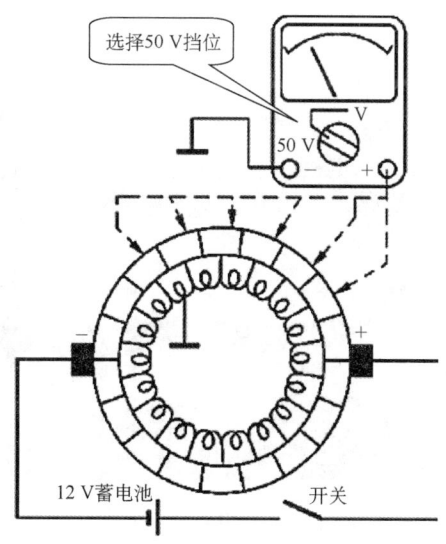

图 3-50 有刷电动机组短路的检测示意图

(1) 将一只 12 V 单体蓄电池与一只开关用导线串接起来(以下简称电源),如图 3-51 所示。

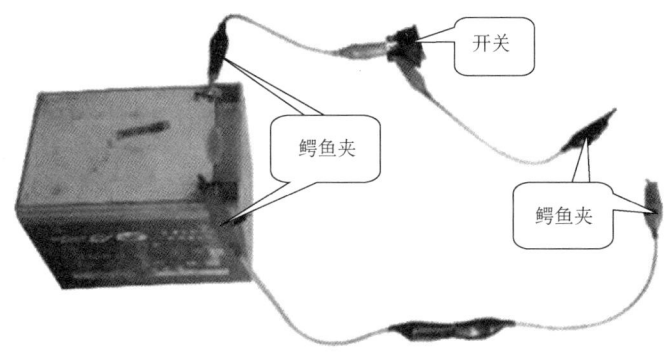

图 3-51 电源的连接

(2) 如前文图 3-45 所示,将电源的负极鳄鱼夹夹在图中 A 处,电源的正极鳄鱼夹夹在与 A 处相对应的 B 处(A、B 连线通过圆心)。

(3) 将数字万用表的量程开关指向 2 V 直流电压挡,如图 3-52 所示。

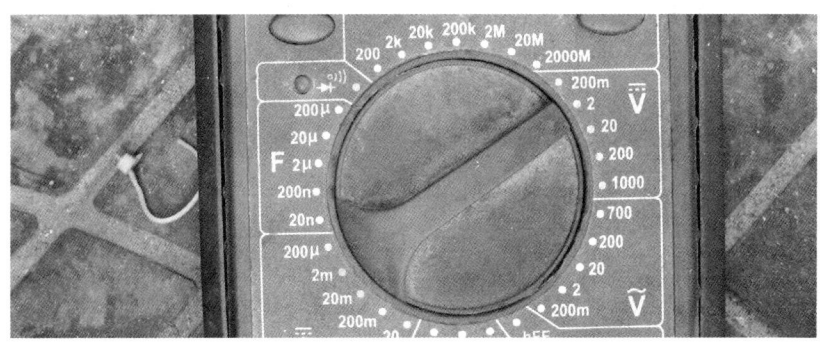

图 3-52 选择 2 V 电压挡

(4) 打开开关,将黑、红表笔分别接触相邻绕组接线端子,若万用表显示值为负,如图 3-53 所示,应将黑、红表笔对调。相邻绕组接线端子(即相邻换向片)的电压在正常时应相同。

图 3-53 万用表显示负值

(5)在检测中,若万用表显示值比其他测量值明显低时,如图3-54所示,则表明与这2个绕组接线端子直接相接的绕组有短路现象。检测时若绕组温升较高,则表明有多处短路。

图3-54 绕组短路的显示情况

(6)绕组短路故障范围较小时,作为应急,也可采用"跳接法"排除故障,即将短路绕组与接线端子相连,如图3-55所示。若绕组严重短路,则应重新绕制。绕制工艺比较复杂,应由专业人员完成。

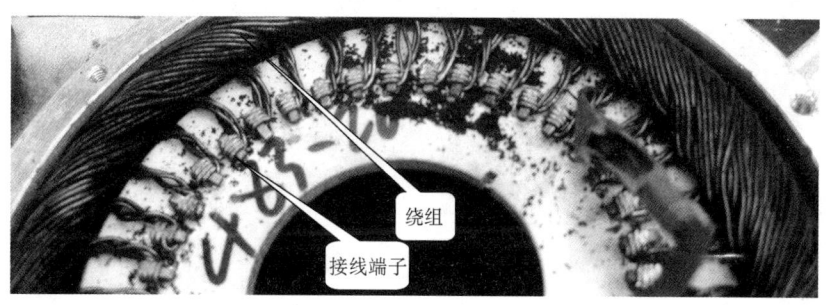

图3-55 绕组短路的处理方法

4. 有刷电动机绕组绝缘电阻的检测

(1)由于电动机绕组的绝缘电阻较大,应选用20 MΩ挡,如图3-56所示。

图3-56 20 MΩ电阻挡的选择

(2)将万用表的一支表笔接电动机轮毂(接地),另一支表笔接换向片或绕组接线端子,如图3-57所示。

图 3-57 红、黑表笔的放置

(3)若万用表测量数值显示"1.",表明电动机绝缘电阻正常;若万用表显示几千欧,则表明电动机绕组绝缘电阻下降,应进行烘干处理。烘干方法如图 3-58 所示。

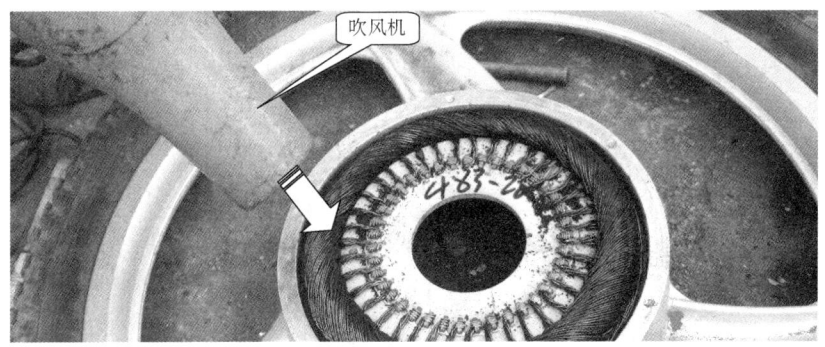

图 3-58 对绝缘电阻减小的绕组进行烘干

◇训练 2:无刷电动机的检测

1. 无刷电动机绕组的快速检测

(1)在无刷控制器上,将与电动机相连的 3 根较粗的黄、绿、蓝色主相线的弹头从弹壳中拔出,如图 3-59 所示。

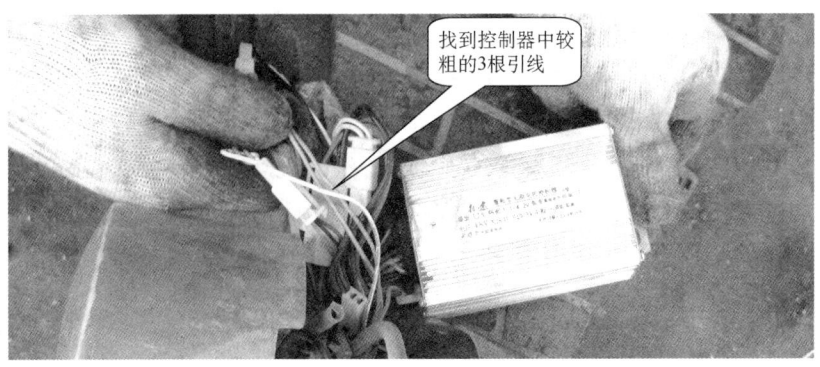

图 3-59 将电动机主相线的弹头从弹壳中拔出

(2)然后将电动机的霍尔线从插接器处拔下,如图3-60所示。

注意:切勿用力拉动导线,以免损坏。

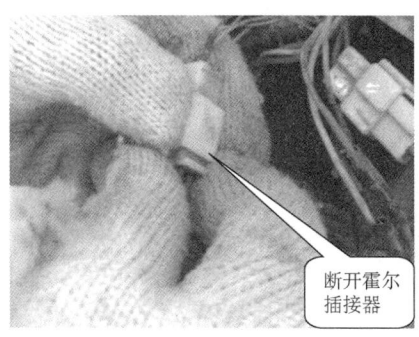
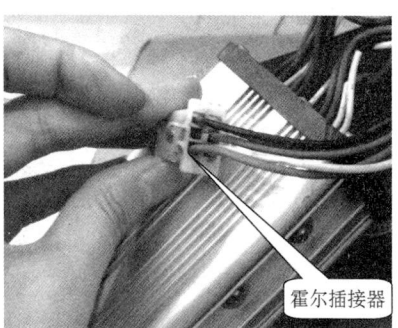

图3-60 将霍尔线从插接器处拔下

(3)按图3-61所示的方法将电动机3根主相线的弹头捏在一起并转动后轮。

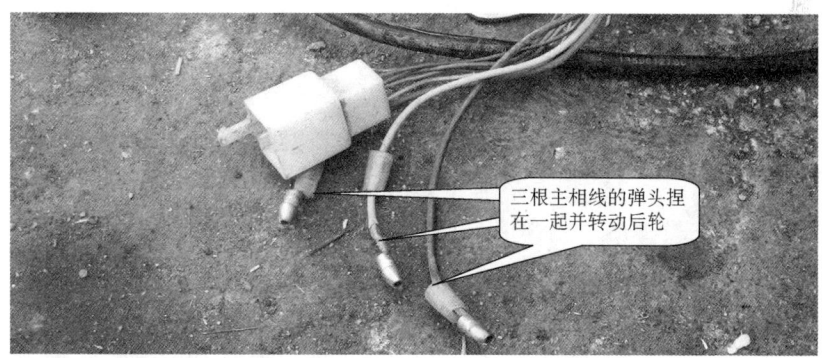

图3-61 将电动机3根主相线的弹头捏在一起并转动后轮

若用手转动后轮时感觉阻力较大,表明电动机绕组正常;若转动后轮时感觉阻力较小或较轻松,则表明绕组短路或断路。

2. 无刷电动机绕组短路的检测技巧

在检测中,若电动机某相绕组短路,该相绕组阻值根据短路程度按比例减小。由于电动机绕组线径较粗,每相绕组间的阻值一般小于1 Ω,故选用数字万用表的200 Ω电阻挡,如图3-62所示。

图3-62 200 Ω电阻挡的选择

被测电动机 3 根主相线编号(a,b,c)如图 3-63 所示,该绕组的连接方式如图 3-63 所示。

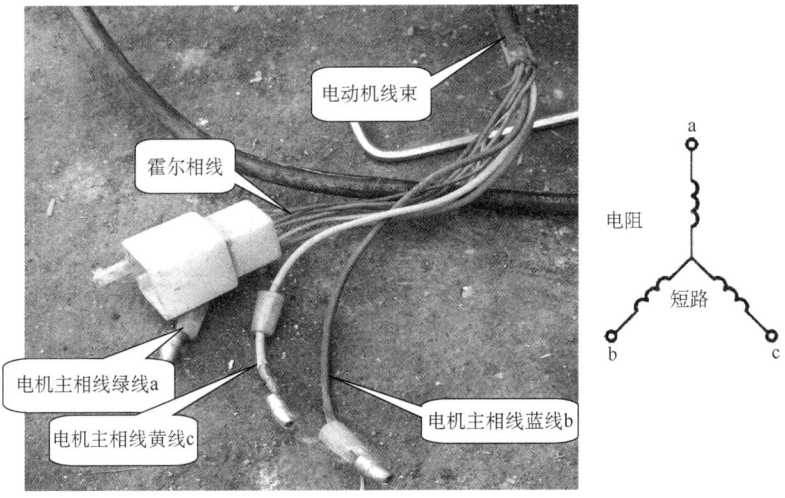

图 3-63　对电动机 3 根相线编号

用数字万用表分别测得 a/b、b/c、a/c 相间的阻值为 0.1 Ω、0.1 Ω、0.2 Ω,测量方法如图 3-64 所示,a/c 线测量方法如前,数值应显示 0.2,则表明 b 相绕组短路。

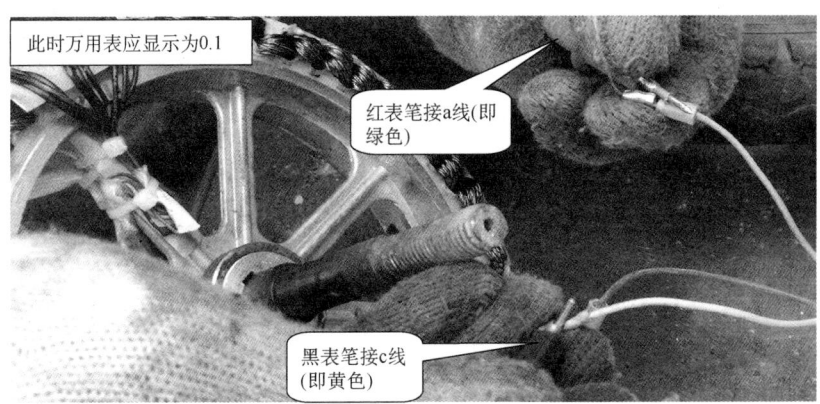

(a) a、b 相线间的阻值

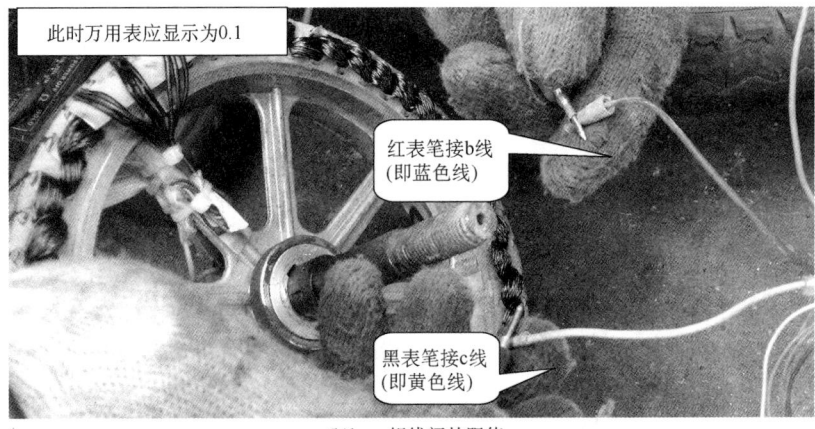

(b) b、c 相线间的阻值

图 3-64　两根相线间阻值的测量

3. 无刷电动机绕组搭铁的检测

由于电动机三相绕组的尾端连接在一起,检测绕组搭铁故障只需测量任一相线与机壳间的阻值即可判断。

(1)由于电动机绕组与机壳间正常时并不接通,故选用数字万用表的 20 MΩ 挡,如图 3-56 所示。

(2)将万用表的黑、红表笔分别接电动机壳体和三相线的任一根,若万用表显示"1.",即无穷大,则表明绕组不搭铁,如图 3-65 所示。

图 3-65　电动机绕组不搭铁

若万用表显示"00.0",则表明电动机绕组搭铁,若万用表显示值介于"00.0"与"1."之间,则表明电动机绕组有漏电现象。

4. 电动机绕组断路的检测

电动机绕组断路的检测可分为"不分解电动机"和"分解电动机"两种检测方法。

(1)不分解电动机检测

①将电动机与控制器相连的主相线弹头从弹壳中拔出,如图 3-66 所示。

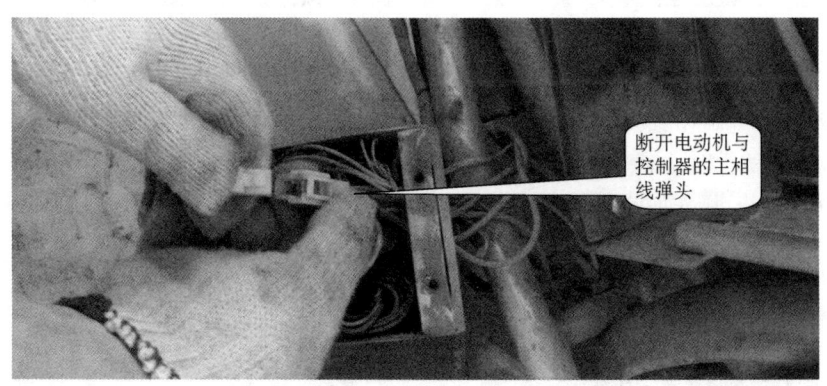

图 3-66　将主相线弹头从弹壳中拔出

②由于电动机绕组阻值小于 1 Ω,故选择数字万用表的 200 Ω 挡,如图 3-67 所示。

③用黑、红表笔测得三相绕组中每两相线间的阻值应均为 1 Ω 以下,如图 3-67 所示,表明三相绕组正常。

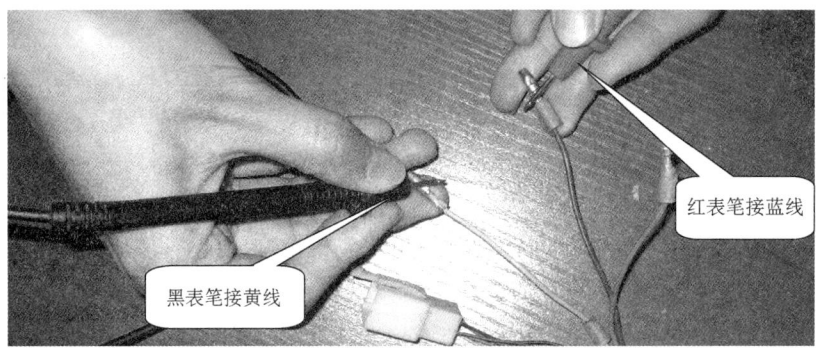

(a)蓝、黄相线间的阻值

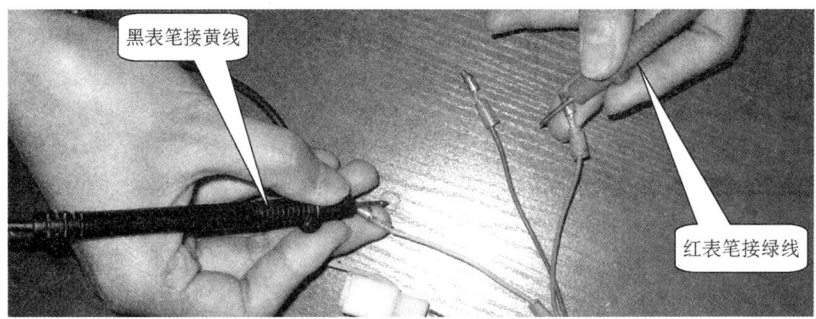

(b)黄、绿色相线间的阻值

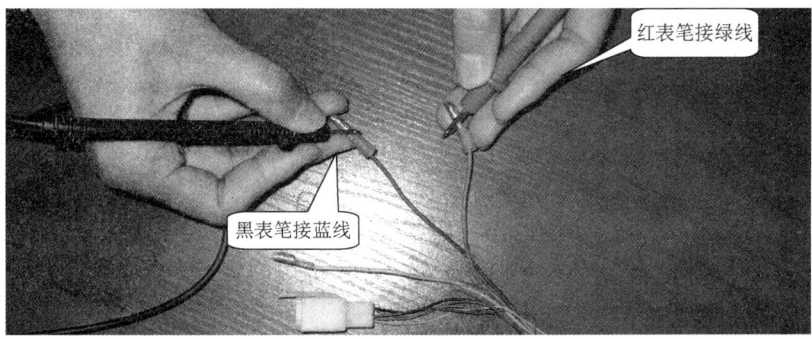

(c)蓝、绿相线间的阻值

图 3-67　两相线间阻值的测量

若所测得的每两相绕组间的阻值有两组为无穷大,则表明该电动机绕组有一相断路。

(2)分解电动机时检查

①分解电动机,操作如前文所示,拔下电动机绕组接头上的绝缘套管,如图 3-68 所示。

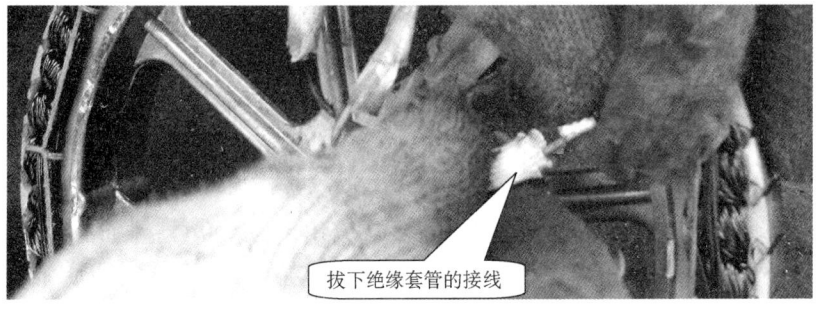

图 3-68　拔下电动机绕组接头上的绝缘套管

②用数字万用表的 200 Ω 挡测量每两相线接头间的阻值,正常时应小于 1 Ω,如图 3-69 所示。

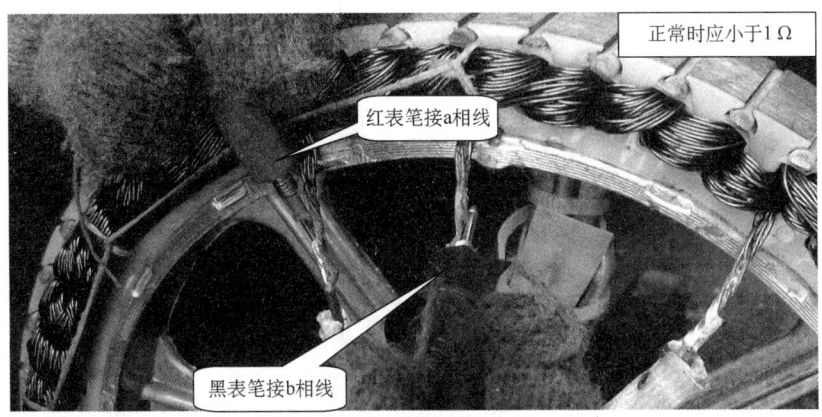

(a) a、b 相线间电阻值

(b) a、c 相线间电阻值

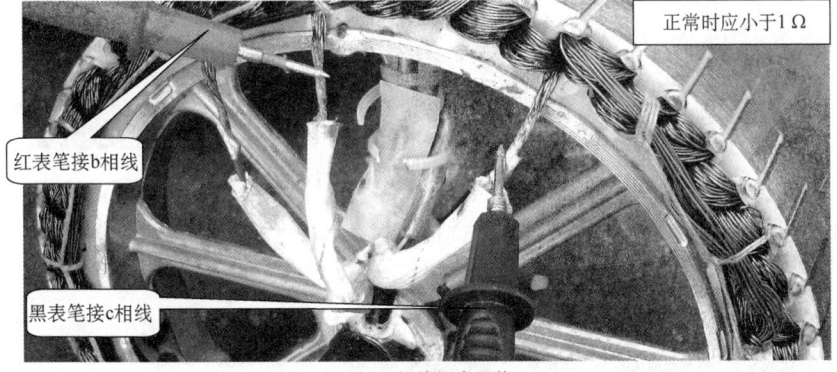

(c) b、c 相线间电阻值

图 3-69　两相线间阻值的测量

若测得某两相线间的阻值为无穷大,则表明该相绕组断路,应予以修复。

5. 无刷电动机绕组绝缘电阻的检测

在维修中,若怀疑电动机绕组绝缘电阻下降,应首先在电动机外部对电动机相线与机壳间的阻值进行测量。确定绕组绝缘电阻下降后,再分解电动机直接对绕组的绝缘电阻进行测量并确定具体部位。

(1)在电动机外部对绕组绝缘电阻进行检测

①选择数字万用表的 20 MΩ 挡,如图 3-56 所示。

②表笔不分正负,让一支表笔接电动机外壳,另一支表笔接电动机相线的引出端,万用表显示"1.",则表明绕组的绝缘电阻正常,如图 3-70 所示。

图 3-70 万用表显示正常

③若显示屏显示值在 2 MΩ 以下,则表明电动机绕组绝缘电阻下降并有漏电现象。

若所测电动机绕组的绝缘电阻下降,则表明绕组潮湿,应用吹风机将绕组吹干,如图 3-71 所示,使其绝缘电阻增大到正常值。

图 3-71 用吹风机将绕组吹干

(2)在电动机内部对绕组绝缘电阻进行检测

①分解电动机,拔下电动机接线上的绝缘套管,如图 3-72 所示。

图 3-72 拔下电动机接线上的绝缘套管

②选用数字万用表的 20 MΩ 挡,将一支表笔接电动机铁芯,另一支表笔接绕组接线端子,万用表显示"1.",为正常情况,如图 3-73 所示。

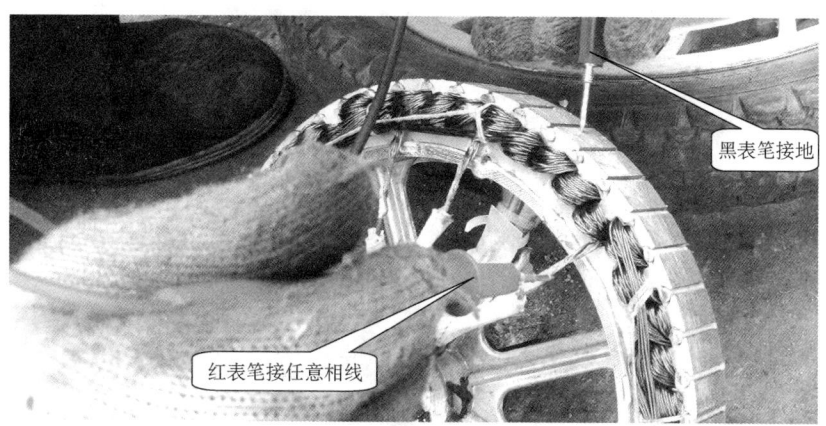

图 3-73　绕组绝缘电阻正常

③若万用表显示值在 2 MΩ 以下,则表明绕组绝缘电阻下降,如图 3-74 所示。

图 3-74　绕组绝缘电阻下降

项目 4:电动机故障分析

◇课程 1:有刷电动机典型故障检修

有刷电机典型故障为碳刷和换向器的故障,此外,还有不启动、运转失常、过快、过慢、异常声响、火花等。有刷电机碳刷磨损会造成电机时转时停,这时应更换碳刷。

换向器出现故障会造成电机乏力或时转时停,严重时造成电机不转,需更换换向器。

1. 碳刷的检修

检修碳刷前先判断碳刷是否损坏,可询问用户一年内是否更换过碳刷。也可用木棒轻轻敲电机,如果电机时转时停,表示碳刷有故障,需要检修。碳刷的检修如图 3-75 所示。

图 3-75 碳刷

再拆开电机端盖,检查碳刷磨损程度,碳刷架是否损坏,然后更换新碳刷和碳刷架。更换碳刷前首先将旧碳刷去掉,然后将两个新碳刷穿入刷架,用铬铁焊接好放在合适的位置,并用螺钉拧好。

碳刷火花是由于碳刷和换向器接触不良,原因是换向器或碳刷磨损或是弹簧压力不足,接触面似接非接,造成碳刷跳动。检修处理方法如下:

(1)如碳刷与换向器接触不良,要使每一碳刷的接触面大于 75%。

(2)检查刷握是否松动,并调整紧固。

(3)如碳刷与刷握配合不当,应调整使其灵活滑动,且间隙宽度为 0.06～0.3 mm,长度间隙为 0.07～0.35 mm。

(4)碳刷压力大小不一,要求在 1.5～2.5 kPa,但每个碳刷压力必须均匀,误差不得超过 20%。

(5)如碳刷分布不均匀,要进行等分校正。

(6)如碳刷型号不符,要换上原规定型号的碳刷。

(7)如碳刷偏离中性线,应进行校正、调整。

(8)电枢绕组有较轻微的短路、开焊故障。

(9)改善碳刷与换向器的接触,磨平碳刷接触面。

(10)更换碳刷或更换弹簧。

2. 换向器的检修

检查换向器磨损程度,如表面铜片不平或断路,需更换新换向器。用电烙铁将线圈和换向片的连接处全部焊开,用双手轻轻扒开换向器周围的铜线,取下换向器。将同型号的换向器放入换向器原位置,用电烙铁将线圈出头与换向器焊好。然后将铜线复原。换向器的检修如图 3-76 所示。

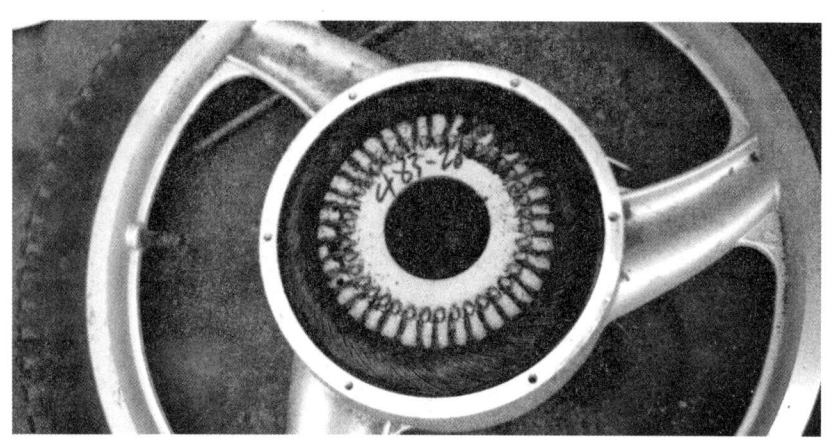

图 3-76 换向器

对于换向器发生环火故障的检修如下：

如果线圈或换向片严重短路、断路以及碳刷跳动严重，有时电流过大，都可能造成火花接连不断，最终变成环火。检修处理方法：

(1) 换向器表面有油污，应用酒精擦拭干净。
(2) 换向器偏心、变形，应更换换向器。
(3) 电枢绕组有严重的短路故障。
(4) 换向器云母片凸出，应进行刻槽、倒角、研磨。
(5) 电枢绕组与换向片严重脱焊。
(6) 找到短路或断点并消除其故障。

3. 有刷电机不启动故障的检修

该故障的主要原因是断路。具体分为绕组断路、绕组与换向器间断路、碳刷导线脱落、弹簧失效、以及碳刷或换向器磨损等。

(1) 绕组断路

用万用表电阻挡测量换向器相对的两个铜片时，判断与其他部位铜片电阻是否不同。找到有故障的换向片后，一个表笔先固定不动，另一个表笔左右移动。绕组与换向片断路的检修如图 3-54 所示。

若指针读数有变化，可断定这个铜片所接的线圈断开；若无论如何移动，阻值总是较大，则可断定另一只表笔所接触的换向片断路。

(2) 线圈与换向器铜片脱焊

故障表现与运行中线圈断路表现相同，但容易检查，用竹针拨动线圈端头与铜片的焊点部件，如脱焊或虚焊，只要重新焊接即可。若是线圈断路，而且在绕组内部，则不易解决。若只是一两个断点，可以在换向片处予以短路连接；若断点较多，则只能更换一个绕组。线圈与换向器铜片的焊接如图 3-77 所示。

图 3-77 线圈与换向器铜片的焊接

(3)少数线圈断开

有时一两个线圈断开并不影响运行,只是速度和转矩下降,性能不稳。随着断开的线圈增多,电机便无法启动。

4. 有刷电机异常声响故障的检修

异常声响与弹簧过硬、碳刷磨损、换向片间绝缘片鼓出及电枢有突出物等有关,从这几方面检查并排除故障,异常声响即可消除。

◇课程2:无刷电动机典型故障检修

无刷电机在使用中,除比较明显的外观损伤,如轮毂变形或开裂、引出线破损、抽头螺纹滑丝等以外,一般常见的故障均为霍尔传感器(霍尔元件)损坏,会造成电机缺相,表现为电机乏力或时转时停。可以通过测量霍尔元件输出引线对霍尔地线或对霍尔电源引线的电阻或电压,用比较法判断是哪个霍尔元件损坏。也可用专门的无刷电机维修仪检测,详见本书第一日中的讲述。

1. 无刷电机霍尔元件损坏的判断方法

采用测电阻、电压法:

①将电机连上确认完好的控制器,打开电源,决不可直接转动转把。

②将万用表调到 20 V 直流电压挡,负极(黑表笔)与 5 根电机霍尔线中的黑线相接,正极(红表笔)与 5 根电机霍尔线中的相线相接,测得传感器电源电压一般为 5 V,个别也有 4.5 V、6.25 V 等。下面以 5 V 为例。

③将黑表笔与黑线相接,红表笔与黄线相接,缓慢拨动电机,注意万用表读数,正常应从 0~5 V 顺序变化。如出现长期高电位 5 V 或长期低电位 0 V,则可判定与黄线对应的传感器损坏。

④依步骤③分别检测绿线与蓝线对应的传感器,并做出判定。

⑤关闭电源,将电机的控制器接插件拔下,将万用表调到 20 kΩ 电阻挡。

⑥用万用表红表笔接黑线,黑表笔分别接黄、绿、蓝霍尔线,其 3 个电阻值应基本一致(大约 10 kΩ)。然后将两表笔调换,分别检测。如 3 线电阻值不一致,则可能与其相对应的传感器损坏。

2. 无刷电机霍尔元件的更换

霍尔元件的更换,在修理无刷电机时故障率较高,下面采用图解的方法讲解更换霍尔元件的步骤。

(1)拆开电动机,可以看到霍尔元件在电动机上的位置,如图 3-78 所示。

图 3-78 霍尔元件在电动机上的位置

(2)记下霍尔元件 3 只引脚所对应导线的颜色,如图 3-79 所示,以便接线不出差错。

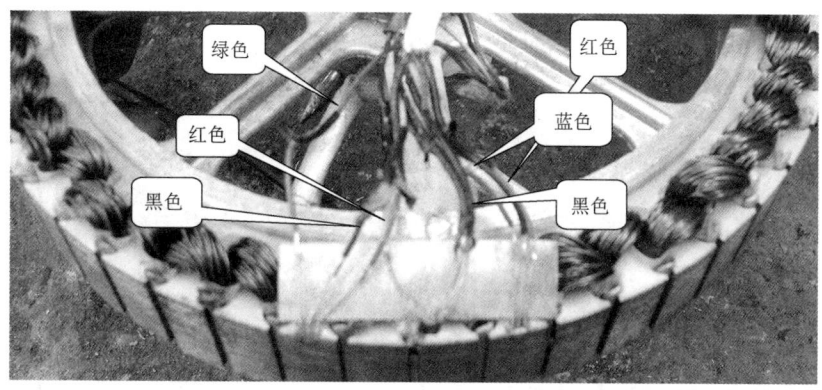

图 3-79 记下霍尔元件引脚对应导线颜色

(3)观察 3 只霍尔元件的字面是朝外还是朝内,即霍尔元件安装是 60°还是 120°。3 只霍尔元件字面都朝外的是 60°,两边霍尔元件字面朝外而中间一只字面朝内的是 120°。根据以上原则判断,该电动机为 120°,如图 3-80 所示。

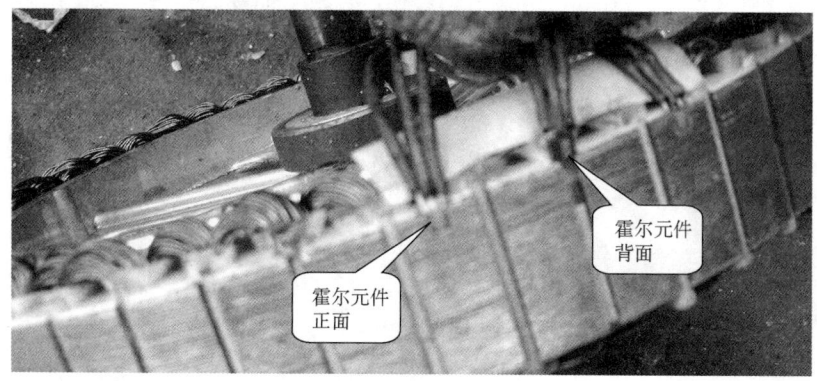

正、反、正排列为120相位角

图 3-80 霍尔元件安装电度角的确定

(4)用十字改锥对准旧霍尔元件基部按图 3-81 所示的方法将旧霍尔元件冲动,再将旧霍尔元件从卡槽中取出。

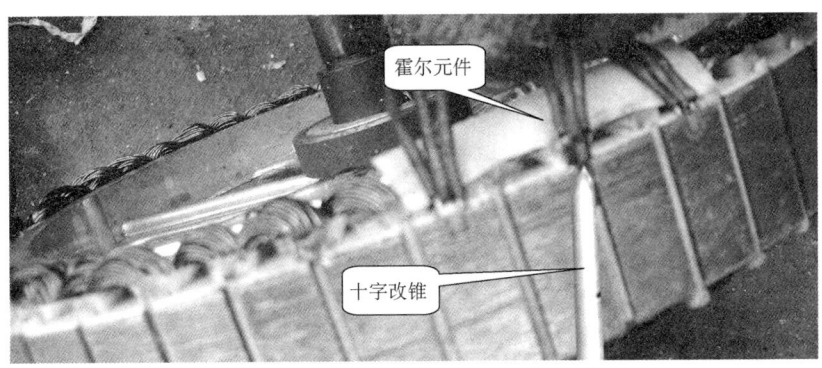

图 3-81 将旧霍尔元件冲动

(5)旧霍尔元件取出后,用镊子将卡槽内的异物清除干净,以免影响新霍尔元件的嵌入,如图 3-82 所示。

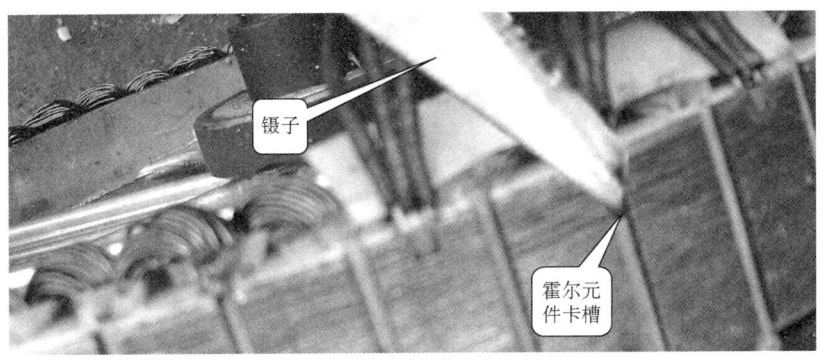

图 3-82 清除卡槽内的异物

(6)将调好的 AB 胶或 502 胶水涂入卡槽,接着按原霍尔元件字面朝外将新霍尔元件嵌入卡槽底部,待 2～3 min 后,新霍尔元件即可固定在卡槽内,如图 3-83 所示。

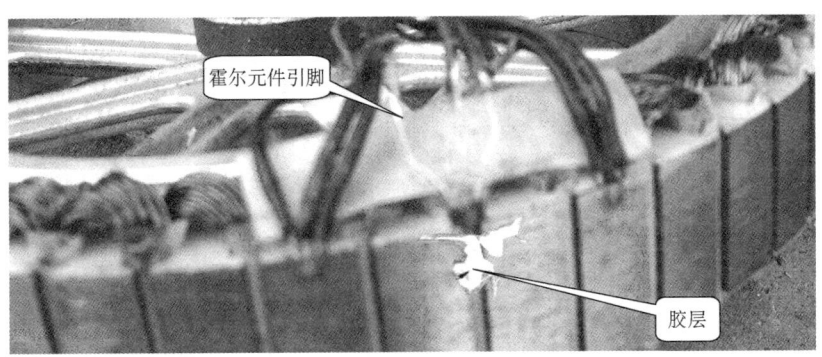

图 3-83 新霍尔元件的固定

(7)用烧热的电烙铁将熔化的松香涂在霍尔元件的引脚上,如图 3-84 所示,以清除引脚上的异物,保证焊接牢固。

图 3-84　将霍尔元件引脚涂上松香

（8）用电烙铁对新霍尔元件引脚上锡，其目的是方便焊接，减少焊接时间，如图 3-85 所示。

图 3-85　对霍尔元件引脚上锡

（9）用电烙铁焊上新霍尔元件与红线相连的焊点，如图 3-86 所示。

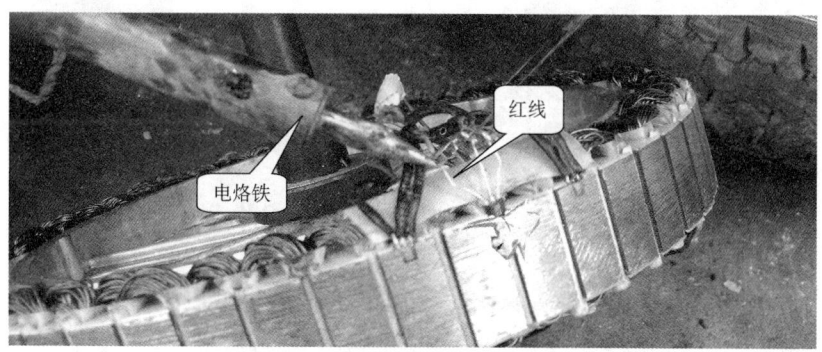

图 3-86　焊接新霍尔元件右引脚

（10）将红线与新霍尔元件的引脚焊接在一起，如图 3-87 所示，焊接时要快速、准确，应在很短时间内完成，以避免霍尔元件因温度过高而损坏；焊接时焊点要小，以便焊后容易使热缩管穿过；引脚与导线的接触面要大，以保证焊接牢固。

图 3-87　将红色线与新霍尔元件中间脚焊接在一起

(11) 接着将新霍尔元件的右侧接地脚与黑色导线焊接在一起,如图 3-88 所示。

图 3-88　焊下旧霍尔元件右侧脚

(12) 将新霍尔元件的左侧脚与绿色导线焊接在一起,如图 3-89 所示。

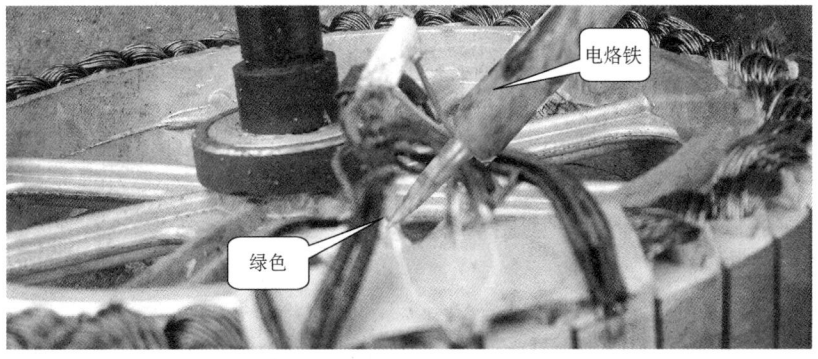

图 3-89　将黑色线与新霍尔元件左侧脚焊在一起

(13) 根据以上操作方法,更换余下的 2 只霍尔元件,如图 3-90 所示。

(14) 将热缩管移向新霍尔元件新的焊点,如图 3-91 所示。

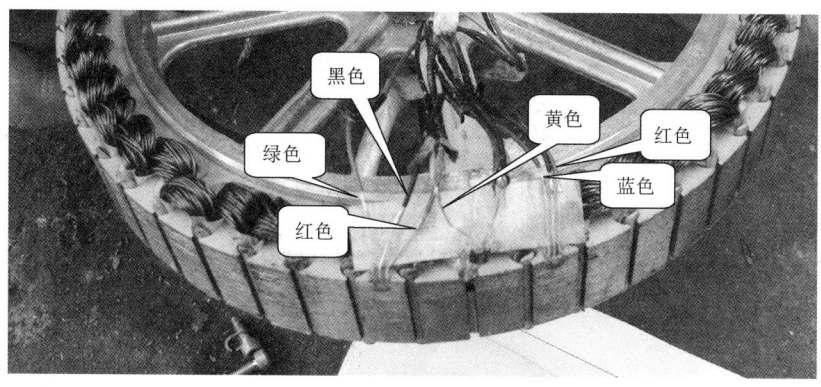

图 3-90 三只霍尔元件更换完毕

图 3-91 将热缩管套在新霍尔元件引脚的焊点上

(15)最后用凝固胶将绝缘纸与热缩管结合在一起,霍尔元件的更换到此完成。

3. 电机空载电流大故障的检修

电机空载电流大的故障,不分有刷或者无刷电机,因此,在讲述此故障时,不再区分电机类型。

电机空载电流大的原因有:

①电机内部机械摩擦大;

②线圈局部短路;

③磁钢、换向器、碳刷磨损。

事实上,电机空载电流大常伴有发热现象,维修时应找到具体电流大由哪种原因引起,检修、更换即可排除故障。

①将万用表置于直流 20 A 挡位,将红、黑表笔串联接在控制器的电源输入端。

②打开电源,在电机不转动的情况下,记录下此时万用表的最大电流数值 A1。

③然后转动转把,使电机高速空载转动 10 s 以上。等电机转速稳定以后,开始观察并记录此时万用表的最大数值 A2。电机的空载电流=A2-A1。

④电机的空载电流大于参考表极限数据时,表明电机出现故障。

各种电机的无故障最大空载电流参考表如表 3-2 所示。

表 3-2　各种电机的无故障最大空载电流参考表

形式	最大空载电流	
	额定电压 24 V	额定电压 36 V
有刷有齿电机	1.7 A	1.0 A
有刷无齿电机	1.0 A	0.6 A
无刷有齿电机	1.7 A	1.0 A
无刷无齿电机	1.0 A	0.6 A
侧挂电机	2.2 A	1.8 A

项目5：电动机故障维修图解

◇训练1：有刷电动机故障维修实例

【例1】电动自行车有刷电机时转时停，而且功率严重下降

故障现象：

有刷电动自行车的电机时转时停，而且功率严重下降。

故障检修：

该车的电动机控制电路如图3-92所示。

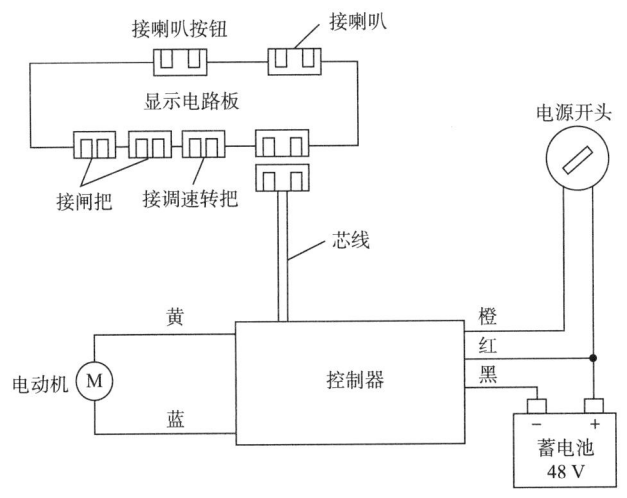

图3-92　某品牌有刷电动自行车电动机控制电路

（1）打开电源开关，将调速转把置于高速转动位置时电动机时转时停，此时打开照明开关，前照灯不闪动（如图3-93所示），表明电源电路无故障。

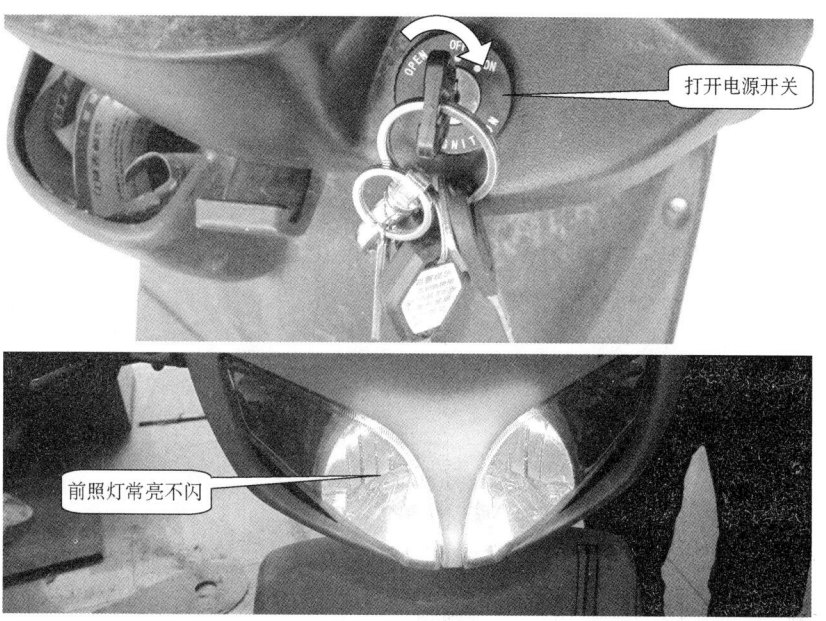

图 3-93 打开照明开关

(2)转动调速转把使电动机转动,如图 3-94 所示。拆开控制器接线盒,找到转把信号线,用万用表测得调速转把信号线的电压在 1～4.2 V 间变动。

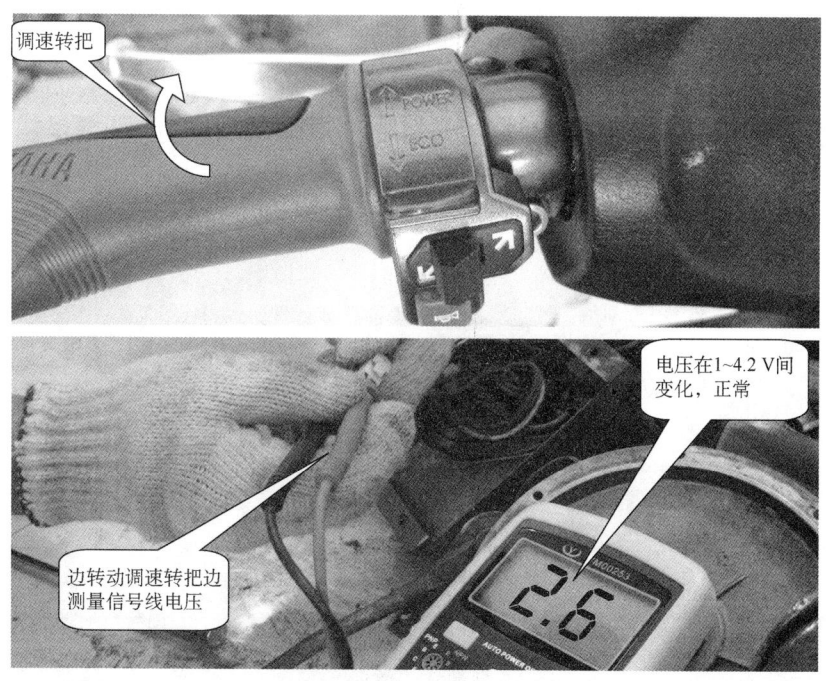

图 3-94 转动调速转把

(3)用万用表直流电压挡测量控制器与电动机连接的粗黄线与蓝色线间的电压(注意电动机的正、负极),如图 3-95 所示。发现异常,表明电动机有故障。

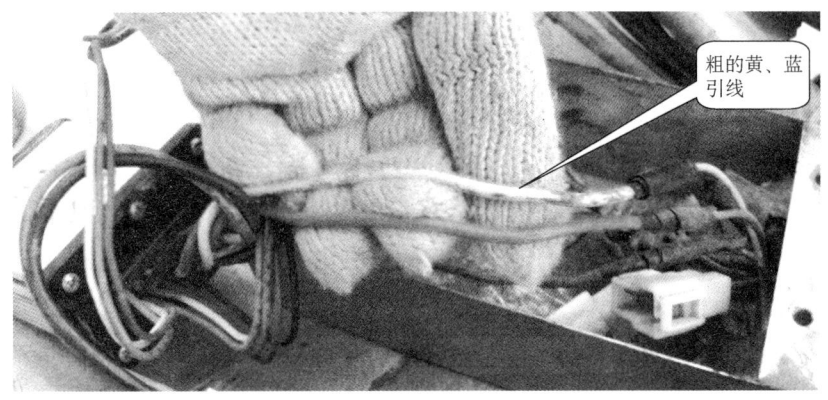

图 3-95 检测电动机粗黄、蓝线电压

（4）关闭电源开关，将电动机与控制器间的引线脱开，测量电动机黄线与蓝线间的电阻。边测量边转动后轮，所测阻值时大时小，表明电动机内部电刷与换向器接触不良。

（5）从车体上卸下电动机并将其拆解（拆解方法详见本书前文项目 2 中所示），发现换向器已严重烧蚀，如图 3-96 所示。用细砂纸或油石打磨换向器表面后，若发现换向片上的麻坑较多也较深，则需要更换换向器。

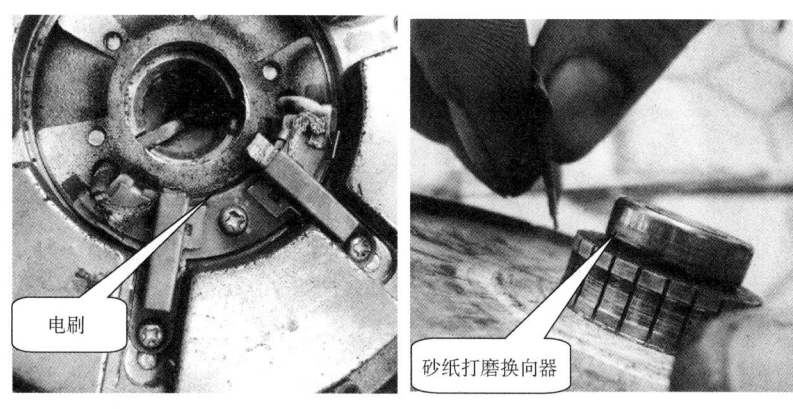

图 3-96　检修有刷电机

【例 2】有刷电动机加速时不转,但能听到其内部有运转声音。

故障现象:

该车打开电源开关,信号电路正常,转动调速转把时电动机不转,但能听到其内部有运转的声音。

故障检修:

(1)打开电源开关(如前文图 3-93 示),转动调速转把,电动机不转,但轮毂内有运转的声音。

(2)如图 3-97 所示,按下电喇叭按钮,电喇叭声音高亢;扳动转向开关,转向灯正常发光。表明电动机故障,故障与电动机转子无关。

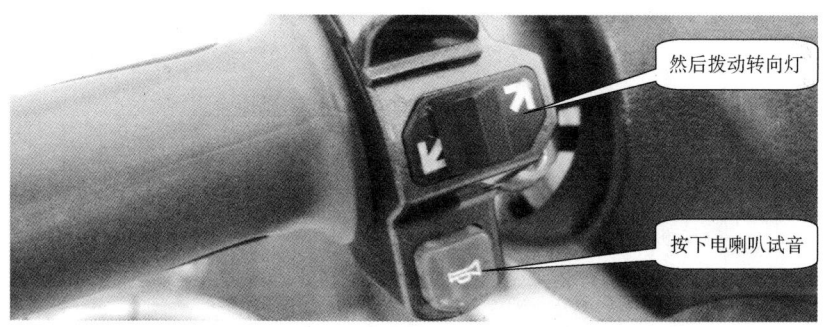

图 3-97　检测是否是电动机以外的故障原因

(3)先将电动机卸下,拆解检查如图 3-98 所示,发现电动机内部有大量的金属屑。

(4)检查电动机绕组、换向器、电刷等无异常现象;超越离合器正转结合,反转脱开,工作正常。最后,检查减速齿轮时发现轮齿严重磨损。清洁电动机各部件,并更换一只减速齿轮,故障排除。

> 造成高速有刷电动机上述故障的原因有:减速齿轮严重磨损,超越离合器异常。
> 　本例故障是减速齿轮严重磨损,无法传递动力,从而导致转动调速转把时,轮毂内运转声响随调速转把的转角增大而加大但电动机轮毂不转的故障。

图 3-98　拆解后的电机

【例3】有刷电动车电源指示正常,但电动机不转

故障现象:

该车动力逐渐下降,续行里程缩短,以致中途抛锚,电动机不转,但仪表上电源指示灯能正常发光。

故障检修:

该电动自行车的控制电路如图 3-99 所示。

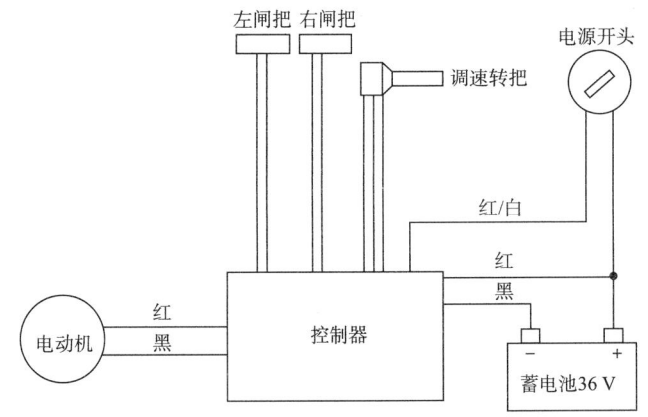

图 3-99　有刷电动自行车电机控制电路

(1)首先打开电源开关,拆出控制器,测得其红色电源输入线的对地电压为 36 V,控制器的输出电压为 5 V,均正常,如图 3-100 所示。

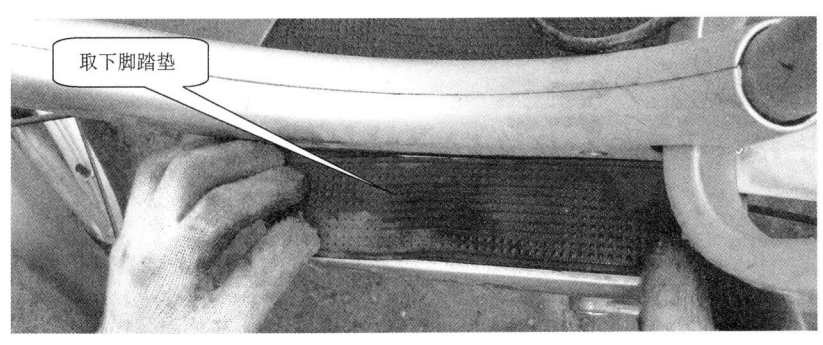

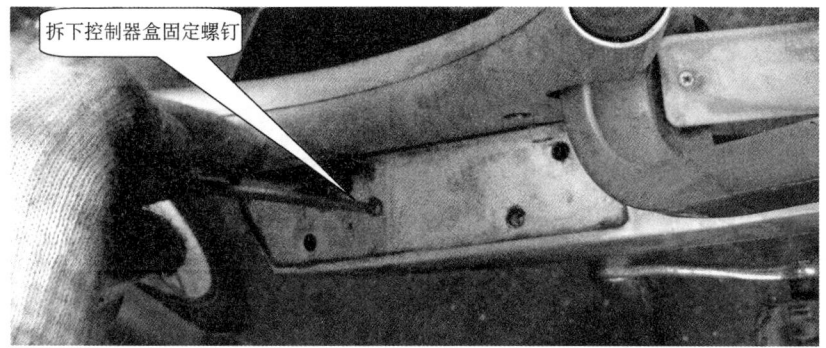

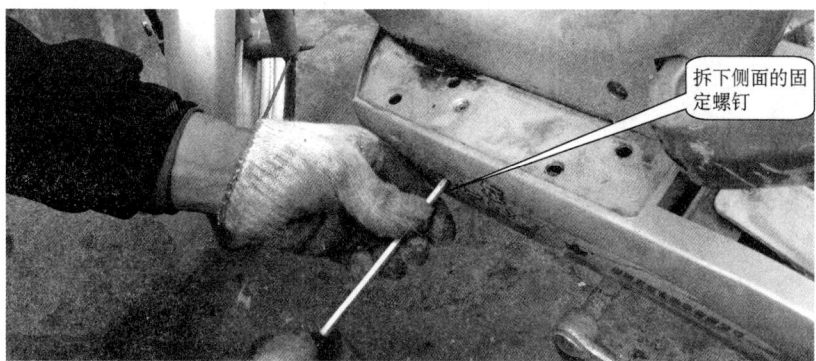

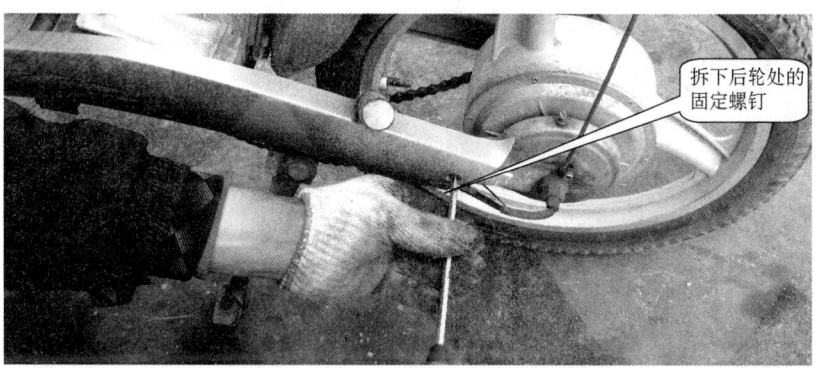

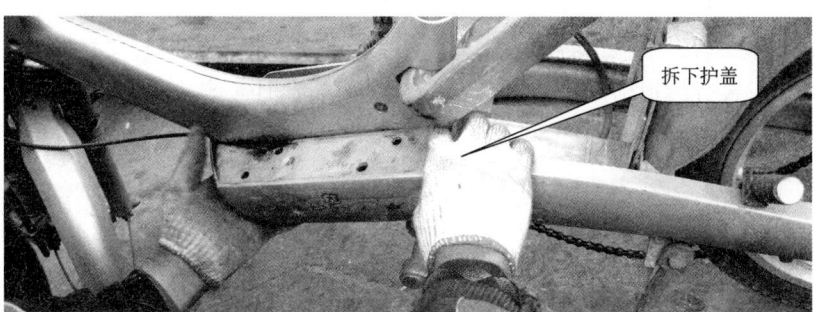

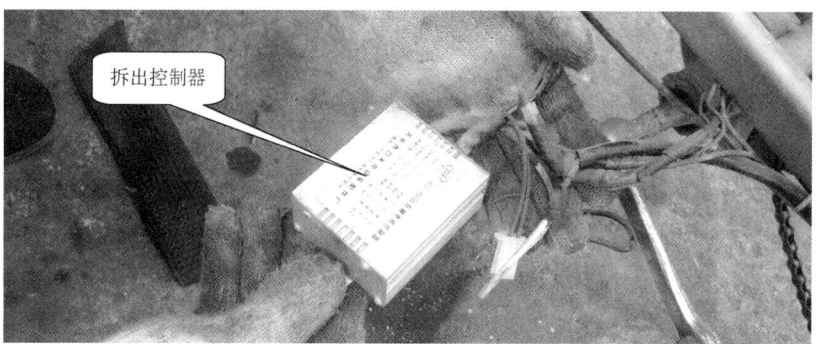

(a)拆出控制器

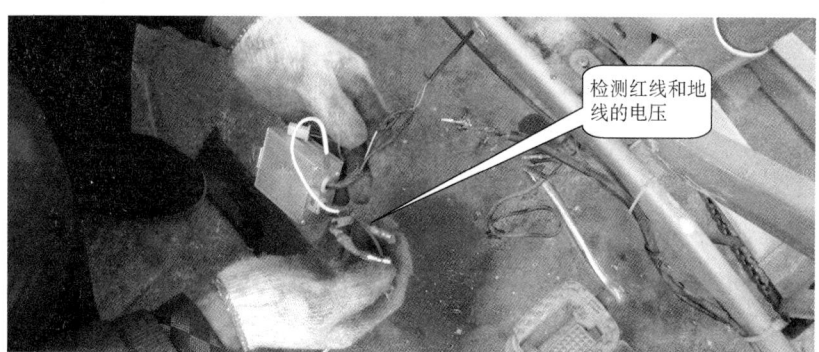

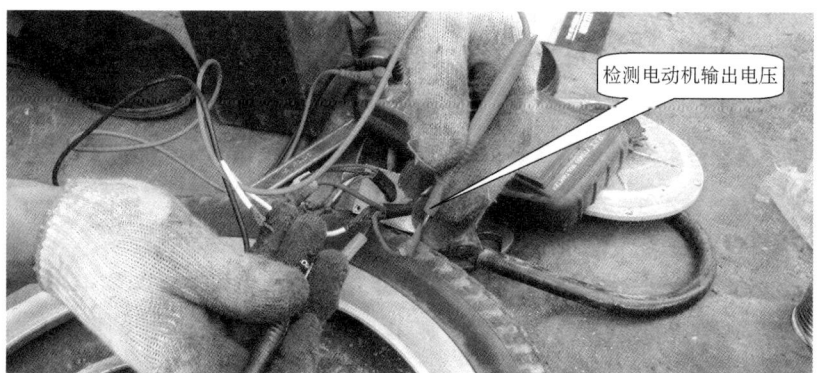

(b)检测输入输出的电压

图 3-100　检测电动机

(2)分别将左、右闸把引线从插接器处拔下,故障依旧。测量调速转把信号线的输出电压,在转动调速转把时有 1～4.5 V 的电压变化,测量方法见本节例 1,表明调速转把正常。

(3)用万用表直流电压挡测得电动机与控制器的两根连线间的电压 30 V,(其外形如图 3-101 所示)属正常,表明控制器也正常。

(4)最后,将电动机与控制器间的插接器拔下,用万用表 R×1 挡测得电动机两根引线间的电阻较大且不稳定,表明电动机有故障。打开电动机轮毂,发现电刷严重磨损,换向器表面也有较多炭粉和铜粉。清除换向器和线圈上的异物并更换电刷。

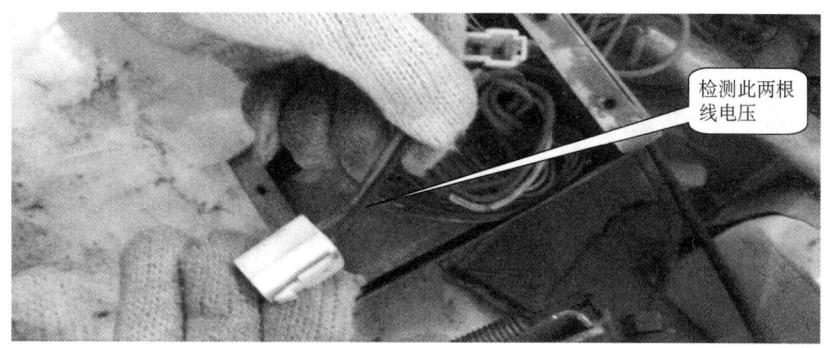

图 3-101 检测主线电压

该电动自行车仪表指示灯亮,但电动机不转,说明故障不在电源电路。其故障原因有:闸把开关损坏、调速转把损坏、控制器异常、电动机控制电路中某插接器接触不良或某处断路、电刷严重磨损、电刷在刷架内卡死、电刷引线接触处松动和换向片大面积短路等。

本例故障的原因是换向器和线圈有异物并且电刷磨损,使换向片短路,从而导致电动机无法转动。

【例4】有刷电动自行车接通电源后,电动机不转,电源指示灯也不亮

故障现象:

有刷电动自行车接通电源后,电动机不转,电源指示灯也不亮。

故障检修:

(1)首先用万用表直流电压挡测量电动自行车蓄电池充电插孔中正、负极间的电压为 48 V。如图 3-102 所示。

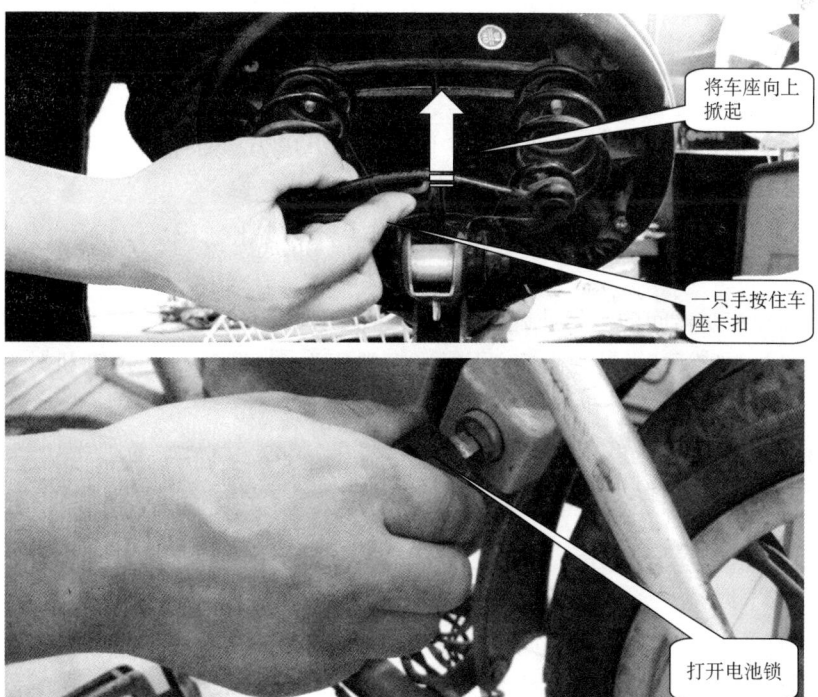

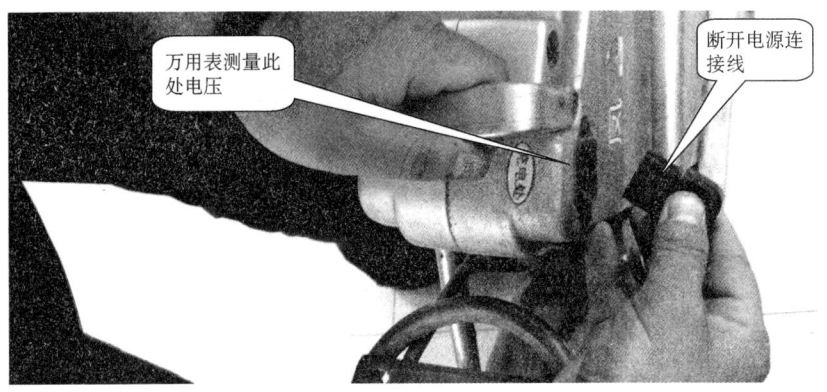

图 3-102 测量蓄电池电压

(2)短接电源开关引线后,电源指示灯不亮,表明电源开关损坏。更换后,打开电源开关,转动调速转把,而电动机仍不转动。

(3)接着用万用表直流电压挡测得控制器输入电压为 48 V,如图 3-103 所示。

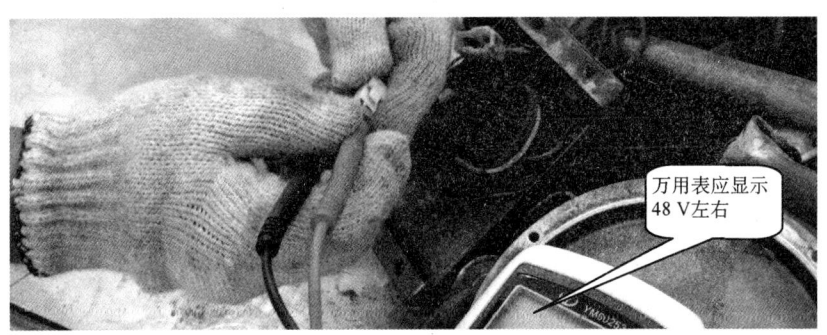

图 3-103 检测控制器输入电压

(4)调速转把和闸把的电源电压也为 5 V(但其他控制器有 10 V 和 15 V 的情况,此电动车为 5 V),表明控制器输出电压正常。

由于该车闸把是电子式,已检测该电子闸把电源电压为 5 V(正常),在握紧闸把或放松闸把时其输出电压在 0～5 V 变化,表明闸把开关正常。

(5)用万用表测得调速信号线的对地电压在 0～5 V 变化(如图 3-94 所示),表明调速转把正常。

将电动机和控制器间的导线从弹头与弹壳处拔下,用万用表的 R×1 挡测量电动机的正、负引线,如图 3-95 所示,其电阻为无穷大(正常值为 0.25 Ω)。在电动机外侧采用对导线破皮的方法进行检查,未查出断路处。

分解电动机检查,发现红色线从接线柱处断开并有烧断的痕迹,如图 3-104 所示。将红色线重新接好,紧固后故障排除。

图 3-104　查找故障点

【例 5】电动自行车长期爬坡后，行驶缓慢

故障现象：

电动自行车长期爬坡后，行驶缓慢。

故障检修：

(1) 如图 3-105 所示，首先支起主支架，分别转动前轮和后轮，感觉阻力适当，表明车轮轴承转动灵活。

图 3-105　给电动车支起支架

(2) 反复握紧和放松左、右闸把，如图 3-106 所示。再次转动车轮，阻力没有增加，表明制动器不拖滞。更换一只性能良好的控制器后，故障依旧。

 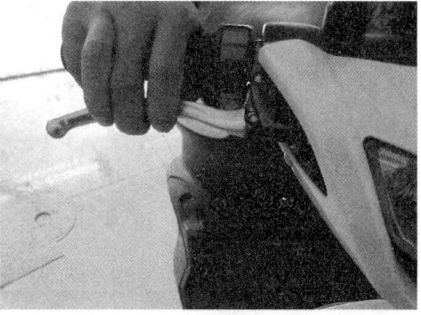

图 3-106　反复握闸把

(3) 如图 3-107 所示，用万用表兆欧挡测量该电动机的绝缘电阻为无穷大，表明电动机绕组对地不存在短路。

图 3-107　测量电动机的绝缘电阻

(4) 然后拆开电动机检查，发现一相绕组呈褐色并有焦味，绕组表面的绝缘漆有烧焦现象。更换一只新的电动机后，故障排除。

> 一般电动自行车长期爬坡会引起电动机工作电流过大。电动机以大电流工作时间久了会造成某些部件损坏，甚至烧毁电动机绕组。造成上述故障的原因有：电动机绕组匝间短路或烧毁、制动器拖滞、车轮轴承转动不灵活、调速转把故障、控制器性能变差、车胎气压过低等。
>
> 本例故障是电动机绕组烧毁。若有条件的也可按原绕组的线径、匝数、绕制方向、接线方式等重新绕制，最后浸漆、烘干。

【例6】电动机转动缓慢并伴有发热现象

故障现象：

电动自行车有刷电动机转动缓慢并伴有发热现象。

故障检修：

(1) 首先将电动机与控制器间的正、负极引线从弹壳和弹头处拆下，用万用表的电阻挡测得电动机正、负极间的电阻为 0.8 Ω，其测量方法如图 3-108 所示。

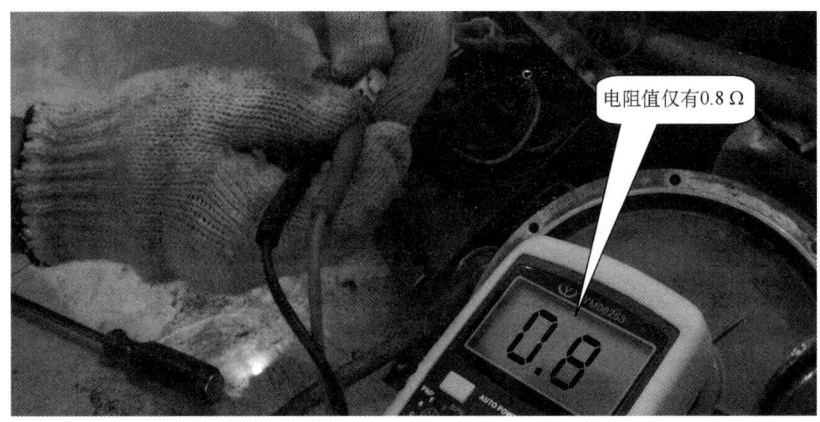

图 3-108　检测电机电阻

转动电动机,所测电阻基本与上述阻值接近,则表明电刷与换向器接触良好,不存在换向器脏污或烧蚀现象。

(2)如图 3-109 所示,测量电动机正极或负极引线与壳体间的电阻时,发现绝缘电阻只有 2 kΩ,表明电动机绕组绝缘电阻过小。

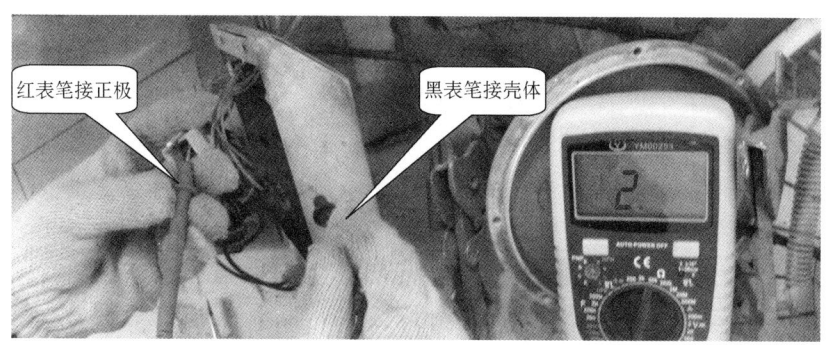

图 3-109　检测电机正极与壳体电阻

(3)拆解电动机,发现绕组比较潮湿。将电动机绕组吹干(如图 3-110 所示)或直接烘烤 15~18 min 后,测得其绕组绝缘电阻为 6 MΩ。

图 3-110　用吹风机吹干绕组

◇训练 2:无刷电动机故障维修实例

【例 1】仪表显示正常,无刷电动机不工作

故障现象:

电动自行车接通电源锁后,仪表显示正常,转向灯和前照灯能正常工作,但电动自行车不能转动。

故障检修:

引起以上现象的原因有以下几个:

(1)调速转把损坏;

(2)电动机损坏;

(3)控制器损坏;

(4)制动开关故障；

(5)线路某处连接松动。

可按照以下方法进行检修：

(1)在调速转把电源线为 4.5 V 的情况下(此测量方法与无刷电机调速转把电压测量方法相同,如图 3-94 所示),打开电源锁,用万用表直流电压挡,黑表笔接地,红表笔接调速转把调速信号线(一般为黄色)。

缓缓转动调速转把,注意电压表读数,应按 0～4.5 V 顺序变化为正常。如出现长期高电位 4.5 V 或长期低电位零,则说明调速转把有故障。若万用表读数为零,则检查调速转把信号线是否断线,如断线,应重新装好。

(2)接通电源锁,用万用表电压挡测量电机与控制器相连接的电机主相线(即较粗的蓝、黄、绿色线)有无电压,如图 3-111 所示。如无电压,则说明控制器及其相关联的线路或组件(调速转把、制动开关)有故障；如有正常的电压,则说明电机异常。

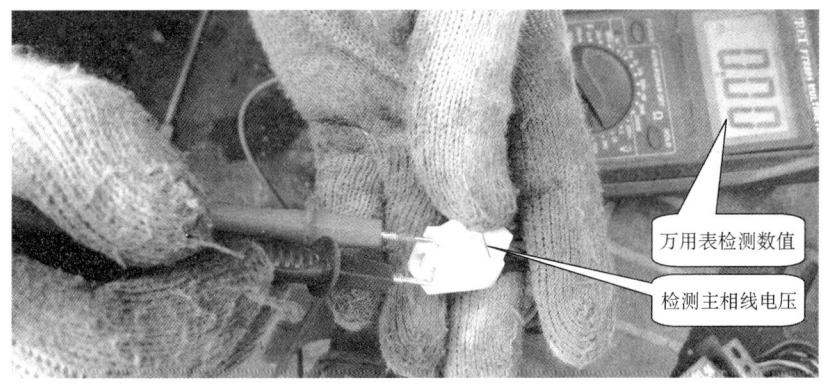

图 3-111 测量电机主相线电压

(3)打开电源锁,如图 3-112 所示,万用表直流电压挡,测量控制器的输入电压(蓄电池与控制器相连的红线)应为 36 V(或蓄电池端电压),输出电压应为 5 V 左右(即控制器与制动开关或与调速转把相连的红线输出电压)。

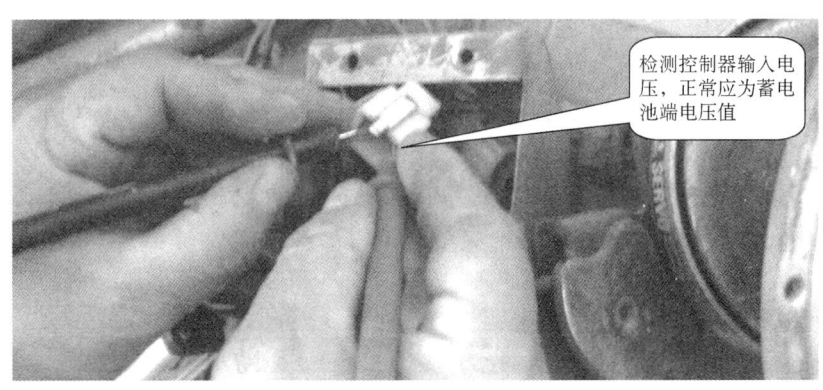

图 3-112 检测控制器输入电压值

如无 36 V 的输入电压,则说明蓄电池到控制器间的线路断路或接触不良,应予以修复。如控制器约有 5 V 的输出电压,则说明控制器内部信号电源正常；如无约 5 V 的输出电压,则说明控制器内部信号电源异常,应对控制器工作电源进行检查。

检查项目是:控制器的连接线是否磨损,插接器是否松动,元器件在低温或高温下是否发生参数漂移,控制器内部是否有短路或断路现象,控制器电路板是否脱焊或虚焊,功率组件是否损坏或质量是否过差、选用等级是否不妥当。

(4)如图 3-113 所示,将控制器的制动开关插头拔下,打开电源锁转动调速转把,如电机正常转动,说明制动开关损坏,应予以更换。

图 3-113　拔下制动开关插头

(5)将电机和控制器相连接主相线(即较粗的蓝、黄、绿色线如图 3-114 所示)从插接器处拔下。

图 3-114　找到电机和控制器主相线

再将其余线接好,慢慢转动后轮,用万用表电压挡测量霍尔信号线与接地线间的电压,如图 3-115 所示。若某相电压无变化,则说明该相的电机霍尔组件损坏或与该霍尔有关联的线路有异常,导致电机缺相。应检查电机霍尔组件、插接器及与其相连的线路。

电机霍尔组件常见故障有引线断开、霍尔组件内部集成电路失效等。

如霍尔组件引线断开,应焊牢。如在霍尔组件齐根处断裂,应更换霍尔组件。

霍尔组件的故障检修方法是:将电机与控制器相连接的导线脱开(即从插接器处脱开),在电机侧用万用表电阻挡测量 3 个霍尔组件,其接线如图 3-116 所示。具体操作是:

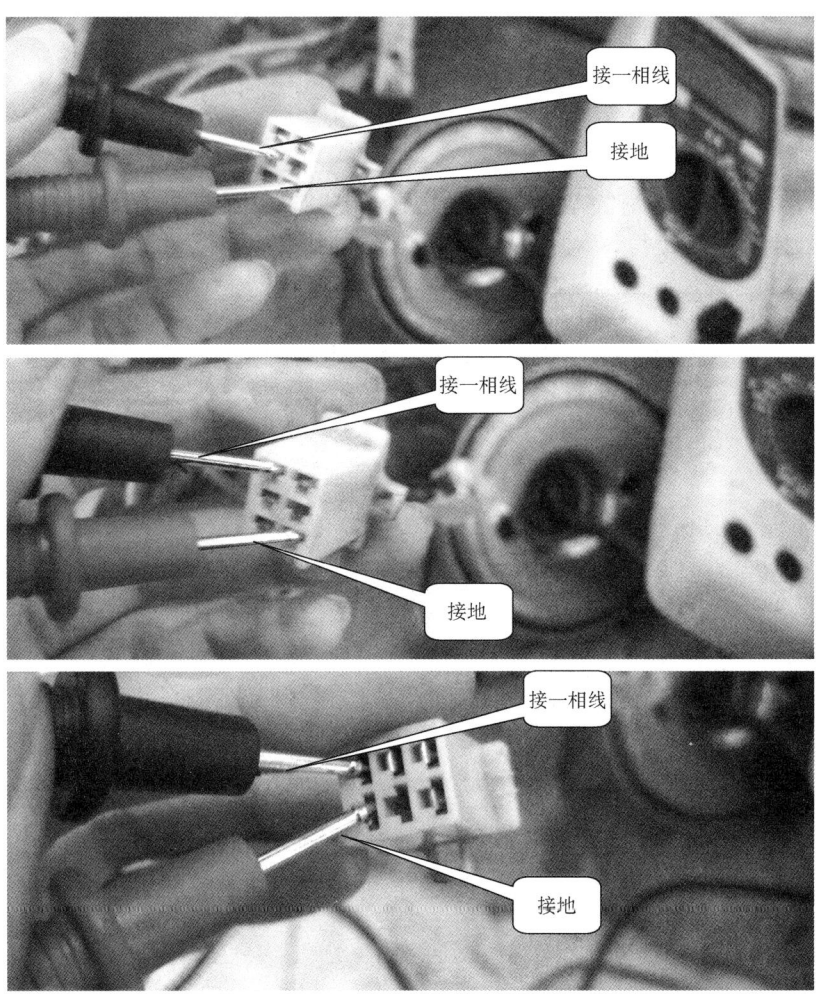

图 3-115 检测霍尔元件三根相线电压

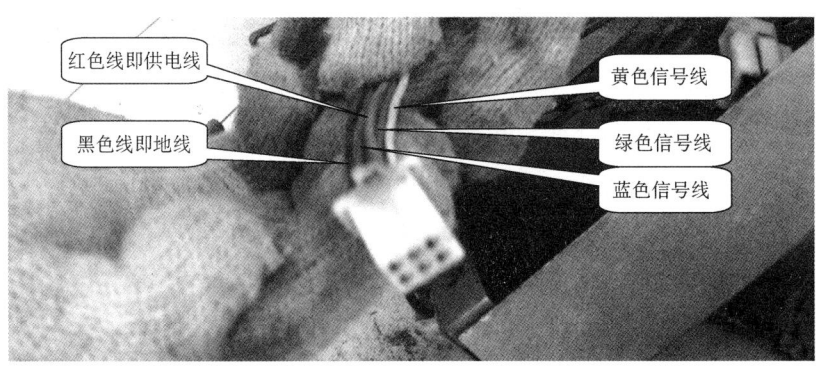

图 3-116 霍尔元件接线

将万用表黑表笔接黑色线(即霍尔地线),红表笔分别接绿、蓝、黄线(霍尔组件信号线),3 线电阻应基本一致,如其中一线电阻过大或过小,则说明与该线相连的霍尔组件有故障。然后将黑、红表笔对调后,再分别测量 3 线阻值,也应基本一致,如某一线阻值与其他两线不一致,则说明与该线相连接的霍尔组件损坏,应予以更换。

无刷电动机的一个霍尔元件烧毁,造成电动机霍尔缺相,从而造成上述故障。

为保证电动机换相位置的精确,一般应同时更换所有的霍尔元件。更换霍尔元件之前,必须弄清楚电动机的相角是120°还是60°。一般60°相角电动机的三个霍尔元件的摆放位置是平行的;而120°相角电动机,三个霍尔元件中间的一个霍尔元件是呈翻转180°位置摆放的。

【例2】电动自行车电机频繁启动

故障现象:

该车可以骑行,转动声音正常,但骑行中会突然停顿,停顿后不用重新打开电源开关,电动自行车也会自行启动。

故障检修:

首先检查电动机控制线路,再检查控制器上的红色 ϕ0.3 mm 锁后线时,发现该接触件松动,接触不良。将锁后线连接插件紧固,故障排除。

该车运用了锁后线(红 ϕ0.3 mm)功能,即控制器上的锁后线。许多厂家生产的电动自行车没用该功能,而是将该线和主电源(红 ϕ1.5mm)开关并用,这种情况下就需要检查连接的地方。

【例3】无刷电动机打开电源后,电动机不转动

故障现象: 打开电动自行车电源开关,电动机不转。用手转动电动机时,前、后转动均有阻力。

故障检修:

该车电动机与控制器的连接如图 3-117 所示。

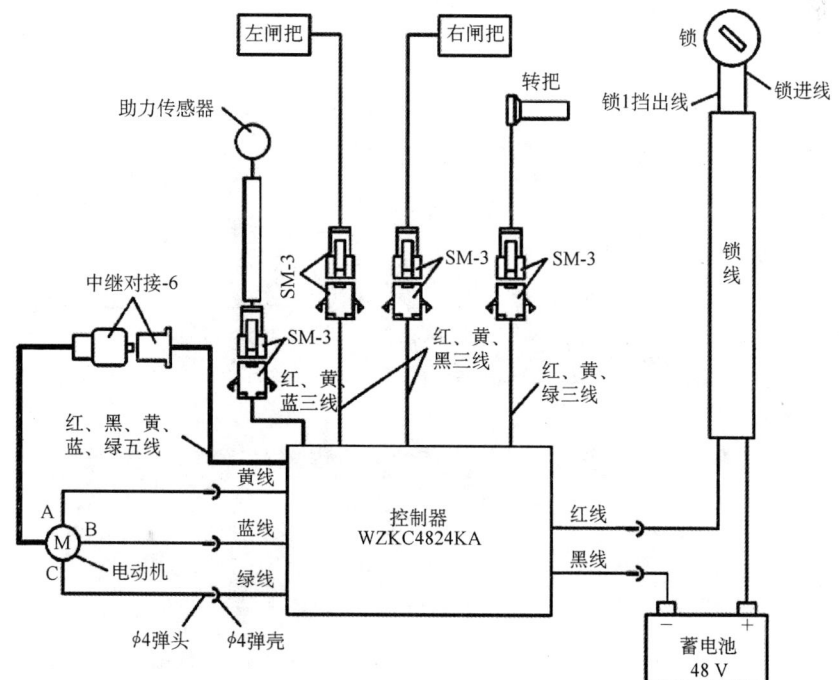

图 3-117 电动机与控制器连接示意图

(1)首先检查电动机和控制器相连的三根粗线和五根细线(红色为 5 V 电源,黑色为接地线,黄、绿、蓝为信号线)的线色是否一一对应,依次检查控制器上的五根霍尔线,未发现插接没插牢或插过头的现象。

(2)然后前、后转动电动机,故障依旧。更换控制器后,前、后转动仍有阻力,表明电动机损坏,拆开电动机检查,发现线圈绕组全部烧坏,更换电动机,故障排除。

【例 4】电动机可以转动,但有异常响声

故障现象:

电动自行车的电动机可以转动,但有异常响声。

故障检修:

(1)打开电源开关,转动调速转把,使电动机转动。仔细听电动机没有"吱吱"声,也没有"啪啪"声和"咯噔、咯噔"声,表明电动机无机械噪声,该异常响声是由电气元件损坏或线路某处接触不良而造成的。

(2)如图 3-118 所示,检查电动机和控制器相连接的三根粗线和五根细线(五根细线分别是,红线为 5 V 电源线,黑线为接地线,黄、绿、蓝线为信号线),在转动电动机时,检测三根信号线的电压为 0~5 V 的脉冲交变信号,表明调速转把正常。

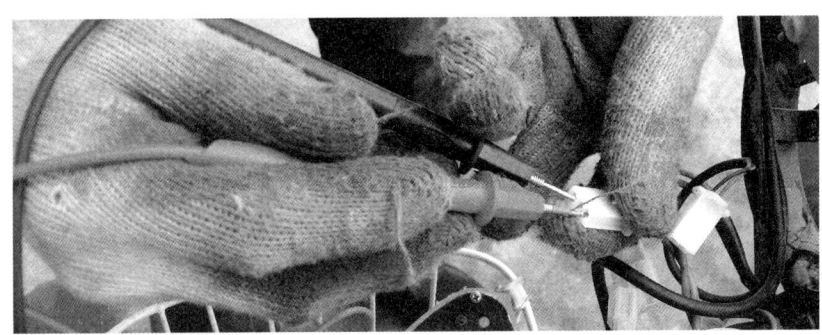

(a)检测电动机相线

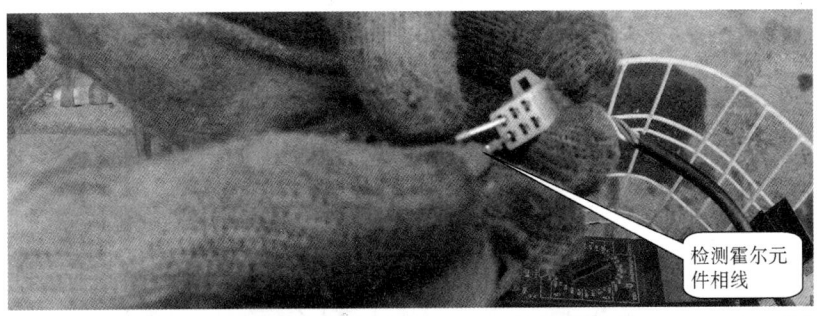

检测霍尔元件相线

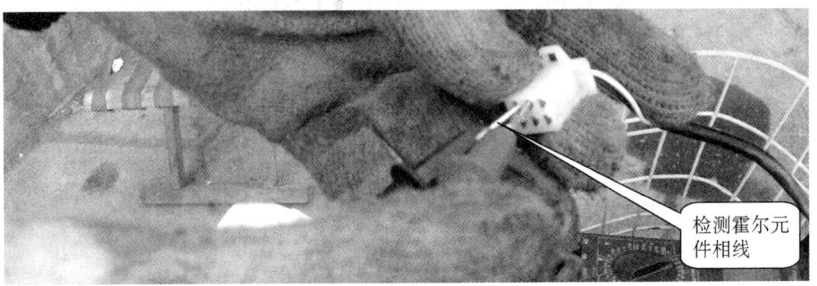

检测霍尔元件相线

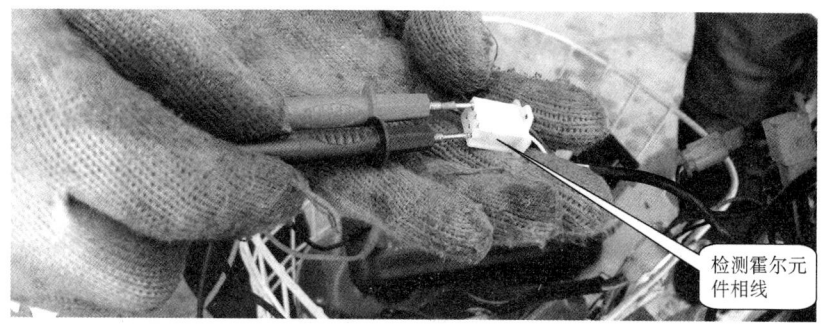

(b)检测霍尔元件信号线

图 3-118 检测电动机相线及霍尔元件相线

(3)最后依次拉动控制器上的五根霍尔信号线,发现与黄色线相连的触片与插接器松动。重新紧固插接器后故障排除。

> 电动机异常声响分为机械异常声响和电气异常声响两种。首先应判断是哪一种异常声响。造成上述故障的原因主要有:电动机故障,电气元件损坏,控制器异常和电路中某插接器松动等。此例是由于插接器松动的原因。

【例 5】电动自行车打开电源开关后,电动机不转,电源指示灯也不亮

故障现象:

该电动自行车无刷电动机不转动,电源指示灯也不亮。

故障检修:

(1)首先用万用表测量电动自行车蓄电池充电插孔中的正、负极接线片,有 48.7 V 电压显示,如图 3-119 所示,表明蓄电池盒内的熔断器和电路正常。

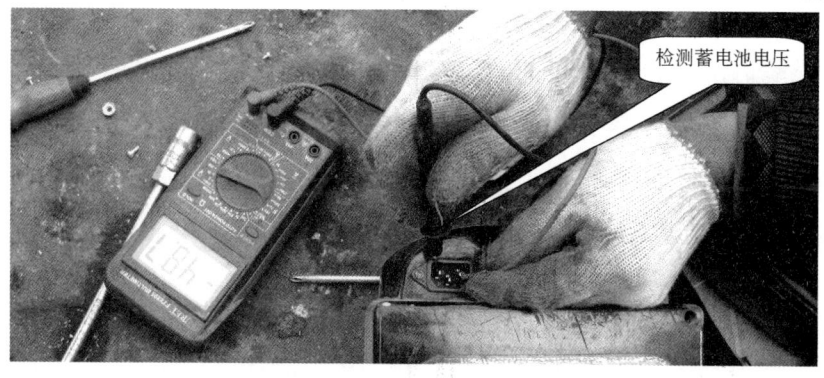

图 3-119 检测蓄电池电压

(2)然后短接电源开关,发现电源指示灯亮,而转动调速转把时,电动机不转,表明电源开关损坏或电动机控制电路异常。

(3)更换电源开关。接着打开电源开关,用万用表直流电压挡分别测量电动机与控制器相连接的主相线对地电压,如图 3-120 所示,同时将调速转把转动到最大位置,其电压为 25.9 V,表明控制器与电动机间的主相线断路或电动机损坏。

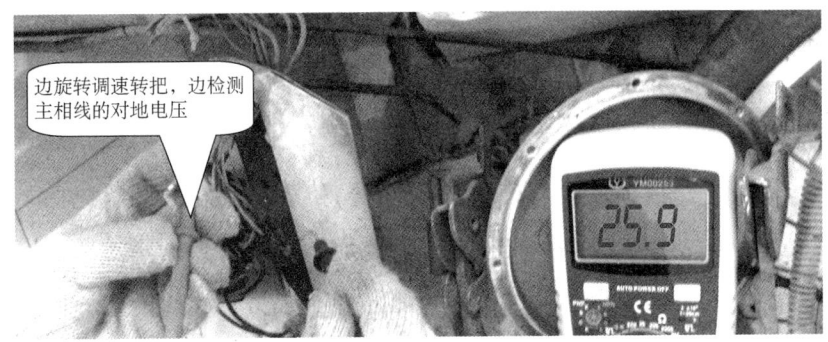

图 3-120 检测电机与控制器主相线的对地电压

(4)然后把电动机与控制器间的主相线从弹头与弹壳处拔下,用万用表的 R×1 挡在电动机主相线弹头处测量,如图 3-121 所示,三根主相线中每两根间的电阻都为无穷大,表明电动机绕组断路或三根引线的中性点处断开。

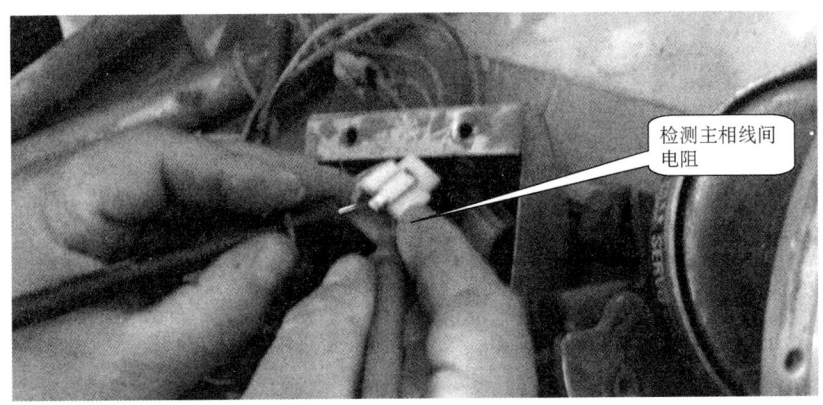

图 3-121 检测主相线间的电阻

(5)拆解电动机,再次测得三相线间的电阻都正常,表明绕组到弹头间断路。再次测量后发现黄线和蓝线断路,该线弹头处导线接触良好。将断路导线更换并用绝缘胶布包好,故障排除。

第四日 控制器的检测及故障检修

项目1：初识控制器

◇课程1：控制器的分类及工作原理

电动机速度控制器简称控制器，如图4-1所示。控制器可对电动自行车的启动、行驶速度和停车进行控制是目前对电动机速度控制普遍采用电压调速方法。这是一种成熟的电动机控制技术。

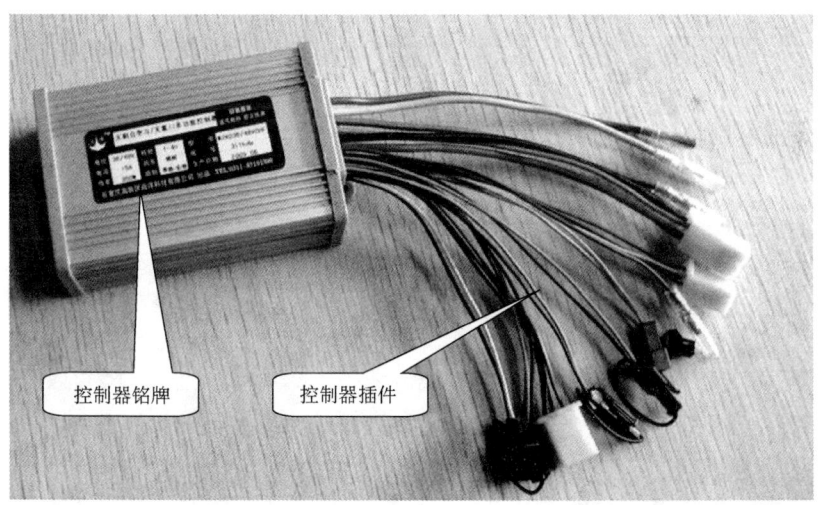

图4-1 控制器

1. 控制器的功能

(1)开关功能：控制器实际上是一个开关电路，相当于一个闸刀开关，处于蓄电池和电动机之间，控制电动机启动和停止。

(2)刹车断电功能：在电动自行车上安装有左右刹把，刹车时，控制器根据刹车信号自动切断电动机的电源，从而保护电动机。

(3)调速功能：电动自行车在行驶中，可根据用户操作，对电动自行车实现无级调速。

(4)过流保护功能:电流超限对电动机和控制器内电子元器件可能造成损坏,所以在控制器内设计有过流保护电路。由于某种原因当电流超过一定值时,能自动限制电流的输出,从而保护电动机和控制器。

(5)限速保护功能:当电动自行车速度超过设定值时,控制器将切断蓄电池与电动机的电流,从而使电动自行车减速;当车速低于设定值时,又继续供电。

(6)蓄电池欠压保护:当蓄电池电压降至欠压保护值时,使电动机断电不工作,从而保护蓄电池。

2. 控制器的分类及结构

控制器分为有刷控制器和无刷控制器。内部电路必须有PWM发生器电路,以及电源电路、功率器件、功率器件驱动电路、控制器件驱动电路、控制部件(转把、闸把、电动机霍尔)、信号采集单元与处理电路、过流与欠压保护电路等,其功能图框如图4-2所示。

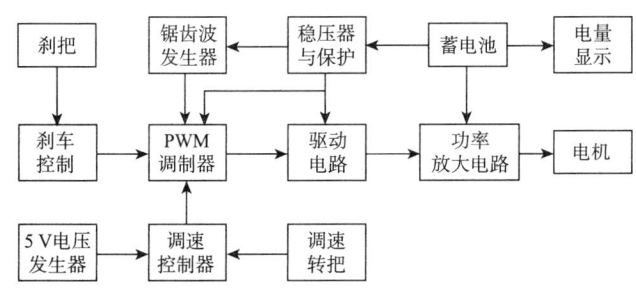

图4-2 电机控制系统构成方框图

(1)典型的有刷控制器

典型的有刷控制器其内部结构如图4-3所示。

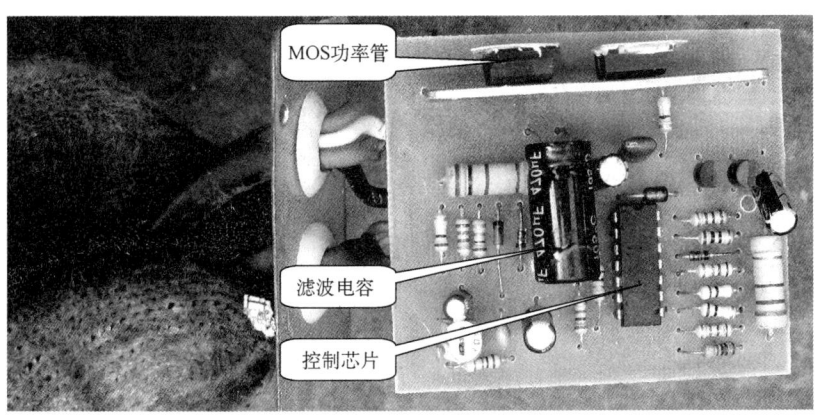

图4-3 有刷控制器内部

以ZKC3615EA为例典型的有刷控制器与外部器件接线如图4-4所示。

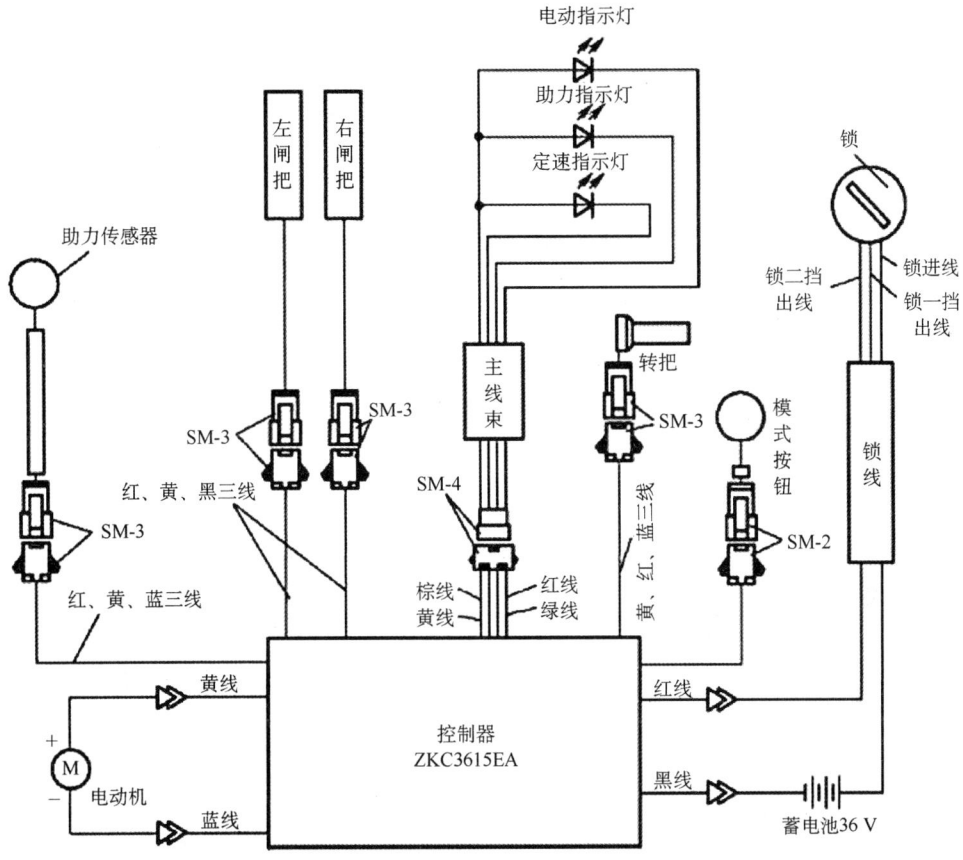

图 4-4 有刷控制器与外部器件接线

主芯片以 TL494 为核心的有刷控制器在控制器中所占比例很大,下面对其电路进行分析。有刷控制器内部框图如图 4-5 所示。TL494 为核心的有刷控制器电路图如图 4-6 所示。

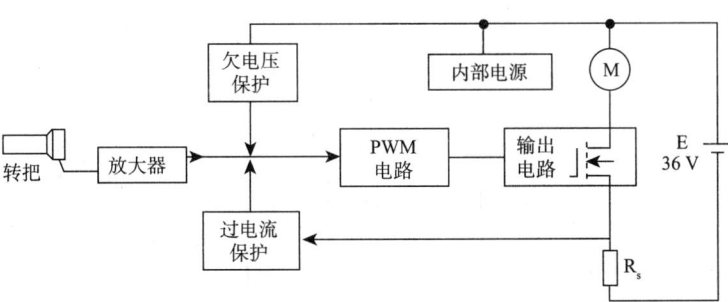

图 4-5 有刷控制器内部框图

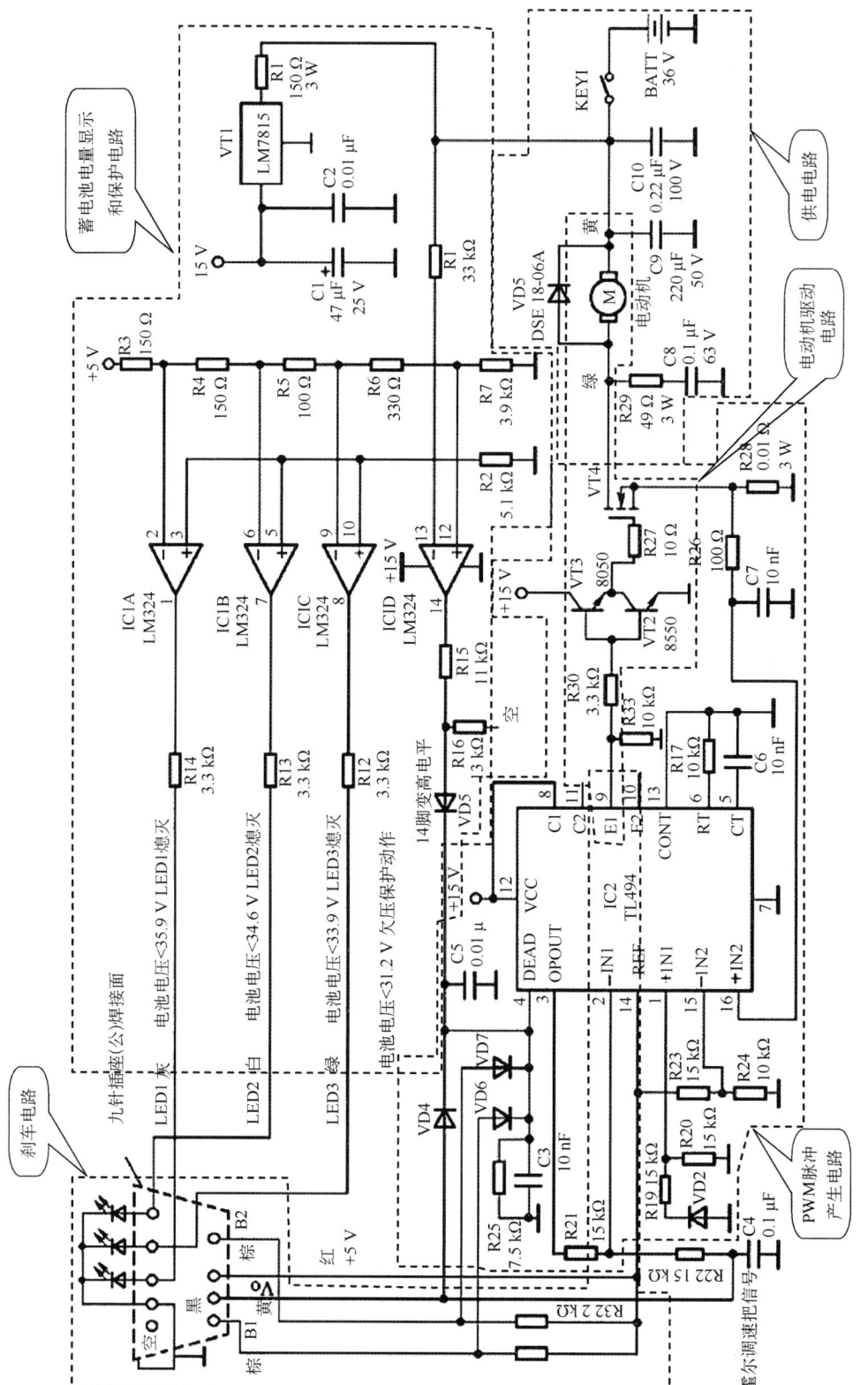

图4-6 TL494为核心的有刷控制器电路图

① 供电电路 如图 4-7 所示。

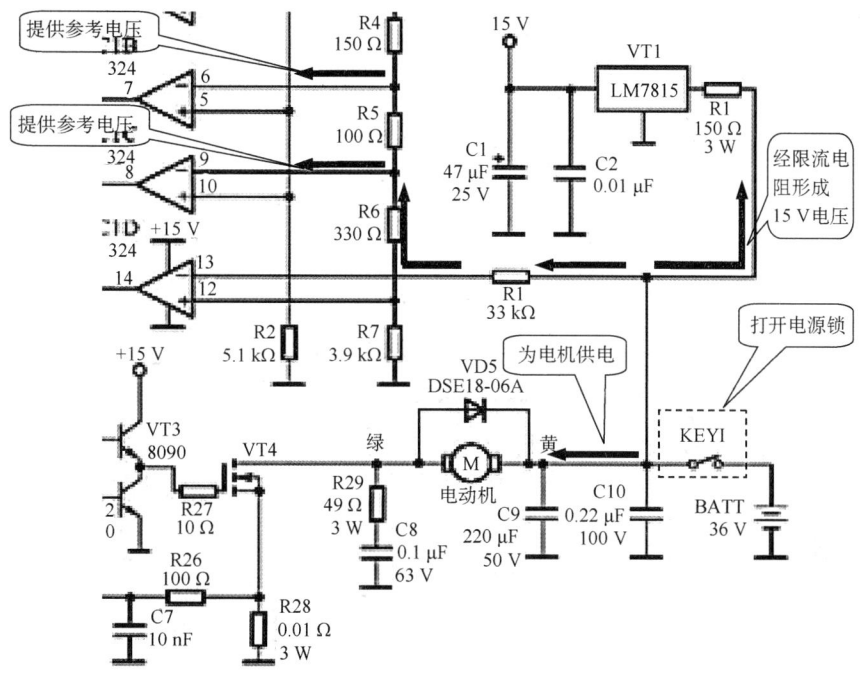

图 4-7 供电电路

36 V 蓄电池组的电压经电源锁开关 KEY1 接通后,分三路:第一路加到电动机(M)为它供电;第二路通过电阻 R1(3 W/150 W)限流,过三端稳压器 VT1(LM7815)稳压得到 15 V 电压;第三路通过取样电路为蓄电池欠压保护电路提供基准电压。

15 V 电压经 C1(25 V/47 mF)、C2(0.01 mF)滤波后,不仅为驱动电路供电,而且为芯片 IC2(TL494)、LM324 供电。TL494 的供电端⑫脚得到 15 V 电压后,开始工作,从 14 脚输出 5 V 基准电压。5 V 电压一路为转把内的霍尔元件供电;一路过 R23、R24 后,加到 IC2 ⑮脚;另一路过电阻 R3、R4、R5、R6 后得到 4 个参考电压,分别加到 IC1(LM324)的②脚、⑥脚、⑨脚、⑫脚,为运算放大器 IC1A、IC1B、IC1C、IC1D 提供参考电压。

② PWM 脉冲产生电路 如图 4-8 所示。

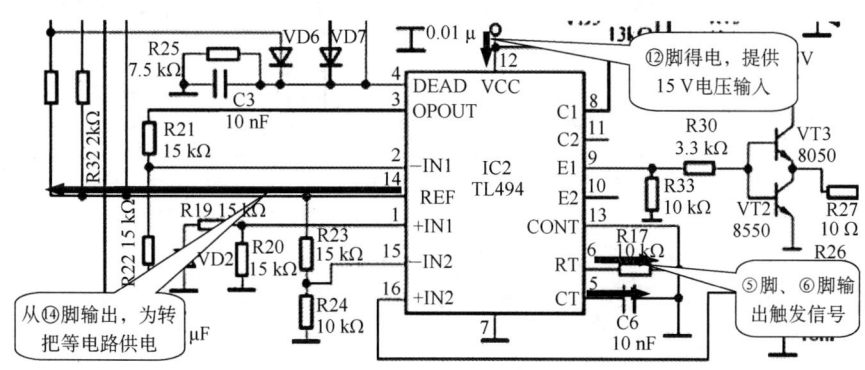

图 4-8 PWM 脉冲产生电路

PWM 脉冲形成电路由 IC2 和外部元器件构成。IC2 的供电端⑫脚得到 15 V 供电后，内部形成 5 V 的基准电压，该电压一路从⑭脚输出，为转把等电路供电；另一路为其内部的电路供电，内部振荡器与⑤脚、⑥脚外接的定时元件 C6、R17 通过振荡产生锯齿波脉冲电压。该锯齿波脉冲作为触发信号，控制 PWM 比较器产生矩形激励脉冲，通过驱动电路放大后从 IC2⑨脚输出。

③电动机驱动电路　如图 4-9 所示。

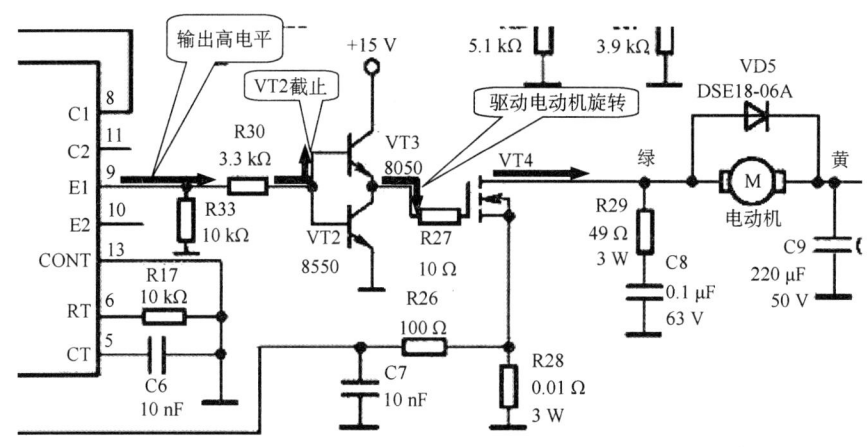

图 4-9　电动机驱动电路

当 IC2⑨脚输出的脉冲为高电平时，通过 R30 使 VT2(8550) 截止，VT3(8050) 导通，由 VT3 的 e 极输出的电压通过 R27 使 VT4 导通。VT4 导通后，使电动机绕组产生磁场，驱动电动机旋转。

当 IC2⑨脚输出的脉冲为低电平时，VT3 截止，VT2 导通。VT2 导通后，使 VT4 截止，流过电动机绕组的导通电流消失，使绕组产生反相电动势。该电动势通过泄放二极管 VD5 泄放到蓄电池，即避免了 VT4 过压损坏，又为蓄电池补充了电量。

④调速电路　如图 4-10 所示。

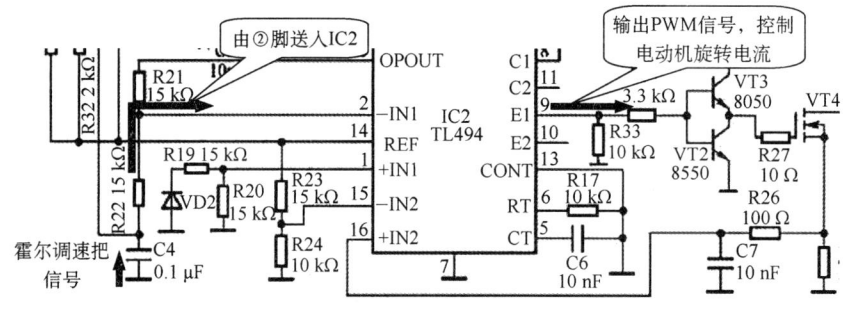

图 4-10　调速电路

在旋转转把时，转把内的霍尔组件输出 1～4.2 V 电压，该电压进入控制器后通过 C4 滤波，过电阻 R22 加到 IC2②脚。②脚输入电压由低到高变化时，误差放大器输出的电压由高逐渐降低，经 PWM 比较器处理后，使 IC2⑨脚输出激励脉冲，经 VT3、VT2 放大后，使 VT4 导通时间延长，流过电动机绕组的电流越大，电动机的转速越快；反之，若 IC2②脚输入的电压由高到低时，IC2⑨脚输出的激励脉冲减小，车速越慢。

⑤刹车电路 如图 4-11 所示。

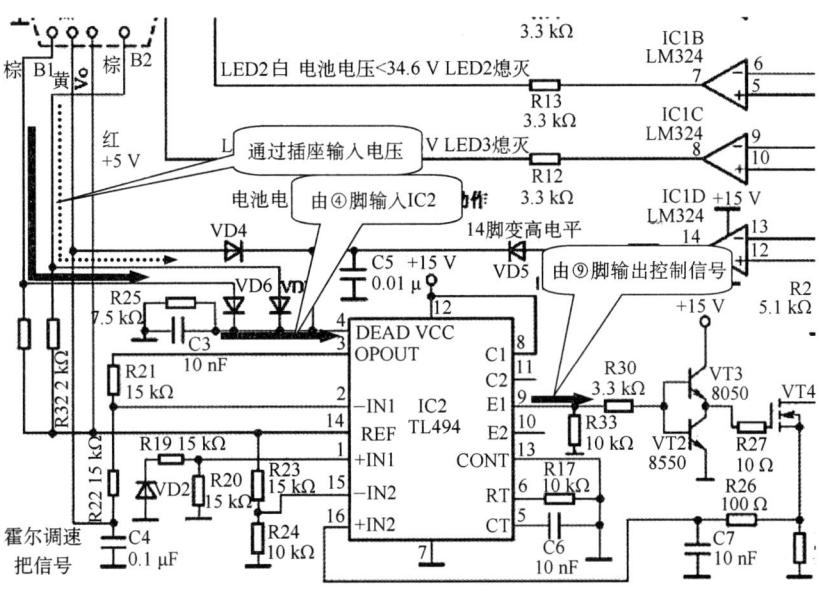

图 4-11 刹车电路

刹车时,刹把内的刹车开关接通,5 V 电压通过插座的 B1 或 B2 端子输入后,过 VD6 或 VD7 加到 IC2④脚。④脚的高电压使 IC2⑨脚输出低电压,导致 VT3 截止,VT2 导通,场效应管 VT4 截止,电动机停止转动,实现刹车制动。

⑥蓄电池电量显示和保护电路 如图 4-12 所示。

蓄电池电量显示和欠压保护电路由 IC1(LM324)和取样电路构成。

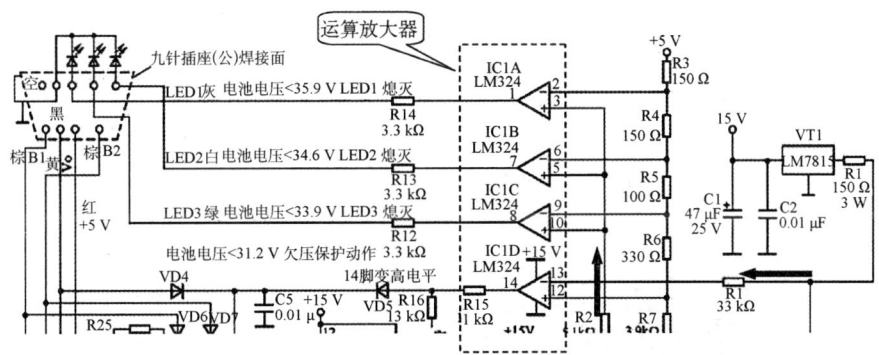

图 4-12 蓄电池电量显示和保护电路

蓄电池的电压过 R1、R2 后,加到 IC1 的③脚、⑤脚、⑩脚、⑬脚,为运算放大器的 IC1A、IC1B、IC1C 的同相输入端和运算放大器 IC1D 的反相输入端提供参考电压。同时,5 V 电压经 R3、R4、R5、R6 后得到 4 个不同取样电压,分别加到 IC1 的②脚、⑥脚、⑨脚、⑫脚,为运算放大器 IC1A、IC1B、IC1C 的反相输入端和运算放大器 IC1D 的同相输入端提供参考电压。

当蓄电池两端电压较高时,经取样后使 IC1 的③脚、⑤脚、⑩脚、⑬脚电位高于②脚、⑥脚、⑨脚、⑫脚电位,致使 IC1 的输出端①脚、⑦脚、⑧脚输出高电平控制电压,⑭脚输出的低电平控制电压,①脚、⑦脚、⑧脚控制电压通过 R12、R13、R14 限流使三个发光管 LED1、LED2、LED3 均发光。

当蓄电池电压低于 35.9 V 时,通过 IC1A 使灰色发光管 LED1 熄灭;当蓄电池电压低于 34.6 V 时,通过 IC1B 使白色发光管 LED2 熄灭;当蓄电池电压低于 33.9 V 时,通过 IC1C 使绿色发光管 LED3 熄灭;当蓄电池电压低于 31.2 V 时,该电压使 IC1 ⑬脚电位低于 ⑫脚电位,IC1 ⑭脚输出的控制电压变为高电平,过 R15 和 VD5 为 IC2 ④脚输入高电平。IC2 的死区控制④脚,输入高电平电压后,使 IC2 ⑨脚就不再输出激励脉冲,电动机停转,实现了蓄电池欠压保护。

过流保护电路由 IC2(TL494)内的误差放大器和取样电路构成。

电动自行车使用中,电动机因某种原因导致 VT4 过流,使 R28 两端的压降增大,通过 R26 使 IC2 ⑯脚电位超过⑮脚电位后,经误差放大器放大后使 IC2 ⑨脚输出激励脉冲的占空比最小,通过 R30 使 VT3 截止,VT2 导通,致使 VT4 截止,实现了过流保护。

(2) 无刷控制器

典型的无刷控制器的结构如图 4-13 所示。

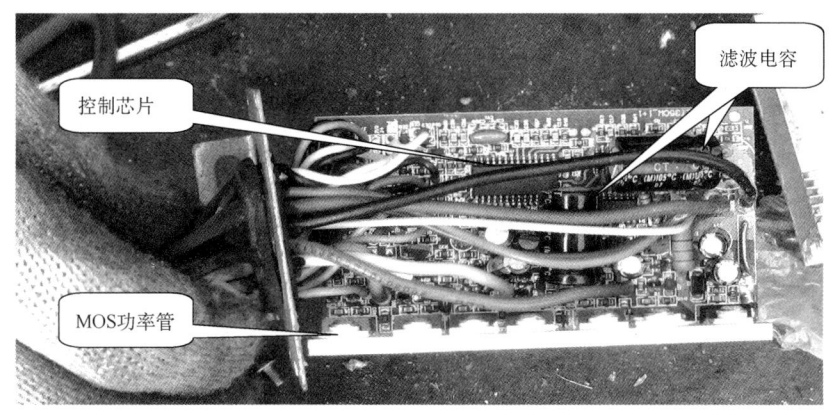

图 4-13 无刷控制器内部结构

以 48 V/350 W 智能无刷控制器为例,其接线图如图 4-14 所示。

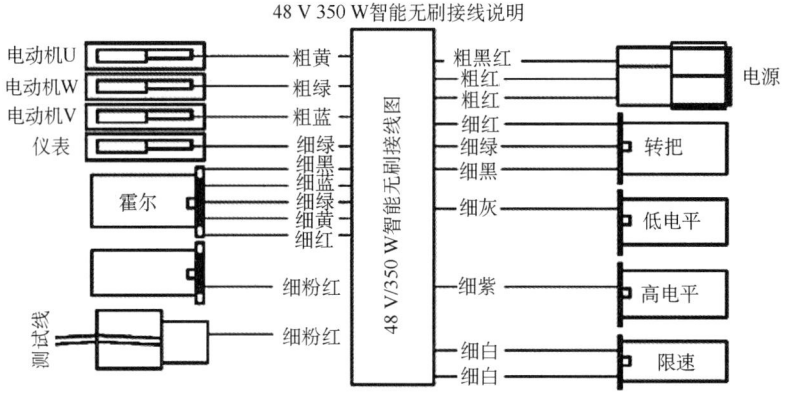

图 4-14 48 V/350 W 智能无刷控制器接线图

主芯片以 MC33035P 为核心的无刷控制器在控制器中所占比例很大,下面对其电路进行分析。以 MC33035P 为核心的无刷控制器电路图如图 4-15 所示。

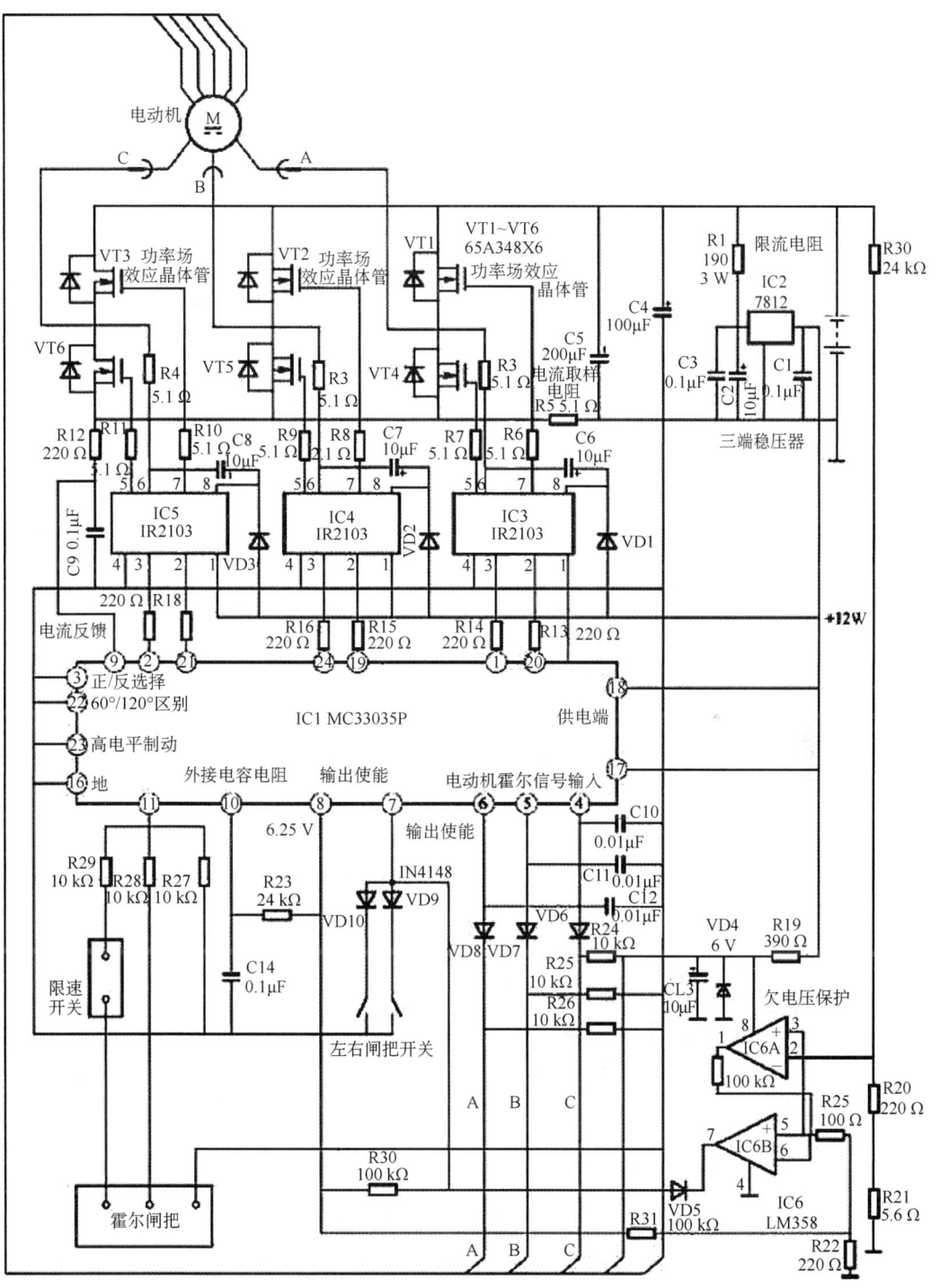

图 4-15 以 MC33035P 为核心的无刷控制器电路图

①供电电路 如图4-16所示。

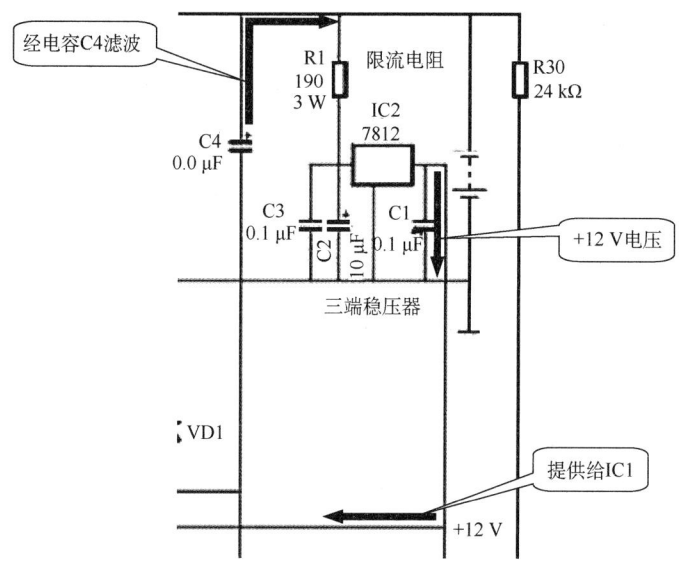

图4-16 供电电路

蓄电池组电压由电容C4滤波后经R1(190/3 W)限流,再经C2、C3滤波后加到三端稳压器IC2(7812)的输入①脚,从③脚输出的+12 V稳定电压经C1滤波后供给IC1、IC3、IC4、IC5工作电压;+12 V电压再由R19(390 W)限流,VD4稳压,C13滤波得到+6 V电压,为IC6、调速把内的霍尔元件和电动机的霍尔元件供电。

②PWM脉冲产生电路 如图4-17所示。

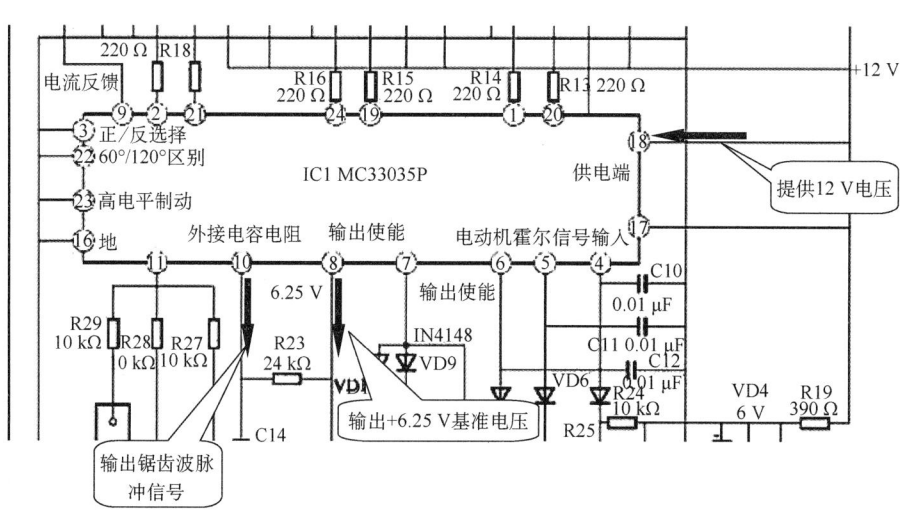

图4-17 PWM脉冲产生电路

IC1(MC33035P)的⑦脚、⑱脚得到+12 V电压后,IC1开始工作,其内部的基准电压产生+6.25 V的基准电压由⑧脚输出。

IC1内部的振荡器同其⑩脚外接的定时元件C14、R23开始振荡,产生锯齿波脉冲信号。经PWM处理器处理后由IC1的①脚、②脚、㉔脚输出低端激励脉冲信号,由IC1的⑲

脚、⑳脚、㉑脚输出高端激励脉冲信号。

③电动机驱动电路　如图4-18所示。

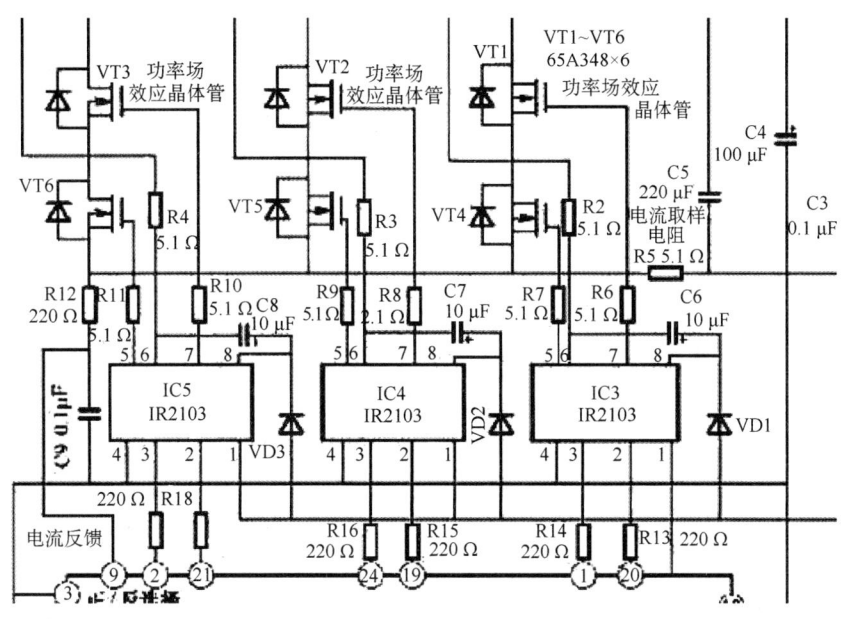

图4-18　电动机驱动电路

电动机驱动电路由IC3、IC4、IC5三只IR2103芯片和六只大功率场效应管(65A348)VT1~VT6等元器件组成。

IC1的①脚、②脚、㉔脚和⑲~㉑脚轮流输出高低端激励脉冲,经IC2、IC3、IC4放大后驱动VT1~VT6场效应管轮流导通,在电动机的三相绕组中产生不断变化的电流,电动机开始旋转。

④电动机换相控制电路　如图4-15所示。

电动机内部的霍尔元件产生位置传感器信号,通过VD6、VD7、VD8反馈到IC1的④脚、⑤脚和⑥脚。IC1内部的转子位置解码器对④脚、⑤脚、⑥脚输入的位置传感信号进行解码,控制IC1的①脚、②脚、㉔脚和⑲脚、⑳脚、㉑脚轮流输出对应的高低端激励脉冲,通过IC3、IC4、IC5驱动VT1~VT6轮流导通,实现电动机换向控制。电阻R24、R25、R26为霍尔元件提供偏置电压,电容C10、C11、C12用来消除干扰脉冲。

⑤调速电路　如图4-19所示。

在转动调速把时,调速把内的霍尔元件产生1~4.2V控制电压。该电压经R28使IC1的11脚电压升高,从而使IC1内部的PWM处理器产生PWM激励脉冲信号占空比加大。IC1的①脚、②脚、㉔脚、⑲脚、⑳脚、㉑脚输出的高低端激励脉冲占空比加大,通过VT1~VT6的导通时间延长,电动机的转速越高;反之,电动机的转速降低。

⑥限速电路　如图4-19所示。

限速开关一端通过R29接到IC1的⑪脚,另一端接地。当限速开关接通时,IC1的⑪脚电压通过R29和限速开关接地,电压被锁定在一定范围内,电动机只能在一定的转速内旋转,从而实现了限速的目的。

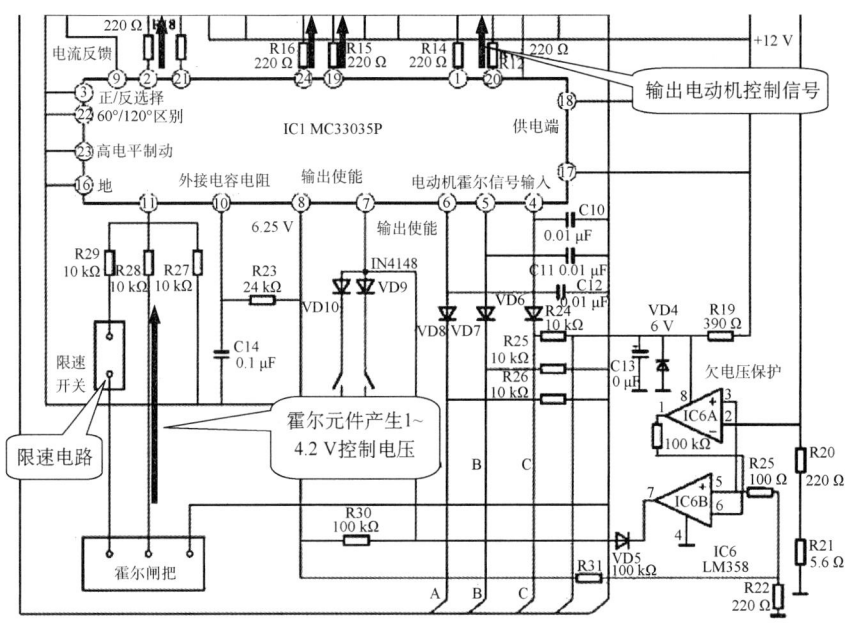

图 4-19 调速电路

⑦制动电路 如图 4-20 所示。

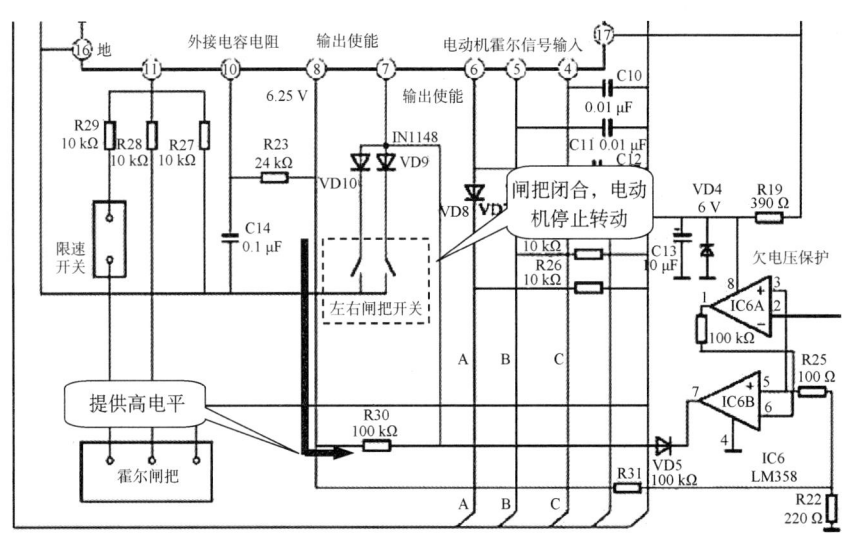

图 4-20 制动电路

正常工作时,IC1 的⑧脚通过 R30 向⑦脚提供高电平,当左、右闸把闭合时,闸把开关导通,IC1 的⑦脚通过 VD9 或 VD10 和闸把开关接地。IC1 的⑦脚电压由高变低,IC1 停止输出激励脉冲信号,场效管 VT1~VT6 截止,使电动机停止转动,实现制动保护。

⑧保护电路 如图 4-15 所示。

蓄电池组电压由 R20、R21、R32 分压后加到 IC6 的反相输入②脚,IC1 的⑧脚输出的 6.25 V 基准电压经过 R31 和 R22 分压后由 R25 加到 IC6 的同相输入③脚和⑤脚,作为比较电压。当蓄电池放电到终止电压时,IC6 的②脚电压低于③脚比较电压,IC6 的①脚输出高电平。这时 IC6 的⑥脚电压高于⑤脚比较电压，IC6 的⑦脚输出低电平。VD5 导通使 IC1⑦脚变为低电平，控制 IC1 关闭激励脉冲信号输出，场效应管 VT1~VT6 截止，使电动机停止转动，实现蓄电池过放电保护。

电动自行车正常工作时，电流取样电阻 R5 两端产生的压降较低。IC1 的⑨脚电压达不到过电流检测电路的阈值，控制器正常工作。当电动机因某种原因（含短路）电流较大时，电流取样电阻 R5 两端产生的压降较高，VT1~VT6 上导通电流增大，VT1~VT6 有激励脉冲信号输出，场效应管 VT1~VT6 截止，电动机停止转动，过电流保护动作完成。

◇课程 2：控制器的连接及代换

1. 有刷控制器的连接及代换

有刷控制器与转把、刹车把的连接见表 4-1。

表 4-1　有刷控制器与转把、刹车把的连接

调速转把引线		所接器件	
1. 调速转把引线+	红色	信号电源+	控制器内引线
2. 调速转把引线-	黑色	信号电源-	
3. 调速转把输出	黄色	调速输出	
4. 刹车把电源+	红色	信号电源+	开关型刹车把
5. 刹车把输出	绿色	刹车输出	

2. 无刷控制器的连接及代换

无刷控制器与转把、刹车把的连接见表 4-2。

表 4-2　无刷控制器与转把、刹车把的连接

控制器内引线			所接器件	
六芯黑塑料头（接触件为插孔）	1. 调速转把电源+	红色	信号电源+	霍尔调速转把
	2. 调速转把电源-	黑色	信号电源-	
	3. 调速转把输出	黄色	调速输出	
	4. 刹车转把电源+	红色	信号电源+	霍尔型刹车把
	5. 刹车转把电源-	蓝色	信号电源-	
	6. 刹车转把输出	绿色	刹车输出	开关型刹车把

◇课程 3：控制器铭牌的识读

国际上关于电动自行车控制器的命名标准如下：
其中产品代号的名称含义如表 4-3 所示。

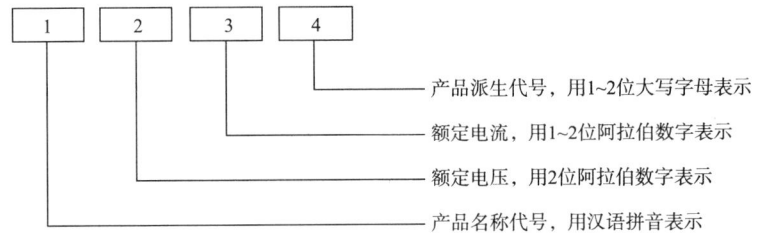

表 4-3 控制器产品名称代号的含义

代号名称	功能	代号名称	功能
ZK	普通型有刷电机驱动控制器	ZKC	智能型有刷电机驱动控制器
WZK	普通型无刷电机驱动控制器	WZKC	智能型无刷电机驱动控制器

常见的控制器如图 4-21 所示。

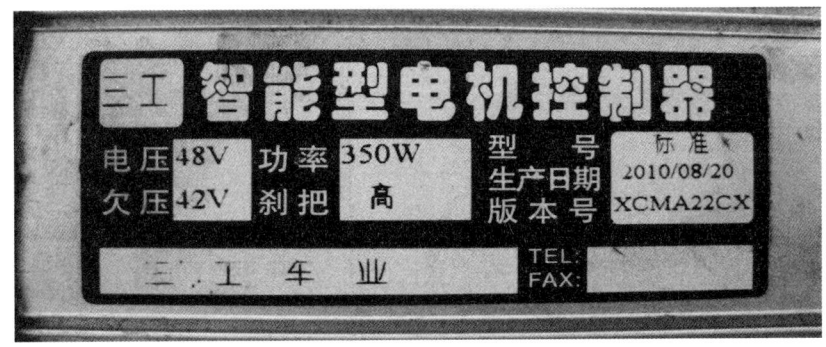

图 4-21 控制器的铭牌

项目 2：控制器及其附件的故障检修

◇训练 1：控制器的拆解

（1）控制器在电动自行车中位置比较隐蔽，一般处于蓄电池下方，取下蓄电池，如图 4-22 所示。

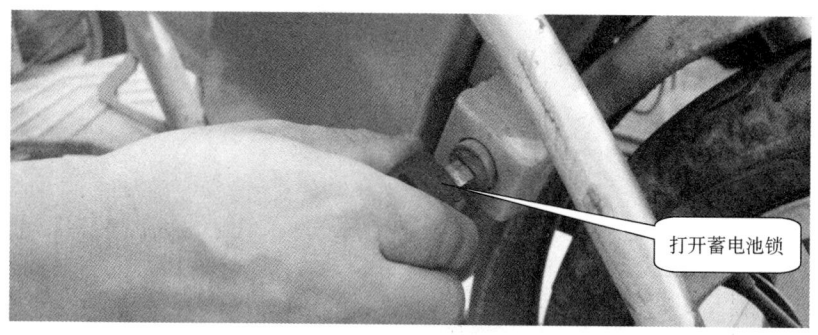

图 4-22　取下蓄电池

（2）控制器四周有固定螺钉固定，以防止使用过程中的震动，将螺钉拆下，如图 4-23 所示。

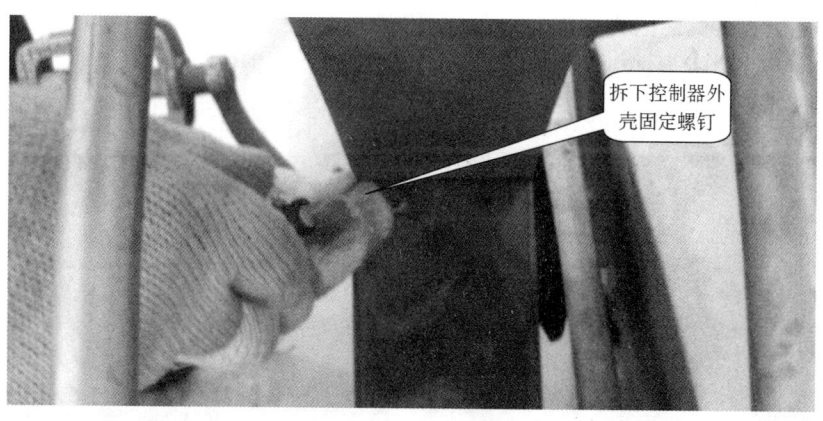

图 4-23　拆下固定螺钉

（3）将拆下的控制器盒拿下后，能够看到里面的接线端子，如图 4-24 所示。

（4）如果需要测量各接线的电压，可以断开接线端子测量，并将该接线作好记录，以防止接错。如图 4-25 所示。

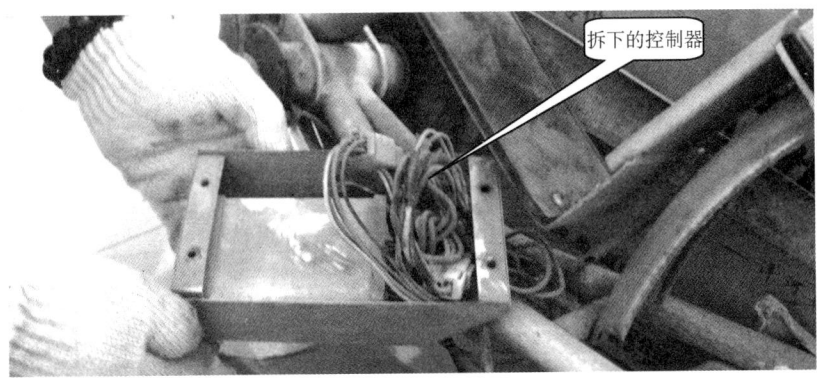

图 4-24 控制器盒

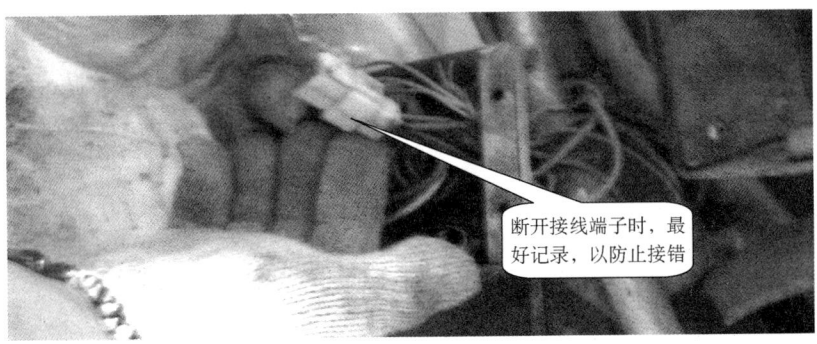

图 4-25 断开接线端子

(5) 如因控制器霍尔元件损坏,则需将控制器拆开。首先将控制器从电动车上拆下,如图 4-26 所示,再将一侧的 6 个固定螺钉拆下,如图 4-27 所示。

(6) 拔下端盖,可以看到里面的控制器集成电路板,如图 4-28 所示。

(7) 先将控制器侧面的固定螺钉拆下,再将另一端的螺钉拆下后,便可以轻轻地推出控制器集成电路板,如图 4-29 所示。这样便完成了控制器的拆卸,其安装是拆卸的逆过程,此处就不再讲述。

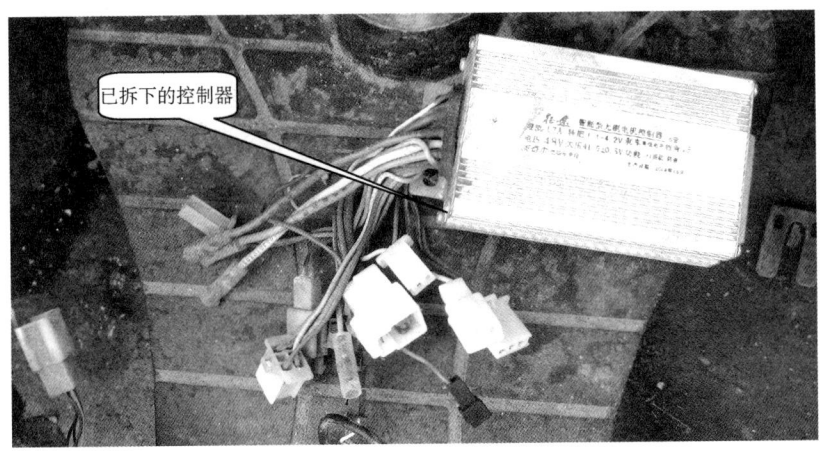

图 4-26 将控制器引线断开

图 4-27 拆下控制器外盒 6 个固定螺钉

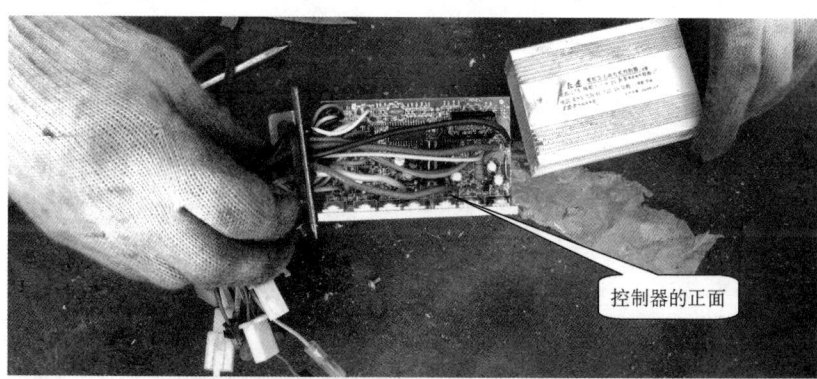

图 4-28 已拆下上盖的控制器盒

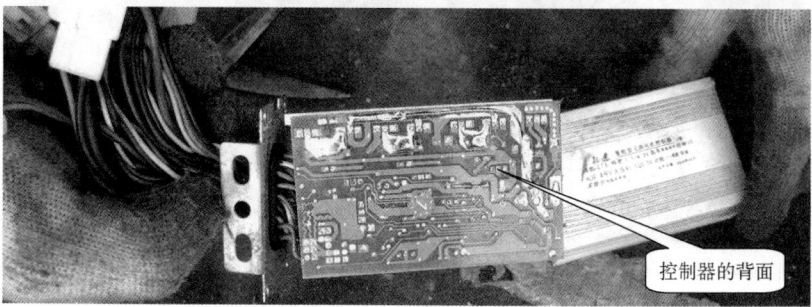

图 4-29 拆出的控制器集成电路板

◇训练 2：控制器及附件的故障检测

1. 无刷控制器电源输入电压的测量

(1) 用数字万用表的直流电压 200 V 挡，如图 4-30 所示。

图 4-30　万用表挡位选择

(2) 让红表笔接控制器电源的输入红色线，黑表笔接控制器的接地黑色线，打开电源开关，如图 4-31 所示。

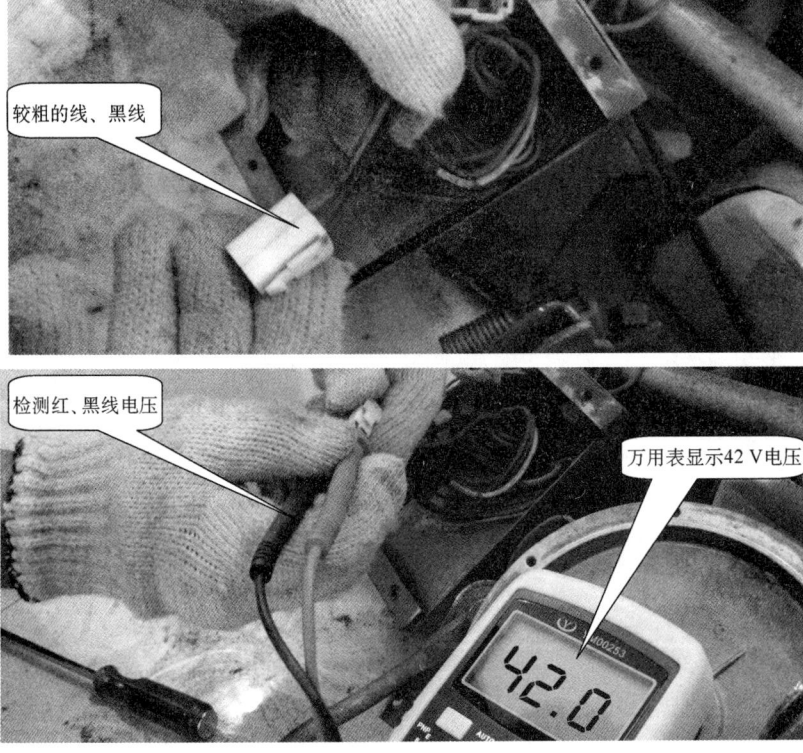

图 4-31　无刷控制器输入电压测量

(3)此时万用表的读数应为 36 V 或 48 V 以上。

2. 调速转把电源电压的检测

(1)用数字万用表的直流 20 V 挡,如图 4-32 所示。

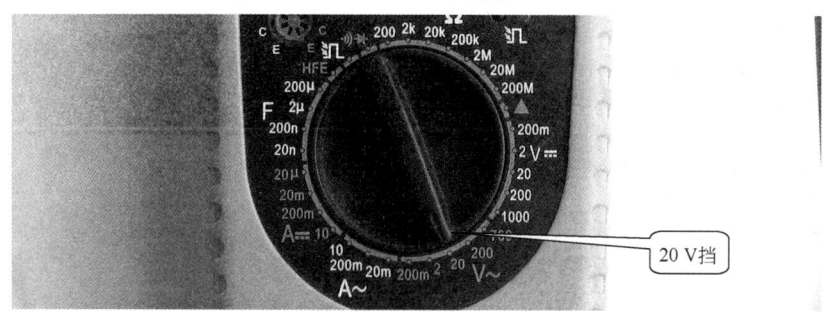

图 4-32　万用表挡位选择

(2)让红表笔接调速转把上的红色电源线,黑表笔接调速转把的接地黑色线,如图 4-33 所示。

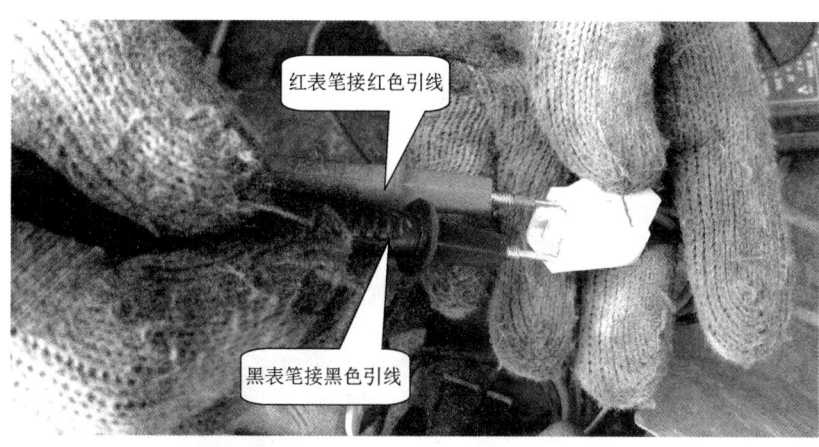

图 4-33　调速转把输入电压测量

(3)打开电源开关,此时万用表的读数应为 5 V 左右。

> 提示:若所测电压偏低或为零,则首先检查调速转把是否良好,若有故障应予以处理。若调速转把接地线良好,而调速转把电源对地电压仍偏低或为零,则表明控制器损坏或控制电源输入线无电压,应分别进行检查。

3. 闸把开关电源电压的检测

控制器内部电源一般采用三端稳压集成电路,通常用 7805、7806、7812 和 7815 等规格的稳压集成电路,其输出电压分别是 5 V、6 V、12 V 和 15 V,故不同控制器的电源电压分别为 5 V、6 V、12 V 和 15 V。

现以闸把开关 5 V 电压的检测为例说明检测方法:

(1)将数字式万用表置于直流 20 V 挡,如图 4-32 所示。

(2)让黑表笔接闸把开关上的黑色接地线,红表笔接闸把开关的红色电源线,如图 4-34

所示,观察万用表读数应为 5 V,误差不超过 0.2 V。否则表明控制器内部电源有故障。

图 4-34　闸把开关电源电压的测量

4. 控制器霍尔电源电压的检测

不同控制器的霍尔电源电压一般有 5 V、6 V、12 V 和 15 V,但以 5 V 较为常见。5 V 电源的测量方法如下:

(1)将数字万用表置于直流 20 V 挡,如图 4-32 所示。

(2)让黑表笔接霍尔黑色接地线,红表笔接霍尔电源红色线,如图 4-35 所示。

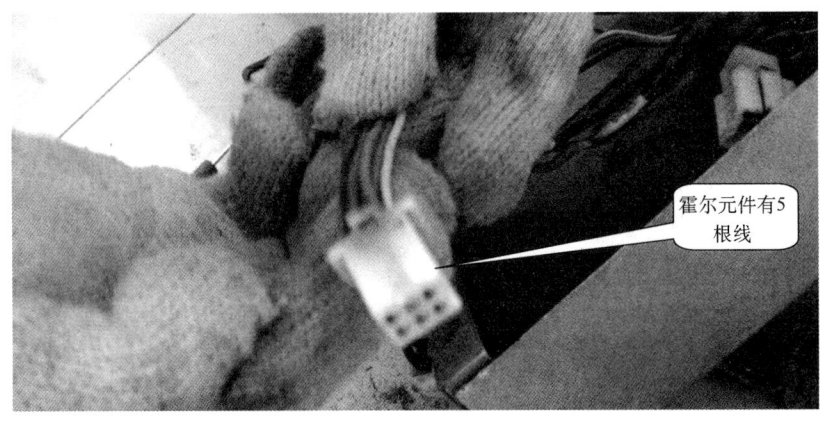

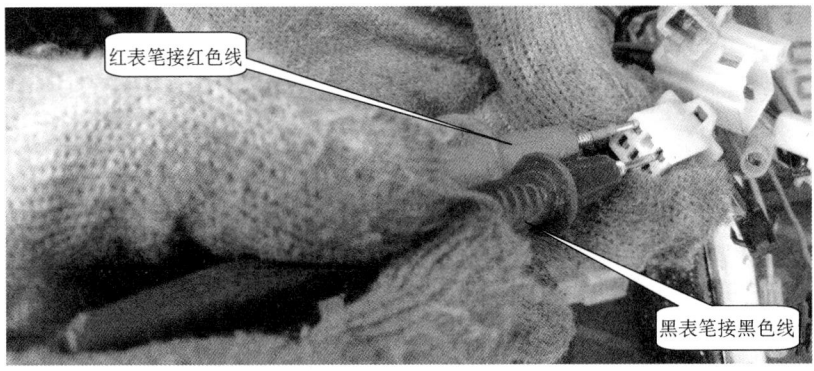

图 4-35　控制器霍尔电压测量

打开电源开关,万用表的读数应为 5 V。

若万用表读数较小或为零,但控制器电源输入电压和霍尔地线正常时,则表明控制器内部三端稳压器损坏,应予以更换。

5. 无刷控制器驱动电压的检测

(1)选用数字万用表 200 V 直流电压挡,让黑表笔、红表笔分别接电动机与控制器相连的黄、绿、蓝色的相线,如图 4-36 所示。

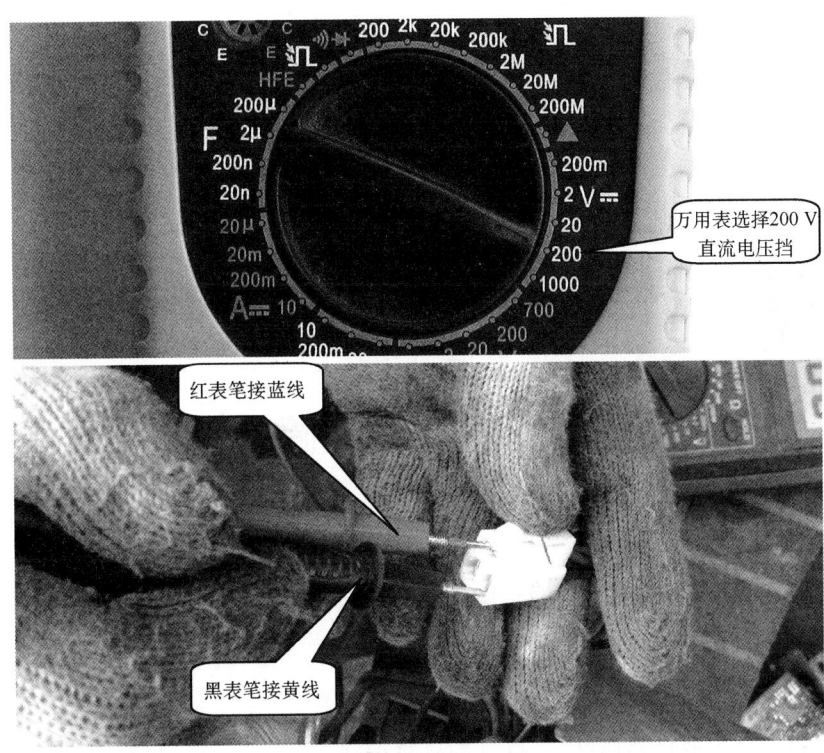

图 4-36　无刷控制器输入电压的测量

(2)打开电源开关,缓慢转动调速转把至最大开度,正常时,三相电压应相等,一般在 20V。

若某一相电压过高或过低,则表明与该相相连控制器内的开关管损坏或控制器内部元件损坏,应对控制器进行修复。

6. 调速转把信号电压的检测

(1)选择数字万用表的 20 V 直流电压挡,让黑表笔接调速转把上的黑色线,红表笔接调速信号绿色线,如图 4-37 所示。

(2)打开电源开关,缓慢转动调速转把,正常时调速信号电压应在 1～4.2 V 间变动(控制器和调速转把不同,测试电压各异),否则表明调速转把有故障,应修理或予以更换调速转把。

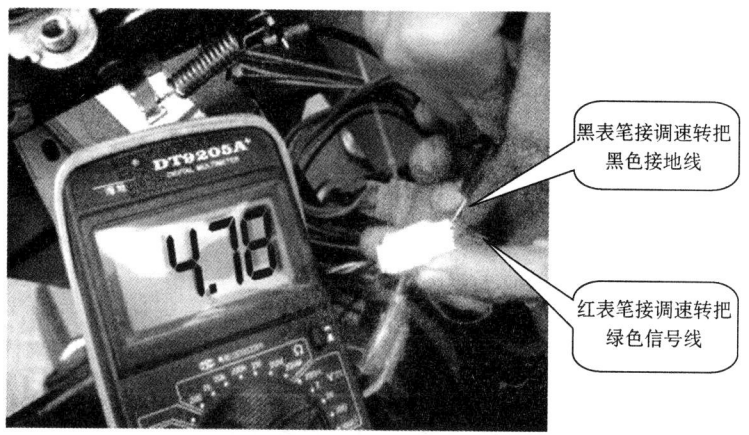

图 4-37　调速转把信号电压的检测

在维修中,若转动调速转把时电动机不能正常工作,短接调速转把电源红色线和信号绿色线,若电动机飞速转动,则表明调速转把有故障,应予以修理或更换。

项目3:控制器故障分析

◇课程1:有刷控制器故障检修分析

1. 控制器内部电源无输出

有刷电动自行车的行驶速度,是通过调速转把经有刷控制器进行控制的。当有刷控制器没有输出时,则有刷直流电动机便不能工作。控制器的工作过程及原理详见本日项目1中的讲述。

有刷控制器没有输出,其原因如下。

(1)刹把有故障,其信号无高低电位变化,致使控制器处于断电刹车状态,电动机无工作电源。

(2)调速转把有故障,控制器无呈线性变化的调速信号电压输入,造成控制器没有输出。

(3)集成电路(主控芯片和逻辑芯片)损坏,导致控制器电路不能工作。

(4)各芯片外围的电阻、电容和二极管的性能参数改变或损坏,造成各芯片不能正常工作。

(5)调速转把的3根引线断路或与控制器相连的接插件接触不良,导致控制器无调速信号输入而不能工作,如图4-38所示的检测方法。

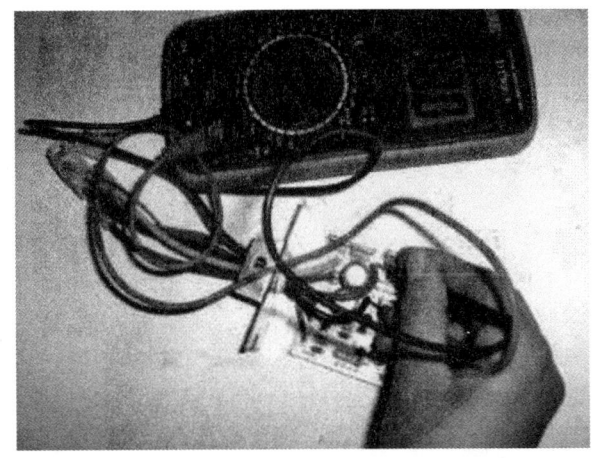

图 4-38　测量控制器内部输出线是否接触不良

2. 控制器飞车

飞车故障一般是由 MOS 管（又称功率管）击穿引起的。电动自行车控制器中的功率器件主要是功率开关管，它是在高电压、大电流的状态下工作的，如图 4-39 所示电路板上的功率开关管。

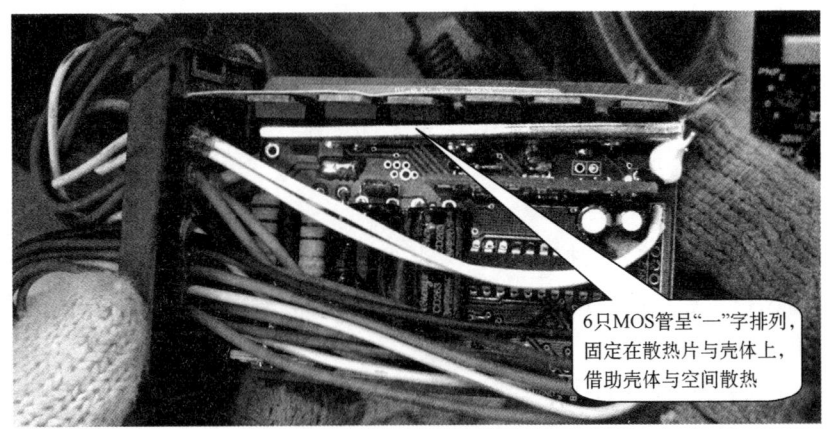

6只MOS管呈"一"字排列，固定在散热片与壳体上，借助壳体与空间散热

图 4-39　功能开关管

功率器件损坏的原因有：

(1) 电动机定子绕组短路，流过功率开关管电流过大，导致开关管损坏。

(2) 电动机较长时间过载，致使功率开关管严重过热而损坏。

(3) 功率开关管的驱动电路损坏或参数设计不合理，造成功率开关管不能正常工作。

(4) 功率开关管的散热面积和散热空间小，使功率器件过热严重。

(5) 功率器件自身质量差或选用的等级低。

要判断 MOS 管的好坏，可用万用表的电阻挡测量 MOS 管 3 个引脚。如果没有短路现象，说明 MOS 管正常；如果 MOS 管损坏，则可以通过更换同型号的器件来排除故障。检修如图 4-40 所示。

(a)拆开控制器

(b)找出MOS管

(c)测量MOS管

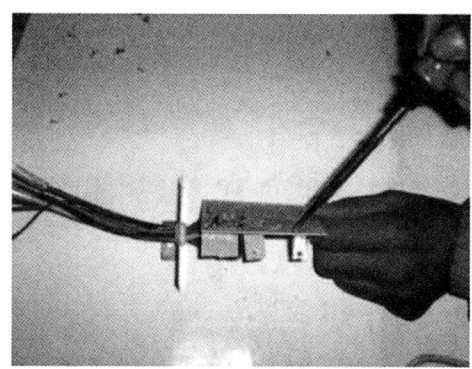
(d)更换MOS管

图 4-40　更换 MOS 管

3．控制器控制信号丢失

控制器的各种输入、输出的控制信号，均是经连接导线和接插件传输的，而输入的控制信号正确与否又决定相应的输出控制信号有无，相互间有着制约的因果关系。控制器的控制信号丢失有以下原因：

(1)连接导线磨损折断或脱落。

(2)接插件的弹片质软，致使接触不良。

(3)线束与接插件压接不牢松动而造成接触不良。

(4)接插件选型不好，质量差。

(5)线材选择不合理，保护不完备，不能经久耐用，使用寿命短。

电动自行车的使用环境相比汽车更为恶劣。因此，要求连接导线和接插件应牢靠、防磨损、防水、防尘、防晒、防震、防氧化，坚固耐用，达到汽车级接插标准。

4．控制器没有电机驱动电流输出

电动自行车控制器没有驱动电流输出，出现电机不转的现象。引起控制器没有驱动电流输出，常见的故障原因有：

(1)供电不正常；

(2)操作系统不正常；

(3)PWM 脉冲形成电路无调宽脉冲输出；

(4)信号放大电路未工作。

根据故障原因的分析,可按以下方法逐步排查:

(1)供电不正常。供电异常主要因控制器没有供电、控制器内的稳压电路无 5~18 V 电压输出。而有的控制器 5 V 电压由芯片(如 TL94)产生。供电电路的检查可用万用表的 20 V、50 V 电压挡测量关键点电压即可。如 5 V、12 V 三端稳压器异常,也可用一只电阻和一只稳压管组成的简易稳压电压代换。

(2)操作系统异常。操作系统异常的原因主要有闸把内开关异常、转把无调速信号输出。而转把无调速信号输出的原因又包括转把内的霍尔集成电路无供电(正常时多为 5 V)、霍尔集成电路异常或转把被置于空挡等几种。

电动自行车的制动多采用低电平方式,即闸把内的开关在正常行驶时是断开的,只有制动时才接通。当闸把内的开关误动作引起控制器无驱动电流输出时,可采用脱开转把与控制器的连线进行判断。如断开该线后控制器能够输出驱动电流,说明闸把异常;否则,检查其他电路。

(3)PWM 脉冲形成电路异常。PWM 脉冲形成电路异常的原因,主要有锯齿波脉冲形成电路不能形成锯齿波和 PWM 调制器工作异常。控制器的锯齿波脉冲主要通过由芯片和外接定时组件构成的多谐振荡器产生,所以应检查芯片的供电是否正常,随后再检查定时组件(电阻、电容),最后再检查芯片。

PWM 调制器有时不能正常工作的原因,除了不能输入正常的锯齿波触发信号外,更主要的原因是它输入的控制电压不正常。而这些控制信号除了包括调速信号外,还包括欠电压保护信号、过电流保护信号等。因此,在检修时,首先要确认 PWM 调制器输入的锯齿波脉冲触发信号,随后检查它是否输入了保护信号,最后检查芯片。另外,无刷电机控制器的 PWM 脉冲形成电路是否输出正常的调宽信号,还与电机内的霍尔集成电路是否产生正常的位置传感信号有关。

(4)信号放大电路异常。信号放大电路异常主要有激励电路异常、场效应管异常。当场效应管击穿导致接在其 S 极与地之间的过电流保护电路取样电阻过电流损坏时,会导致信号放大电路不工作。由于无刷电机采用了 3 套完全相同的驱动电路,所以可采用互代换的方法来判断故障部位和故障组件。

场效应管是否损坏可用数字万用表的二极管挡或指针式万用表的 R×1 挡在路测量。另外,过电流保护电路取样电阻是否正常也可在路测出。

> 这里要注意的是,场效应管损坏有时是由于电机工作异常所致,因此,检修场效应管损坏故障时,必须检查电机是否正常,以免更换后的场效应管再次损坏。

5. 电动自行车电动轮毂无法断电

操作电动自行车右手柄,电动轮毂无法断电。引起电动轮毂不能断电常见的故障原因有:

(1)手柄拉线没有回到原来的位置;

(2)制动断电开关损坏;

(3)控制器烧坏。

根据故障原因的分析,可按以下方法逐步排查:

(1)手柄拉线没有回到原位,可检查拉线软管是否被顶住。

(2)制动断电开关损坏:

①对于机械常开断电开关,造成不断电的原因为接触触点弹簧片与触点接触不上,应进行维修,如不能修复,则应更换制动断电开关。

②对于电子低电位断电开关,只能更换。

故障的快速判断方法是:把控制器输出端线与地线短接起来,如出现断电,说明制动闸把有故障;如不断电,说明控制器有故障。

(3)控制器烧坏。把控制器输出端的紫色与黑色线短接,若不断电,说明控制器有故障,应更换。

6. 电动自行车调速失灵或速度偏低

引起电动自行车调速失灵或速度偏低常见的故障原因有:

(1)电池电压过低。

(2)调速转把连接松动或调速把手引线脱落。

(3)控制器损坏。

(4)调速转把的弹簧卡住或失效。

根据故障原因的分析,可按以下方法逐步排查:

(1)检查电池。24 V 的蓄电池电压值在 23~26 V 之间,36 V 蓄电池电压值在 35~38 V 之间,若不在规定范围内,则应及时充电。

(2)检查调速手柄。调速转把处电压正常(不欠电压)时,复位弹簧和调速线断裂会使调速失灵,检测调速把若不能复位自如,应更换;或用万用表对应三芯插座中的红、黑两头检测其电压是否有 5 V,黑、绿线间电压是否有 4.8 V(在调速把转到极限时),没有或偏低,也应更换调速把。

(3)检测控制器。蓄电池电压正常,则用电动自行车检测仪检测控制器。将控制器的 9 芯或 8 芯扁平插头插到检测仪插座中,若控制器输出的电压、电流不正常,则应更换控制器;若正常,说明电动轮毂有故障,应进一步检修。

(4)有刷电机轮毂腔炭粉座积垢太多,会使转速变慢,应清除炭粉,故障即可排除。

◇课程 2:无刷控制器故障检修分析

1. 控制器内部电源无输出

无刷直流电动机其绕组的换相和电动机的转速控制,是借助安装在电动机上的位置传感器(霍尔元件)和外设速度控制器件调速转把,经控制器主处理芯片处理转换来完成的。无刷控制器完全没有输出,其原因如下。

①刹车把有故障,致使控制器处于断电刹车状态,电动机无工作电源。

②调速转把有故障,与控制器之间的连线折断或接插件接触不良,导致控制器无呈线性变化的调速信号电压输入,而造成控制器无输出。

③无霍尔传感器信号输入控制器,则造成控制器无驱动信号输出。

④主芯片的PWM电路或MOSFET管驱动电路有故障,导致控制器没有输出。部分控制器内部稳压电源电路采用电阻限流降压、稳压二极管稳压和电容器滤波,如图4-41所示。

稳压电源电路在控制器电路板上的位置如图4-42所示。

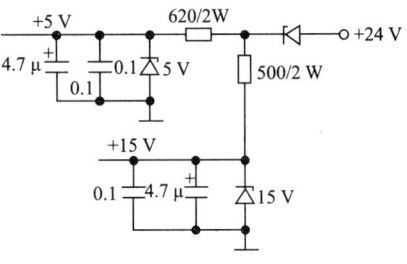

图4-41 稳压二极管稳压电路

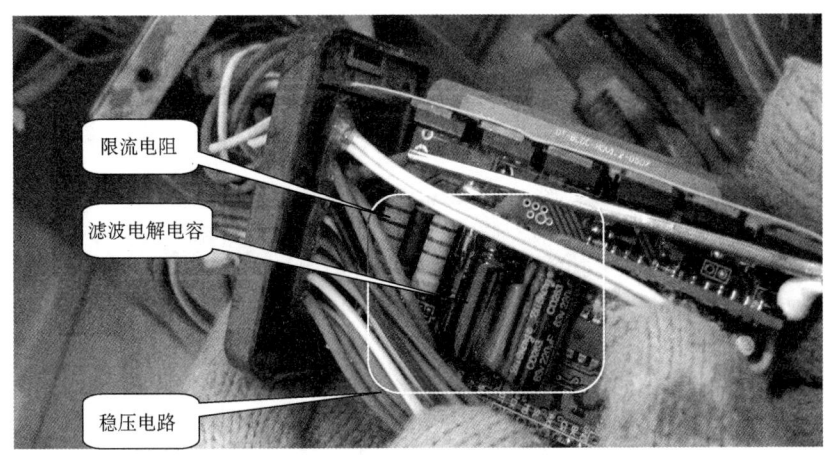

图4-42 稳压电源电路在控制器电路板上的位置

2. 无刷控制器缺相

无刷控制器缺相即无刷直流电动机缺相,是指三相定子绕组中只有两相绕组参与运行。此时电动自行车的无刷直流电动机会出现"哒哒"的异常声响,通过倾听电动自行车直流电动机的运转声音,即可判断电动机是否缺相。

无刷控制器缺相分主相位缺相和霍尔缺相两种情况。

主相位缺相是指控制器输出的3个换向信号缺少一相信号,其故障是发生在控制器的驱动电路或功率开关电路。产生故障的原因有:

①相驱动电路有故障或损坏。

②相功率开关管有故障或损坏。

霍尔缺相是指直流电动机上的3个霍尔传感器中一个损坏或控制器不能识别电动机霍尔信号。这种故障,既可能发生在控制器,又可能出现在无刷直流电动机,其原因有:

①控制器与霍尔传感器间连线折断或脱落。

②控制器与传感器之间的连线接插件接触不良。

③霍尔引线滤波电容击穿短路。

④主控芯片故障或损坏。

⑤3个霍尔传感器中有1个霍尔元件损坏。

无刷控制器主相位缺相的检测点如图4-43所示。

无刷控制器电动机霍尔缺相的检测如图4-44所示。

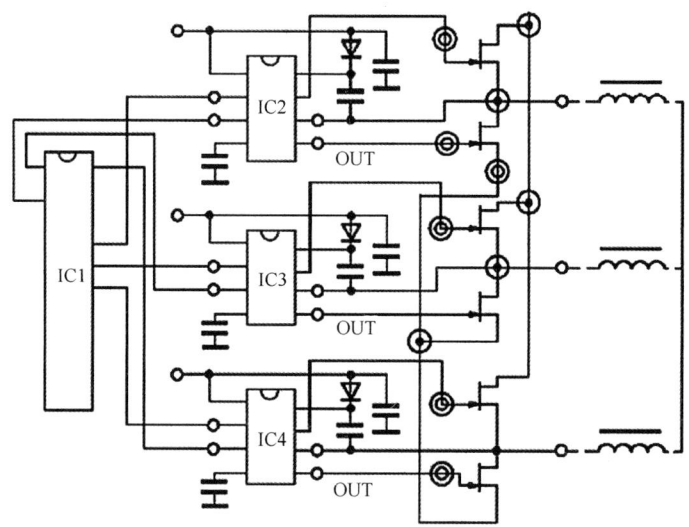

图 4-43　主相位缺相检测点

注：1. 检测◎之间有无短路，若有更换相应 MOS 管；
　　2. 检测○点有无输入，若无输入检查或更换 IC1；
　　若 OUT 无输出，检查外围元件或更换 IC2～IC4。

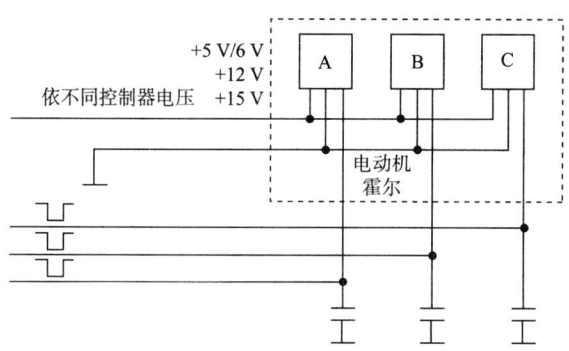

图 4-44　霍尔缺相的检测

在检修时应注意的是，一般情况下某相位上下（即同一桥臂）两只 MOS 管会同时击穿，应同时更换同型号 MOS 管。当一只位置传感霍尔元件损坏时，应同时更换 3 只霍尔元件，以保证电动机换向位置精确。

项目 4：控制器故障维修图解

◇训练 1：有刷控制器故障维修

【例 1】有刷控制器无电动机驱动电压输出
故障现象：
该车有刷控制器无电动机驱动电压输出。

故障检修：

该车有刷控制器电路图如图 4-45 所示。

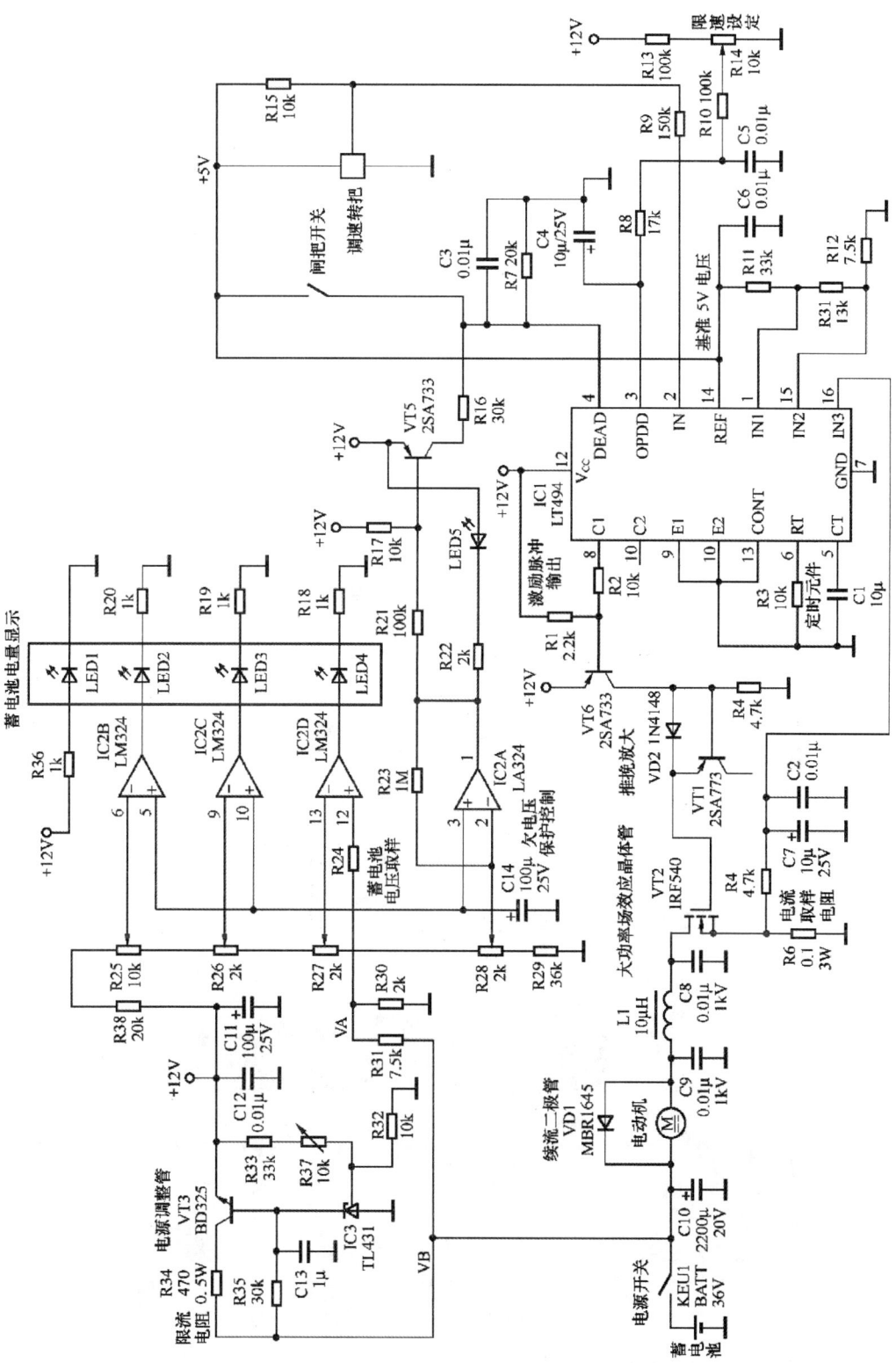

图 4-45 有刷控制器电路

(1)打开电源开关,发现仪表板内的指示灯均不亮。

(2)在电动自行车的充电插孔中测得蓄电池组输入端电压正常,如图 4-46 所示。

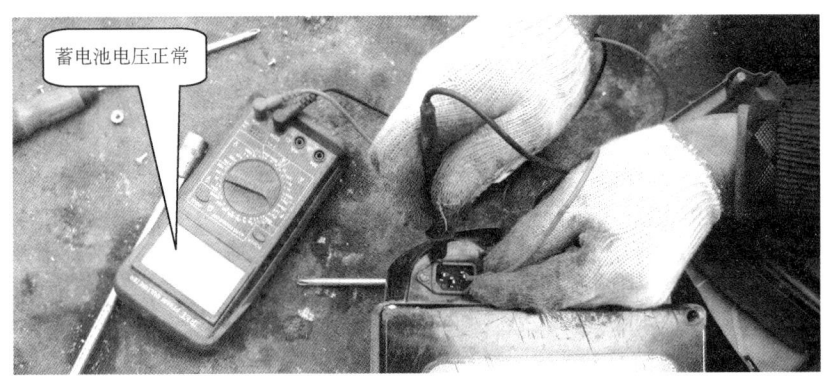

图 4-46　测量蓄电池输入电压

(3)拆开控制器如图 4-47 所示。在控制器的滤波电容 C10 两端能够测量到蓄电池的 36 V 电压,如图 4-48 所示,表明＋12 V 稳压电路异常。

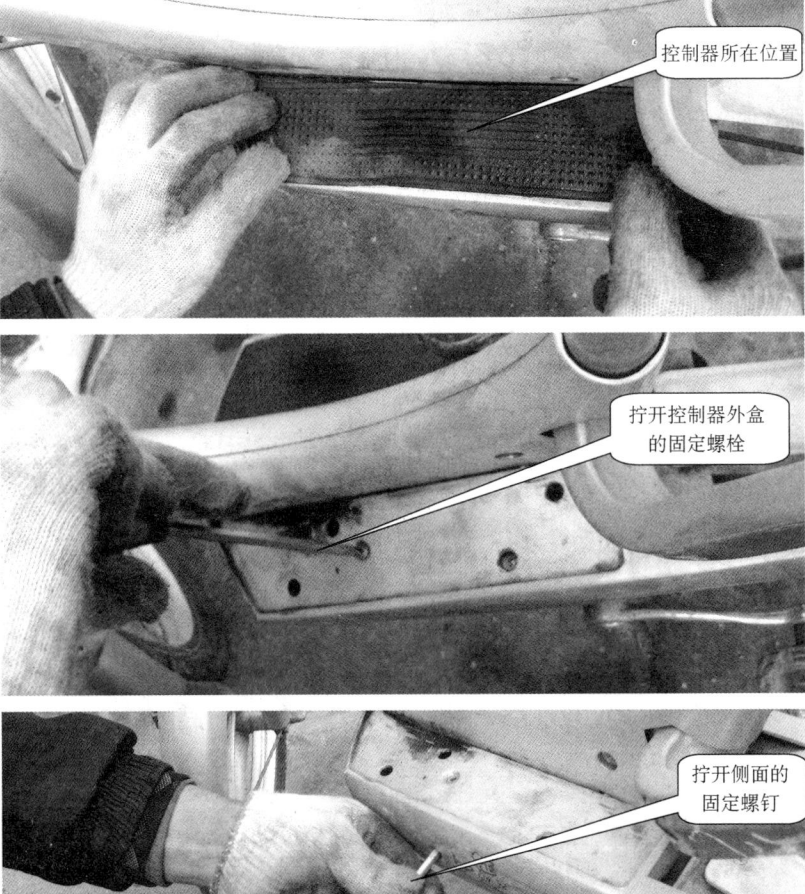

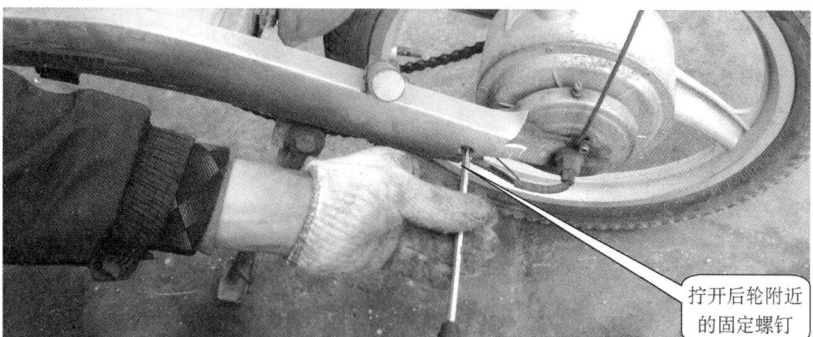

拧开后轮附近的固定螺钉

拧开底部的固定螺钉

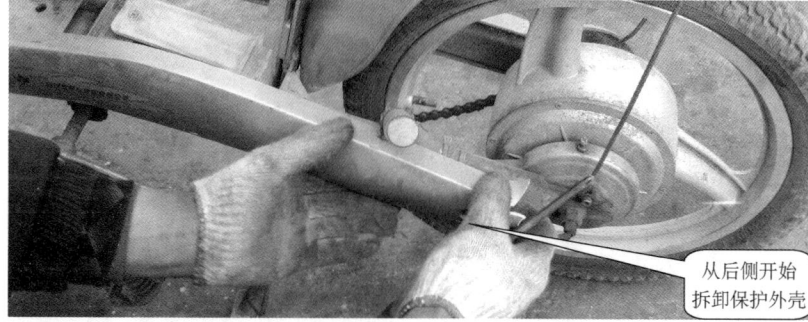

从后侧开始拆卸保护外壳

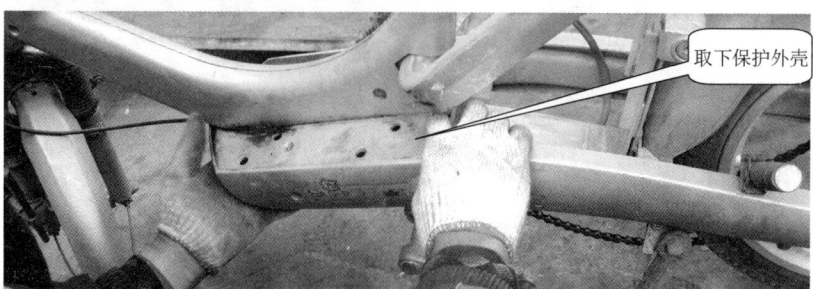

取下保护外壳

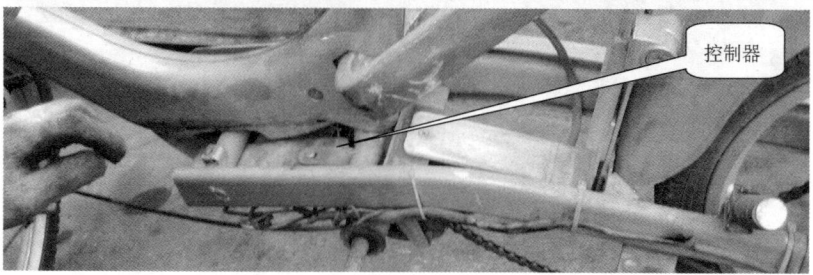

控制器

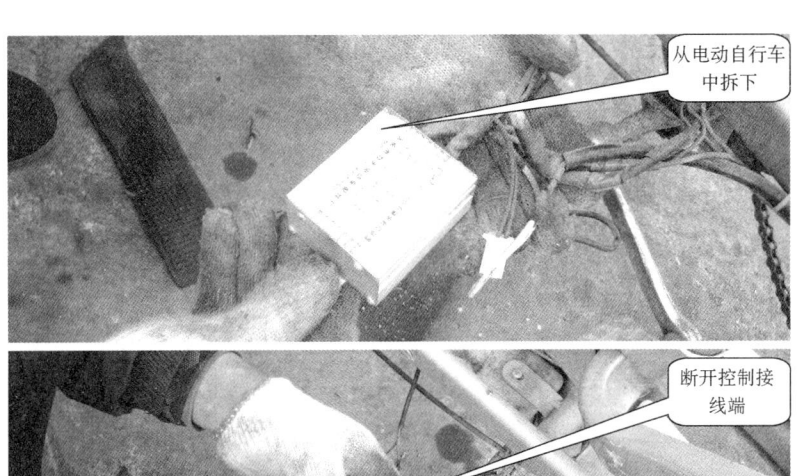

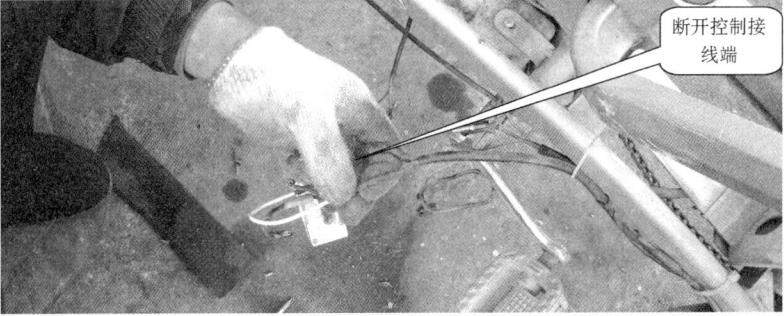

(a)将控制器从电动自行车中拆出

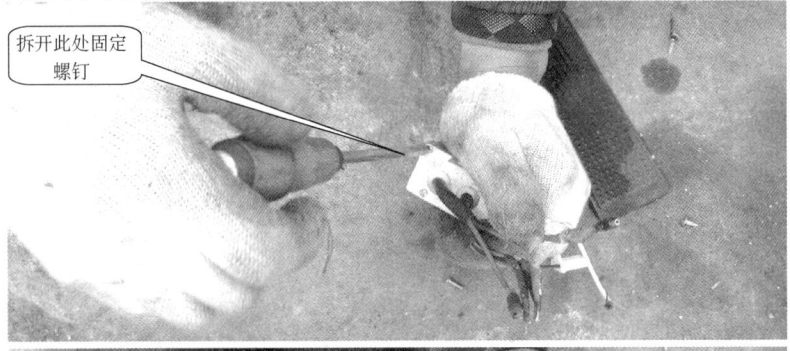

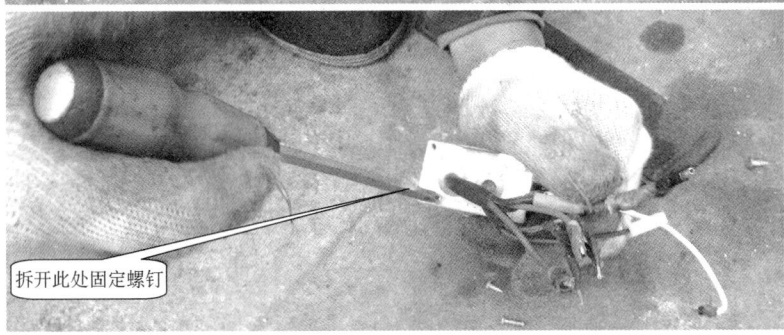

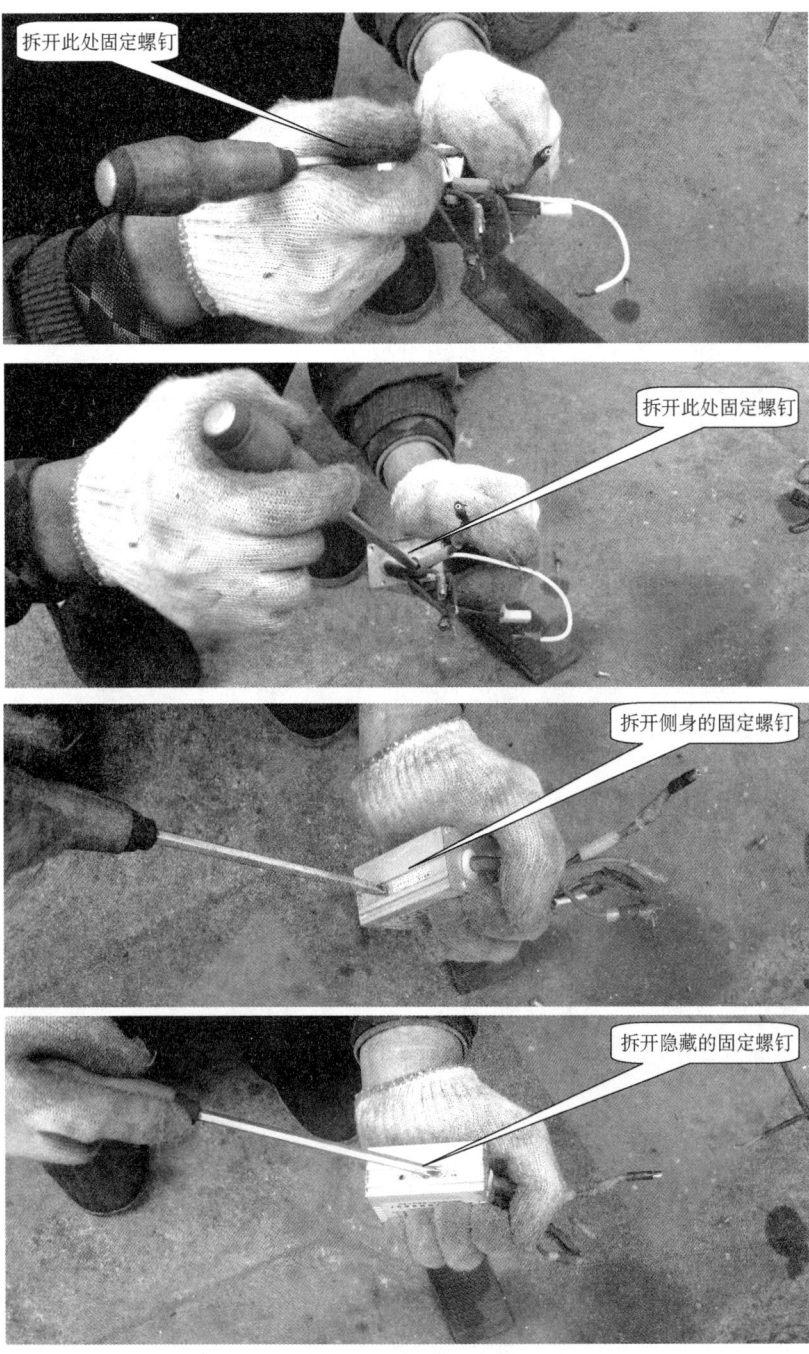

(b)拆开控制器的固定螺栓

图 4-47 拆开控制器

(4)如图 4-48 所示,测量+12 V 滤波电容 C11 两端无电压,再检查 VT3 的集电极电压接近蓄电池电压,VT3 的基极电压近似于零,原因可能有两个,一是本身故障;二是上端元件开路。

图 4-48　检测滤波电容和三极管

(5)依次检查 R35、C13 均正常,再检查 IC3,检查发现 IC3(TL431)损坏。更换 IC3 后,+12 V 电压恢复正常。

若要保证控制器向电动机提供驱动电压,应满足以下条件:①蓄电池电量充足;②调速转把和闸把开关正常;③控制器内部电路能够正常工作,如稳压电路正常产生+12 V 电压,IC1 能够产生 PWM 激励脉冲信号,电动机驱动电路能将脉冲信号转化为驱动脉冲电压。

【例2】指示灯显示正常,而电动机不转

故障现象:

该电动自行车有刷控制器指示灯显示正常,而电动机不转。

故障检修:

(1)如图 4-49 所示,首先断开闸把开关连线,转动调速转把,电动机故障依旧。测量调速转把无+5 V 电压供电。

(2)调速转把的+5 V 供电电压由 IC1 内部的基准+5 V 电压产生电路形成,并从⑭脚输出。此时拆开控制器,再测量 IC1 的⑭脚无电压,如图 4-50 所示,⑫脚供电正常,表明 IC1 损坏。更换 IC1 后,测量调速转把+5 V 供电电压正常。

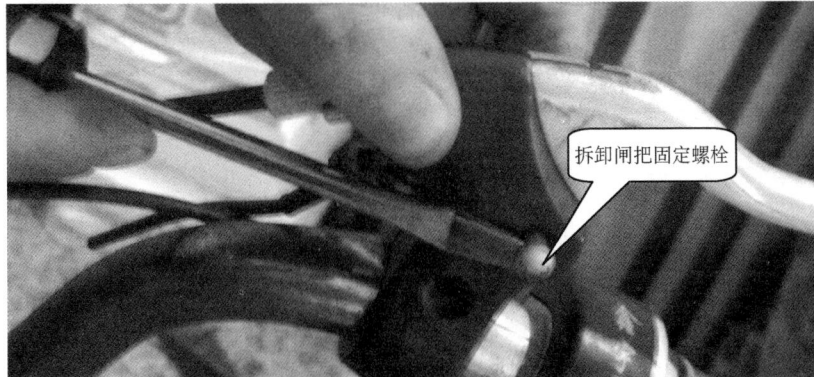

拆卸闸把固定螺栓

断开闸把开关线

(a) 断开闸把开关线

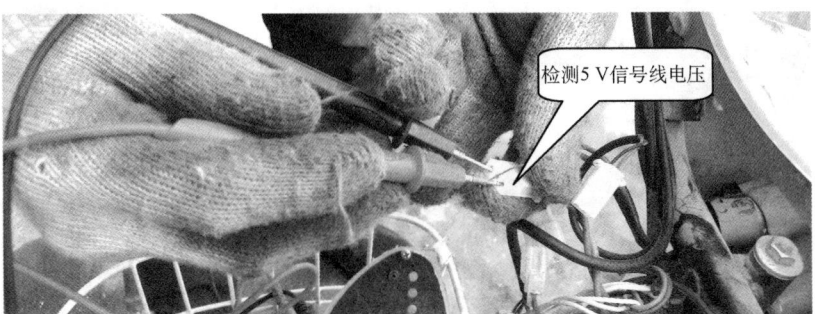

检测5 V信号线电压

(b) 测量5 V信号线电压

图 4-49　检测闸把及闸把信号电压

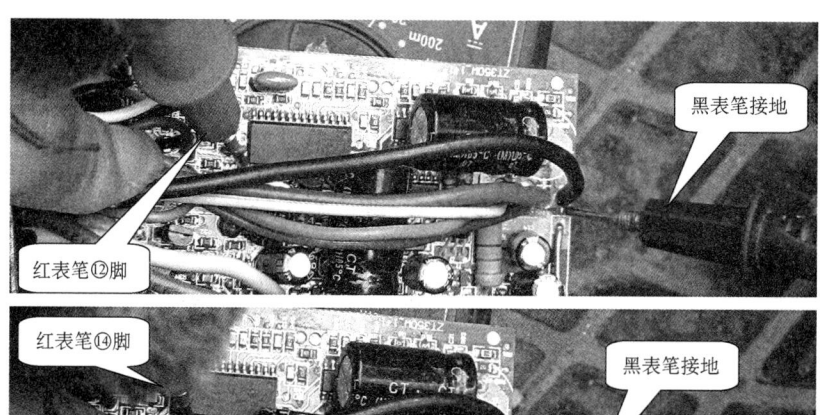

图 4-50　检测 IC1 ⑫脚、⑭脚

该电动自行车控制器指示灯正常,表明蓄电池组电压和控制器内的 +12 V 稳压电路均正常。应检查闸把、调速转把、控制器内部的控制电路和驱动放大电路,并更换损坏的元件。

【例 3】通电后电动机自动运转

故障现象:

该电动自行车有刷控制器通电后电动机自动运转。

故障检修:

(1)首先断开调速转把连接线,通电后电动机仍旧自动运转,这时握下闸把,电动机停止转动,表明调速把及控制器内的电动机驱动电路基本正常。

(2)如图 4-51 所示,测量 IC1 的②脚电压偏高,由于调速转把已断开,表明限速电路有故障。

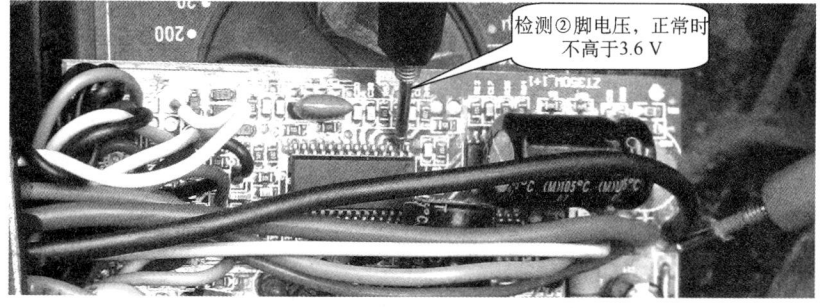

图 4-51　检测 IC1 ②脚电压

(3)检查可调电阻 R14 发现接地端开路。更换电阻 R14 后,故障排除。

造成电动机自动运转的原因有调速转把损坏,信号控制电压异常,控制器内的控制电路或驱动放大电路异常。

本例故障是可调电阻 R14 接地端开路造成的。

【例 4】无电动机驱动电压输出

故障现象:

该车有刷控制器无电动机驱动电压输出。

故障检修:

该电动自行车有刷控制器电路如图 4-52 所示。

(1)首先测量蓄电池电路,正常。断开闸把开关,测量控制器仍无驱动电压输出,如图 4-53 所示。

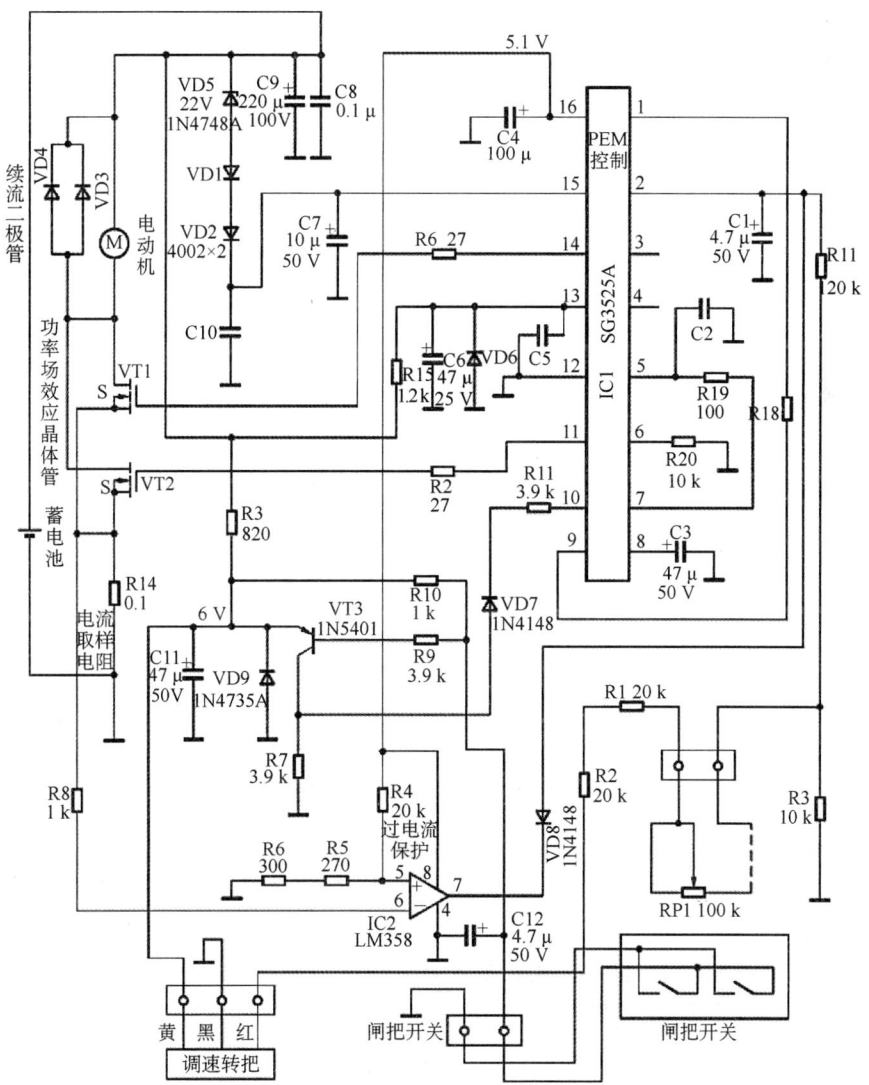

图 4-52 电动自行车有刷控制器电路

图 4-53 检测控制器无输出

(2)测量调速把能输出正常的信号控制电压,检查限速调节电位器 RP1 也正常(位置如图 4-54 所示),表明故障在控制器内部。

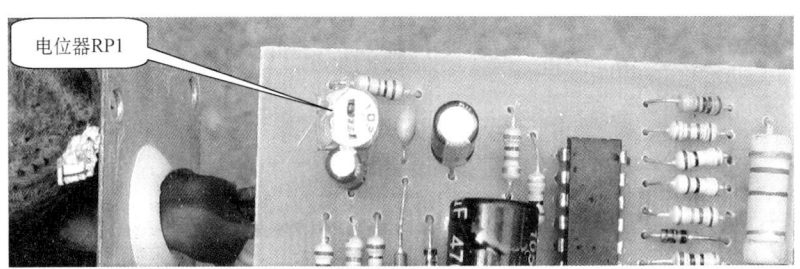

图 4-54 电位器

(3)测量 IC1 的 ⑮ 脚电压正常,⑯ 脚有基准 5.1 V 电压输出,⑬ 脚的输出级供电电压也正常,但 ⑪ 脚和 ⑭ 脚无激励脉冲电压输出,检测方法见前例。

(4)再对 IC1 的其他引脚进行检查,发现 ⑧ 脚电压过低,⑧ 脚外接软启动电容 C3,经检查发现软启动电容 C3 短路。更换电容 C3 后,控制器能够正常输出电动机驱动电压。

【例 5】有刷电动机飞车

故障现象:

支起该车主支架,打开电源开关,电动机高速转动,手握闸把,车轮仍转动不停。

故障检修:

(1)首先关闭电源开关,再将调速转把控制线拔下,如图 4-55 所示,然后打开电源开关,电动机仍转动不停,表明控制器有故障。

(2)拆下控制器,用万用表检查,发现控制器内部的 MOS 管击穿短路,由于无法配到同型的 MOS 管,只能更换控制器。

图 4-55　断开调速转把控制线

【例 6】电动机飞车,手握闸把车轮停止转动

故障现象:

支起该电动自行车主支架,打开电源开关,电动机高速转动,手握闸把车轮停止转动。

故障检修:

(1)关闭电源开关,将调速把控制线拔下,然后打开电源开关,电动机停止运转,表明控制器正常。

(2)装复调速把控制线,打开电源开关,电动机仍转动不停,表明调速把控制器或其控制线断路或插接器接触不良。检查控制线未发现断线,调速把也无异常,分别短接插接器输出、输入的霍尔线,转速控制线和接地线。当短接接地线时,电动机停止运转。拆开插接器,发现内部严重锈蚀,如图 4-56 所示。

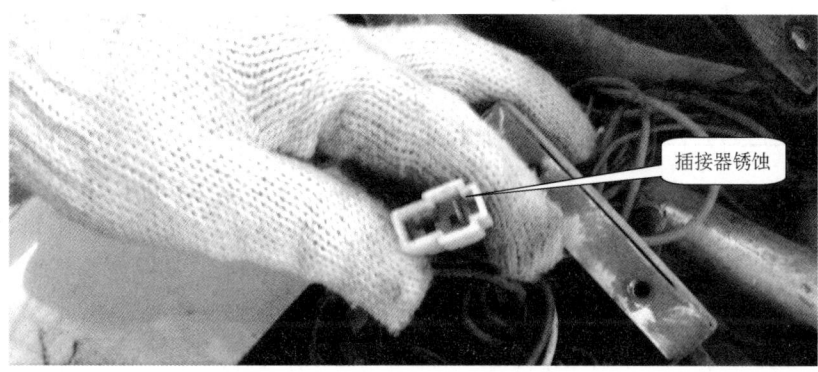

图 4-56　插接器锈蚀

(3)更换一只新的插接器,故障排除。

【例 7】有刷电动机运转无力

故障现象:

该电动自行车空载调速正常,骑行无力。

故障检修:

该电动自行车电路如图 4-57 所示。

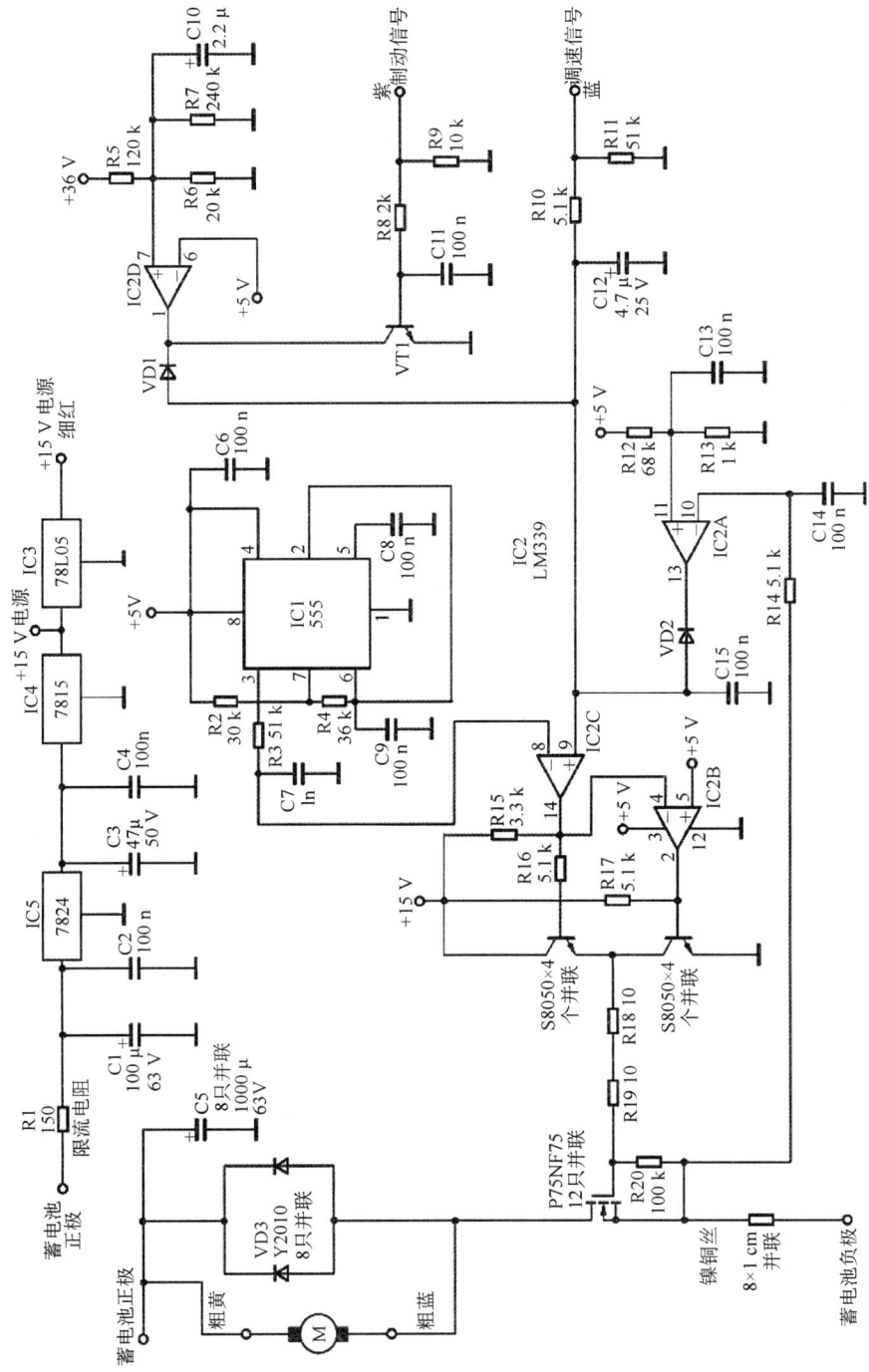

图 4-57 电动自行车电路

(1) 支起电动自行车主支架，手握调速把加速正常，但无法起步。用手触及控制器外壳感觉热度不大，表明控制器内部限流功能失调。

(2) 拆开控制器，测量限流电路，发现限流电阻 R1 虚接。如图 4-58 所示，重新焊接限流电阻，故障排除。

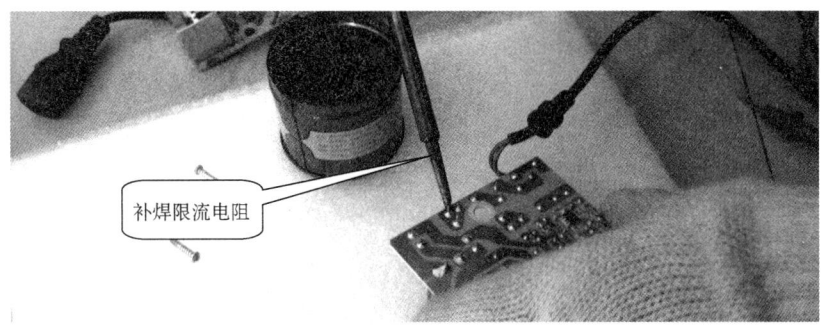

图 4-58 补焊限流电阻

> 控制器限流作用是当电流达到某一数值时,启动限流功能,电流限制在一定范围内,从而达到电动机、蓄电池和自身保护的多重功能。
>
> 由于限流电阻虚焊,限流功能起作用,无法使电动机达到正常电流,从而使电动机运转无力。

【例8】自行车在行驶中突然飞车

故障现象:

手握电动自行车调速转把匀速行驶时,行驶速度突然加快,将调速转把调回到最小位置,车速丝毫没有减弱,关闭电源开关,飞车才得以停止。

故障检修:

(1)打开电源开关,电动机高速运行,拔下调速转把插接器(即将调速转把引线脱离电路),电动机飞车停止,表明飞车不是控制器损坏导致的。

(2)检查调速转把引线,未发现其电源线与信号线有短接现象。如图4-59所示,用万用表R×1挡测量黑色接地线,也未发现有断路现象。最后将调速转把插接器重新插好,打开电源开关,电动机飞车停止。

图 4-59 将插接器重新插好

当将调速转把捆绑在铁架上时,电动机出现飞车,表明插接器有故障。

(3)如图4-60所示,用万用表R×1挡测得该插接器两端的黑色线间的电阻为无穷大。拔下插接器,发现与黑线相连的触片松动。用平口螺丝刀压挤触片,使之接触到位,故障排除。

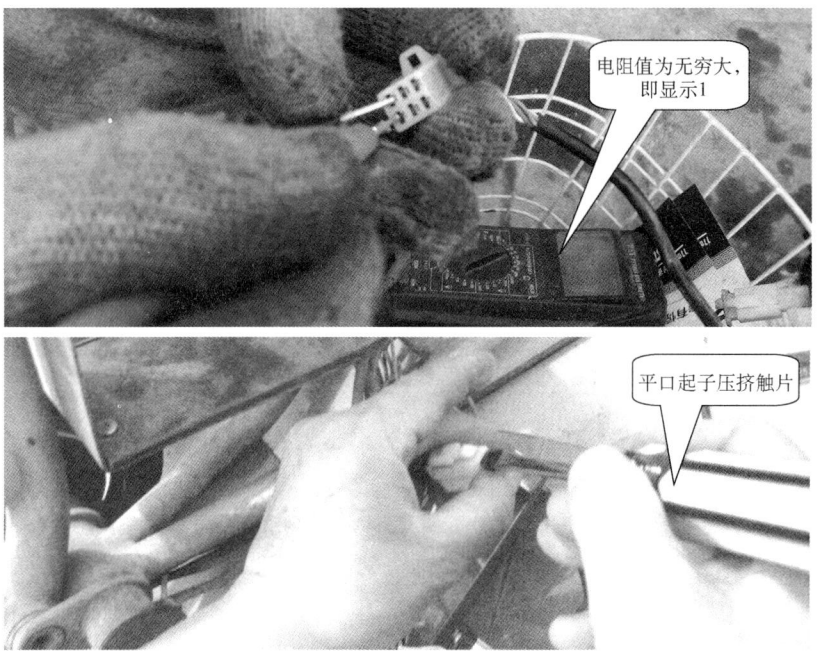

图 4-60　插接器故障检测

【例9】电动自行车转动调速转把,电动机不转动

故障现象:

打开电动自行车电源开关,转动调速转把,电动机不转动。

故障检修:

(1)如图4-61所示,首先用万用表电压挡测量控制器的输入电压为48 V,再测电动机相线与控制器间无电压,表明控制器或其控制线路有故障。

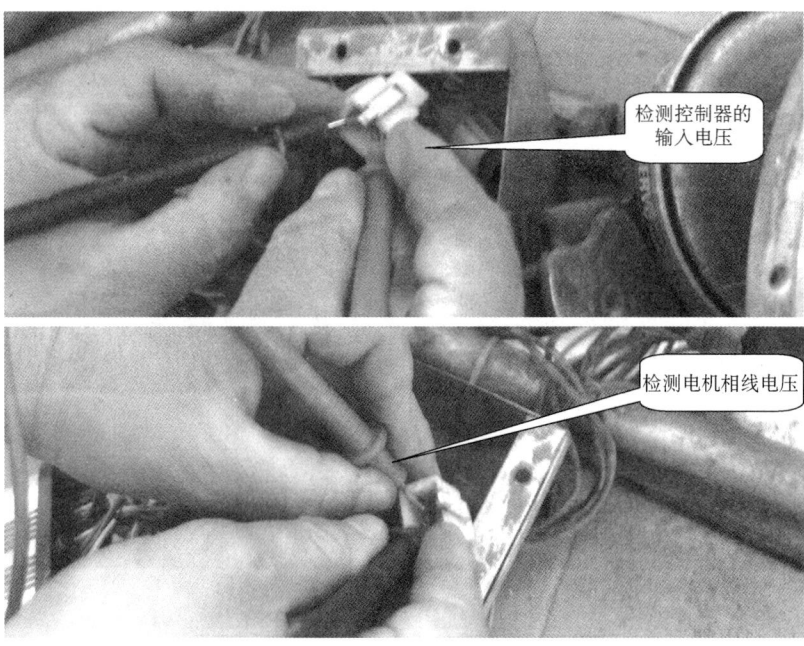

图 4-61　检测控制器和电机的输入电压

(2)断开闸把开关的插接器并转动调速转把,电动机不转。用一只性能良好的调速转把替换,故障依旧,表明控制器有故障。更换一只同型号的控制器,故障排除。

◇训练 2:无刷控制器故障维修

【例 1】电源指示灯亮,转动调速转把时无刷电动机不转

故障现象:
打开该车电源开关,电源指示灯亮,转动调速转把时电动机不转。

故障检修:
(1)打开电源开关并转动调速转把,用万用表测得电动机主相线的电压特别小(此检测结果对于有刷、无刷控制器相同),表明控制器、闸把开关、调速转把和线路异常。
(2)如图 4-62 所示,分别将左、右闸把脱离电路,电动机依然不转。

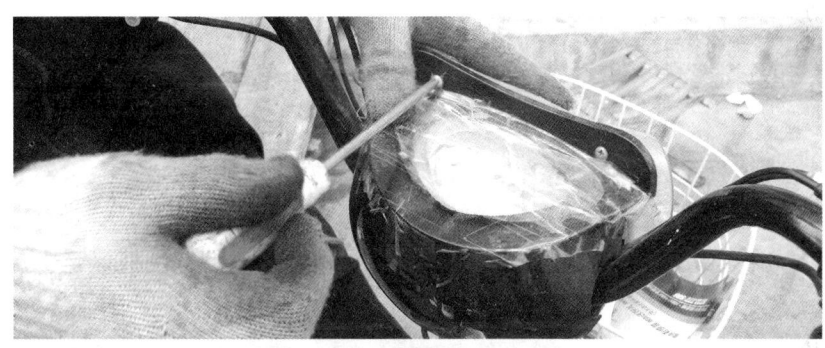

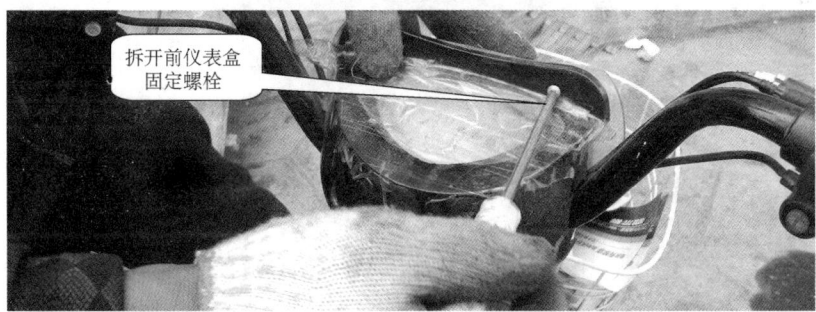

图 4-62 将左、右闸把线脱离电路

(3) 用万用表测得调速转把电源线电压为 5 V,其输出电压可在 1～4.8 V 变动,表明调速转把正常。

(4) 最后检查插接器和线路,也未发现异常,表明控制器有故障。拆开控制器检查,发现电路板上有一处断裂。补焊效果不好,直接更换控制器。

> 打开电源开关,电源指示灯亮,表明故障不在电源电路,而是在电动机、控制器、调速转把闸把开关、电动机控制电路的插接器或弹头与弹壳接触不良或断开。

【例 2】电动自行车出现飞车,握下制动闸把时飞车停止

故障现象:

该电动自行车出现飞车,握下制动闸把时飞车停止。

故障检修:

(1) 首先关闭电源开关,拔下调速转把与控制器的连接插头。

(2) 打开电源开关,车轮不转动,表明控制器正常,故障在调速转把及其线路上。更换一只同型号的调速转把,插上调速转把与控制器的连接插头,打开电源开关,车轮仍然飞速旋转。这时,用万用表测得调速转把电源电压和输出控制信号电压都为 4.8 V,霍尔元件接触地线的对地电压为 1.3 V,如图 4-63 所示,表明调速转把接地线断路。最后,拔下调速转把与控制器间的插接器,发现其触头和弹簧片严重锈蚀。

(3) 用砂纸打磨插接器锈蚀处,使其接触正常,故障排除。

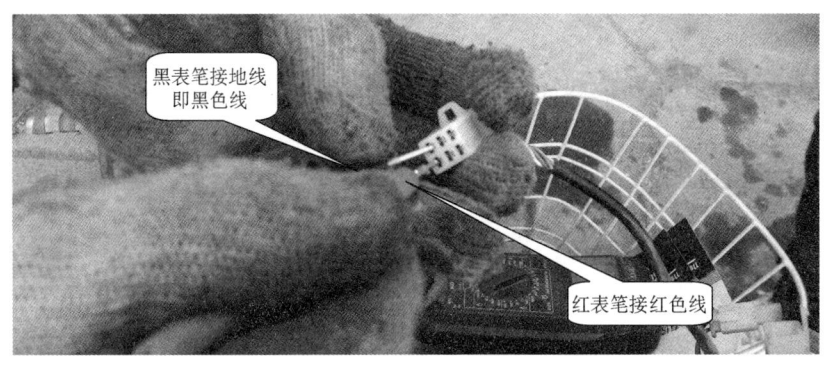

图 4-63 检测霍尔元件的对地电压

【例 3】电动机不转

故障现象:

打开该电动自行车电源开关,转向灯和前照灯工作正常,而无刷电动机不转动。

故障检修:

(1) 如图 4-64 所示,首先用数字万用表直流电压 200 V 挡,把红表笔接电动机较粗的黄色相线,黑表笔接电动机霍尔黑色接地线,打开电源开关并转动调速转把,测量控制器的驱动电压,数字万用表读数为零,表明控制器无驱动电压(控制器驱动电压正常值一般在 18～28 V,不同的控制器驱动电压也有所区别)。

(2) 接着让红表笔接控制器电源输入线,黑表笔接控制器上的黑色接地线,所测得电压为 47.9 V,如图 4-65 所示,表明控制器输入电压正常。

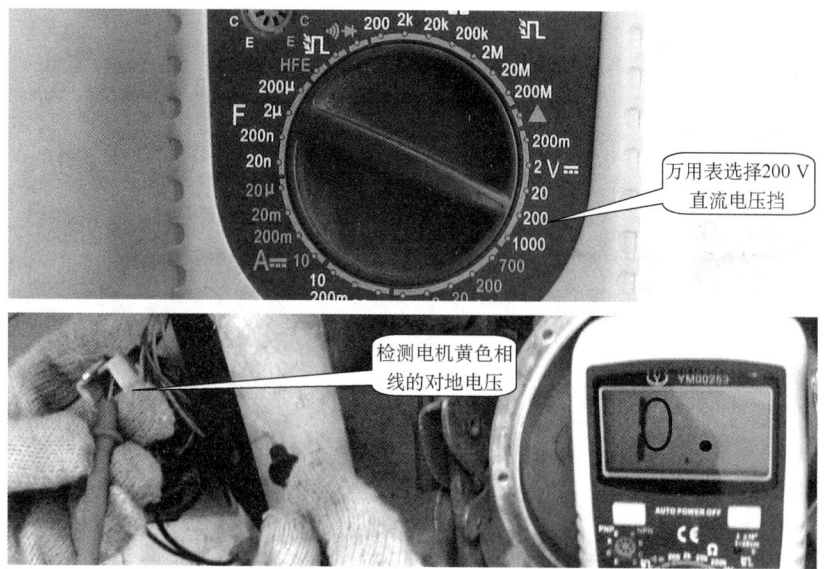

图 4-64　检测电机黄色相线对地电压

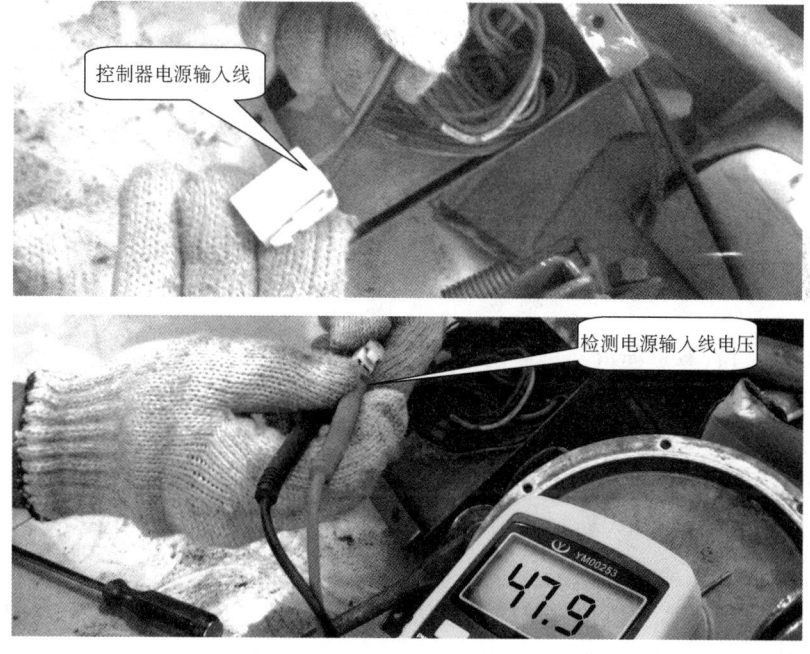

图 4-65　检测控制器电源输入线电压

(3)如图 4-66 所示,将机械常开闸把开关与控制器间的引线从插接器处拔下。转动调速转把,电动机故障依旧,表明电动机不转不是因闸把开关损坏造成的。

(4)最后,选择数字万用表的直流电压 10 V 挡,让黑表笔接地,红表笔接调速转把信号线,缓缓转动调速转把,万用表显示值可在 1～4.2 V 变化,表明调速转把正常,而故障在控制器。更换控制器,故障排除。

图 4-66 脱开闸把开关与控制器的插接器

【例 4】电动自行车更换调速转把后出现飞车

故障现象：

用一只新的调速转把将原调速转把替换，替换后打开电源开关，电动机就高速转动，无法控制。只有断开电源开关，电动机才停止转动。

故障检修：

首先检查调速转把插接器，发现车主因无法将新调速转把与控制器上的插接器插上，于是剪去两侧插接器并按导线颜色对接好。打开电源开关，电动机飞车。接着将调速转把引线脱离电路，并将所接的导线脱开。当拆开红色电源线时发现该线有两根细铜丝与黄色信号输出线相连。用剪刀将铜丝切断后，飞车现象消失。重新将线分别包扎好，两线不可相交。

> 由于用户将红色与黄色线包扎在一起，两根细铜线将它们短接，从而导致电动机飞车。

【例 5】电动自行车更换电动机后出现时转时停现象

故障现象：

该电动自行车更换电动机后，出现时转时停现象。

故障检修：

(1) 首先打开电源开关，转动调速转把，发现电动机时转时停。拔下闸把插头，故障依旧。

(2) 如图 4-67 所示，拆出控制器逐个拔插插接器，没有发现异常。试换上一只同型号控制器，故障现象消失，表明故障在控制器。

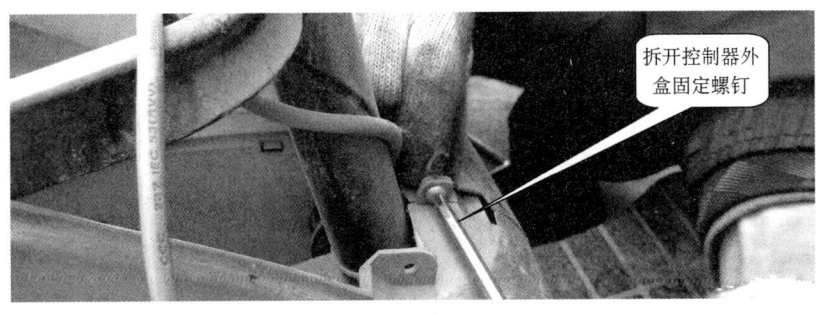

拆开控制器外盒固定螺钉

第四日 控制器的检测及故障检修

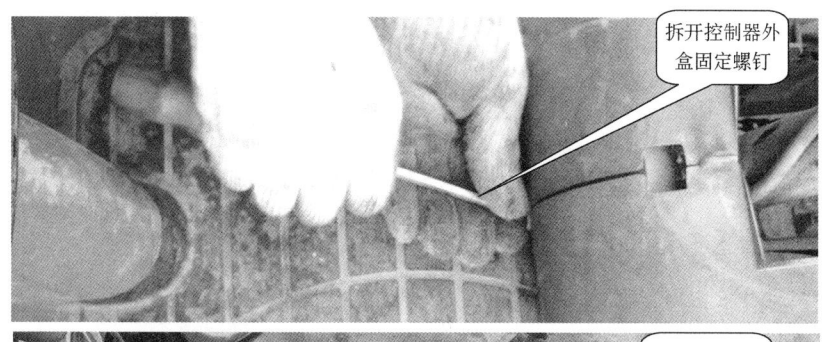

拆开控制器外盒固定螺钉

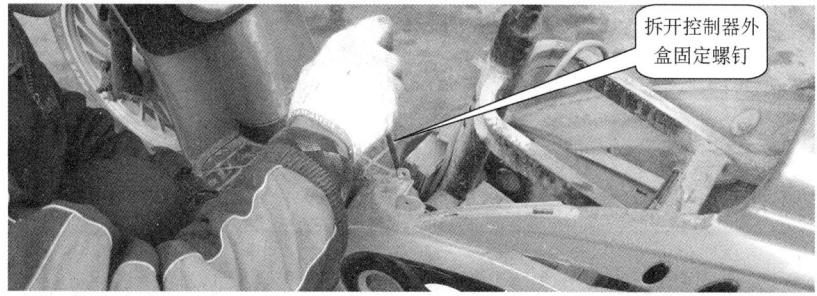

拆开控制器外盒固定螺钉

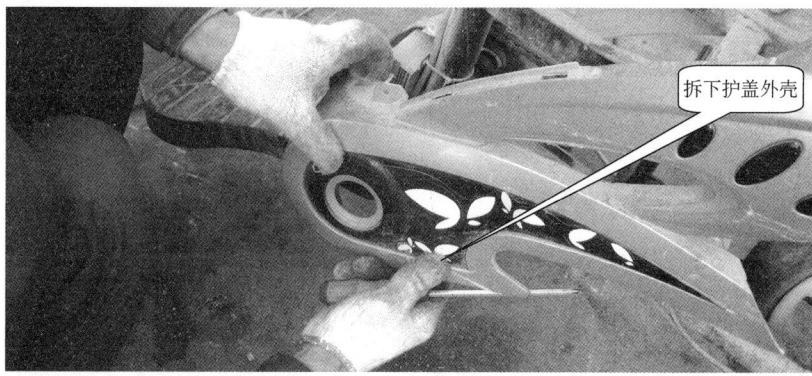

拆下护盖外壳

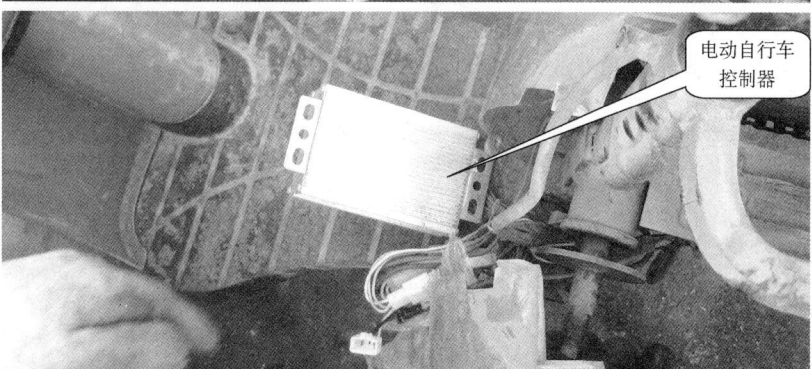

电动自行车控制器

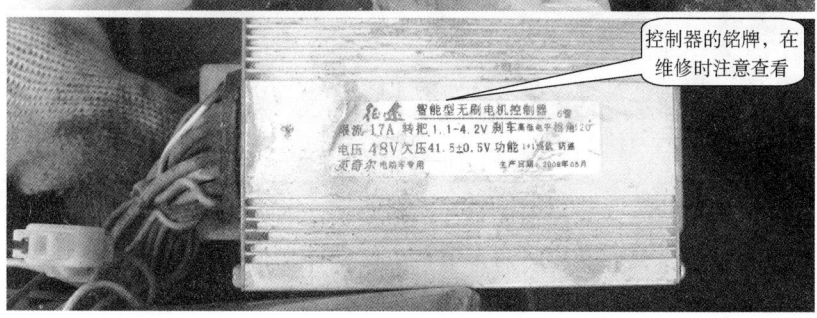

控制器的铭牌，在维修时注意查看

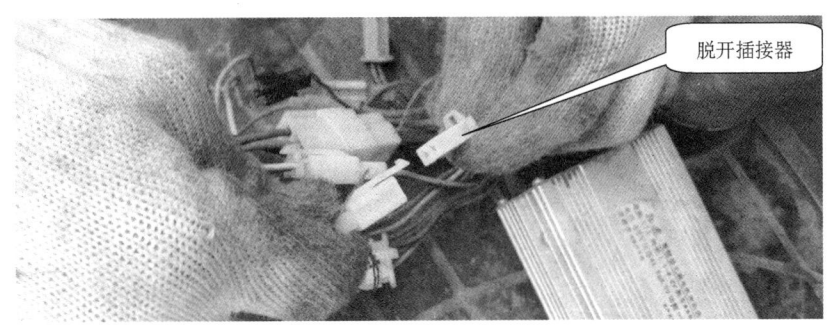

图 4-67　拆出控制器

(3) 把控制器卸下来，用电烙铁把控制器电路板上的元器件逐个重新焊一遍，故障排除。

> 更换电动机后出现时转时停故障，其原因一般是某些元器件或线路出现接触不良引起的。该车更换过电动机，可能是更换的电动机有问题，或在更换电动机过程中某些插头没有插好而引起接触不良，经震动后出现新故障。

【例 6】电源打开，车轮随即转动，握下制动闸把，车轮停止转动

故障现象：

打开该车电源开关，车轮随即转动。转动调速转把车轮加速不明显，握下制动闸把，车轮停止转动。

故障检修：

(1) 打开电源开关，车轮以恒速转动，拔下调速转把与控制器之间的插接器，车轮停止转动，表明控制器正常，怀疑调速转把有问题。

(2) 如图 4-68 所示，拆开调速转把通电，用万用表电压挡，黑表笔接地线，红表笔接调速转把的电源线，测得电压为 5 V，即正常。转动调速转把，用红表笔接调速转把信号线，黑表笔不动。测量发现，无论调速转把转到什么位置，信号线输出电压（始终在 2 V 左右）都没有变化。

图 4-68　检测闸把电源电压

(3) 用红表笔测量调速转把霍尔信号线的电压为零，说明地线接触良好；调速转把信号电压没有变化，表明调速转把磁钢脱落。更换一只调速转把，故障排除。如图 4-69 所示。

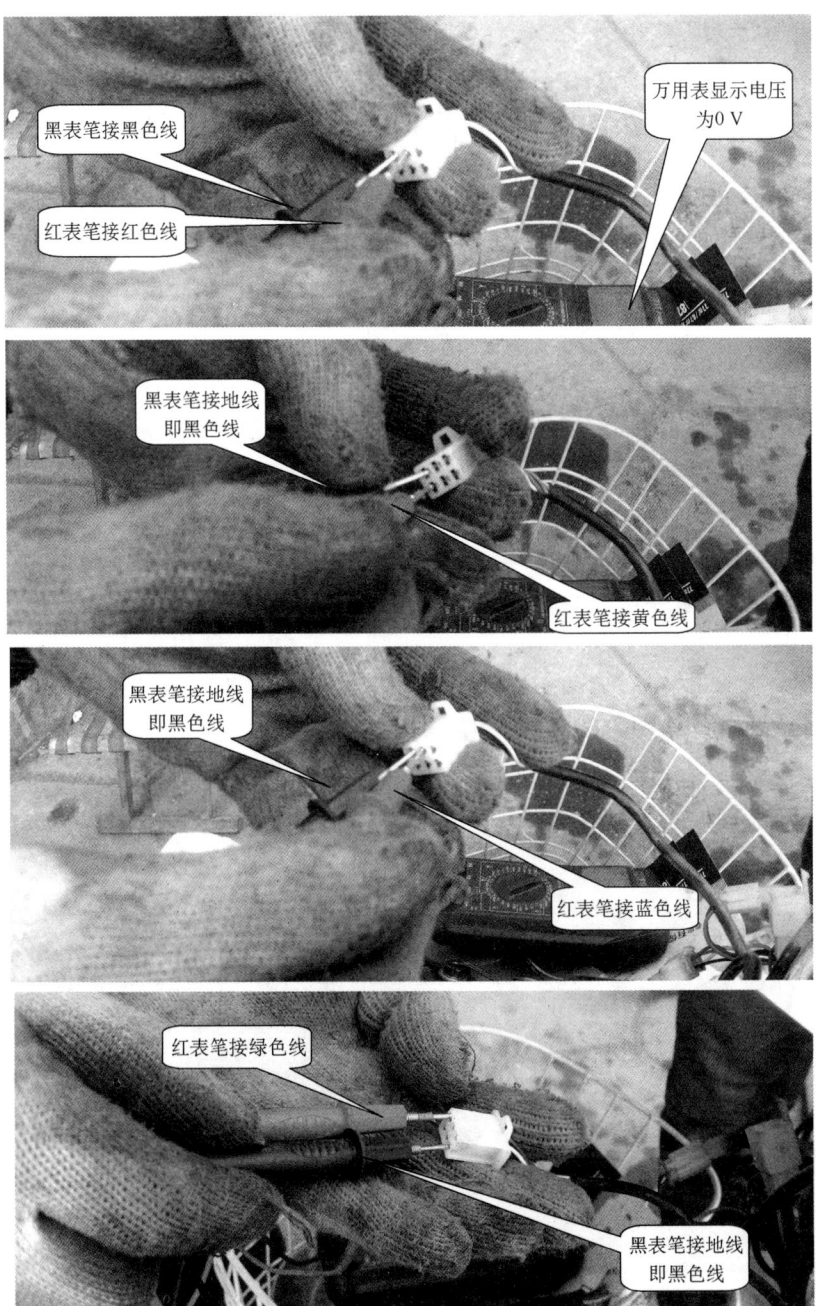

图 4-69 检测霍尔元件信号电压

在调速转把控制下,电动机转速不增加的故障与调速转把、电动机、控制器都有关系,任何一部分出现故障,都可能造成电动机恒速运转。

在修理中若怀疑调速转把有问题,可给它单独加上 5 V 电压,用手一边转动调速转把,一边用万用表测量调速信号线上的电压。如果有由高变低(4.8~1 V)或由低变高(1~4.8 V)的电压输出,表明调速转把良好。如果没有上述电压变化,或电压固定为某数值不变,则表明调速转把磁钢脱落或退磁,不能继续使用。

【例7】电动自行车途中突然抛锚,电动机无法转动。

故障现象:

该电动自行车途中突然抛锚,电动机无法转动。

故障检修:

首先打开电源开关,测得控制器输入电压是 48 V,表明蓄电池、电源开关、熔断器等及其电路是正常的。测量控制器输出电压失常(正常值为 5 V)。接着检查调速转把未发现异常,表明控制器有故障。更换控制器,故障排除。

> 电动自行车途中突然抛锚,具有突然性而没有次序性的变化过程,表明电动机或其控制电路某处出现断路故障。
> 霍尔元件引脚、蓄电池引线或熔断器突然断开在维修中比较常见。

【例8】电动自行车行驶中出现"顿、闯"

故障现象:

该电动自行车行驶中出现"顿、闯"现象。

故障检修:

(1)首先打开电源开关,使电动机处于旋转状态后进行检查,如图 4-70 所示,仪表盘上的电源指示灯亮,表明电源供电电路正常。

图 4-70 检测供电电路

(2)接着检查控制器的输入电压正常,调速转把电源电压也正常,此测量方法如前文所述,调速转把信号线输出电压可在 1~4.8 V 的范围内变化,表明调速转把正常。旋转调速转把,测量控制器向电动机输出的电压为零。

(3)然后拔下电动机与控制器间的插接器,并测得控制器向电动机输出的电压仍为零。最后将闸把开关脱离电路,试车,电动机平稳有力,表明闸把开关损坏。更换一只同规格的闸把开关,故障排除。

造成行驶中出现"顿、闯"故障的原因有以下几点。
(1)控制器与外部元器件的连接线或插接器接触不良。
(2)制动闸把开关触点接触不良或闸把制动后开关触点不能及时回位。
(3)调速转把失常。
(4)控制器内部元件接触不良或损坏。
(5)电动机故障。

【例9】转动调速转把而电动机不转动

故障现象：

打开电动自行车电源开关，转动调速转把而电动机不转动。

故障检修：

(1)首先打开电源开关，测得控制器的电源输入电压正常(蓄电池电压)，接着测得闸把开关和调速转把上的 5 V 电源电压也均正常。拔下闸把开关并测量，未发现异常，转动调速转把，测得控制器输出电压(即电动机输入电压)为零。更换一只同型号的控制器后加电试验，故障依旧。

(2)取一只新的调速转把加电试验，旋转调速转把，电动机正常转动。换回原控制器并装好，再次加电试验，一切正常，表明原调速转把损坏。更换一只调速转把，故障排除。

由于调速转把使用时间较长，内部磁钢退磁，导致调速转把输出信号线电压较低。

第五日 蓄电池的检修及修复

项目1：初识电动自行车蓄电池

◇课程1：蓄电池的分类及工作原理

蓄电池是电动自行车的动力部分，目前常用的蓄电池有以下几种。

1. 铅酸蓄电池

目前大多数电动自行车使用的都是铅酸蓄电池，它性能可靠，生产工艺成熟，价格较低，免维护。其实物外形如图5-1所示，其性能指标行业标准见表5-1。

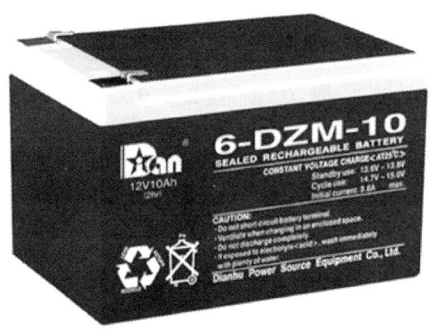 

图5-1 铅酸蓄电池

表5-1 电动自行车用密封铅酸蓄电池性能指标行业标准（JB/T 1062—2001）

项目	试验方法	指标要求
2 h率容量	放电温度：(25 ± 2)℃ 放电终止电压：1.6 V/单格 放电电流：$0.5\ C_2$(A)	第三次前应达100% C_2
荷电保护特性	充足电后存放在(25 ± 2)℃的环境中放置28天	剩余容量不应低于放置前85%
过放电特性	充足电的蓄电池以放电初期电流为$(1.2\pm0.12)C_2$(A)的定电阻连续放电21天，重新用2.4 V/单体的恒压电压充电24 h，后做容量试验	容量不低于额定容量的75%
低温容量	充足电的蓄电池置于(-10 ± 1)℃的低温环境中保持10 h后	实际放出容量不低于额定容量的70%

续表

项目	试验方法	指标要求
过充电特性	充足电的蓄电池在 25 ℃下,以 0.24 I_2(A)电流连续充电 48 h,检查外观,并作 2 h 率容量试验	实际放出容量不低于 95% C_2,外观无漏液,无明显异常
密封反应效率	充足电的蓄电池在 15～35 ℃环境中,以 0.2 I_2(A)电流连续充电 48 h,然后再以 0.1 I_2(A)电流连续充电 29 h,以改变电流的第 25 h 开始收集气体 5 h,计算其密封反应效率	密封反应效率不低于 90%
循环寿命特性	(25±5)℃环境中以 1 I_2(A)电流放电 1.4 h,然后以恒压 16 V(12 V 蓄电池),限流 0.3 C_2(A)充电 5.6 h,反复充放电,到 3 次平均单格电压低于 1.6 V 时为寿命终止	循环寿命不低于 350 次

2. 胶体铅酸蓄电池

胶体铅酸蓄电池是铅酸蓄电池的改进型,它适合在我国气候寒冷地区(如东北)使用。胶体铅酸蓄电池用胶体电解液代替硫酸电解液,在安全性、蓄电量、放电性能和使用寿命等方面较普通铅酸蓄电池都有所改善,胶体铅酸蓄电池实物外形如图 5-2 所示。

图 5-2 胶体铅酸蓄电池

它的优点有:采用凝胶状电解质,内部无游离的液体存在,在同等体积下电解质容量大、热容大、热消散能力强,能避免一般铅酸蓄电池易产生的热失控现象;电解质浓度低,对极板腐蚀弱;浓度均匀,不存在酸分层现象。

3. 镍氢蓄电池

镍氢蓄电池和镍镉蓄电池同属碱性蓄电池,只是以金属氢化物(MH)取代镍镉蓄电池中的负极材料镉 Cd,电动势仍为 1.32 V。它具备镍镉蓄电池的所有优异特性,而且能量密度还高于镍镉蓄电池,其外观如图 5-3 所示。

主要优点是:比能量高,一次充电可行驶的距离长;功率高,在大电流工作时也能平稳放电(加速爬坡能力好);低温放电性能好;循环寿命长;安全可靠,免维护;无记忆效应;对环境不存在任何污染问题。镍氢蓄电池的缺点是成本高,价格昂贵。

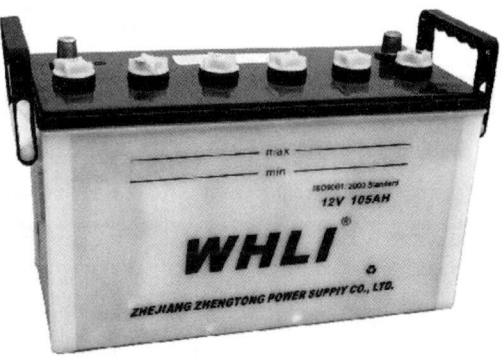

图 5-3 镍氢蓄电池

4. 锂离子蓄电池

锂是世界上最轻的金属。锂离子蓄电池被普遍认为具有如下的优点：比能量大，功率高，自放电小，无记忆效应，循环特性好，可快速充电，效率高，工作温度范围宽，无环境污染等。目前已经有采用锂离子蓄电池的电动自行车出售，锂离子蓄电池实物外形如图5-4所示。虽然锂离子蓄电池目前价格比较贵，但有较大降价空间，应该大力提倡。

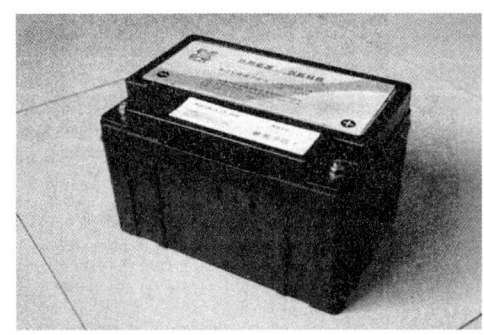

图5-4 锂离子蓄电池

下面从最为常见的铅酸蓄电池为例，讲解它的构造及工作原理。

常见的铅酸蓄电池由正负极板、隔板、电解液、电池槽、连接条、安全阀、外壳、接线端子等构成，如图5-5所示。

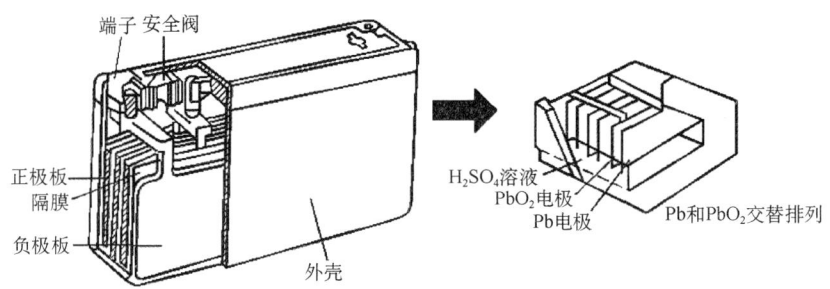

图5-5 铅酸蓄电池构成示意图

(1) 极板

极板有正极板和负极板，由活性物质和用于支撑的导体板栅组成，是蓄电池的核心部件。

正极板的活性物质为二氧化铅(PbO_2)，颜色为棕色、红棕色、棕褐色；负极板活性物质为海绵状金属铅(Pb)，颜色为灰色或深灰色、浅灰色。板栅一般由强度大的铅锑合金、低锑合金或超低锑合金和铅钙合金(实际上是铅—钙—锡—铝四元合金)三种合金构成。

铅酸蓄电池的极板有形成式极板、半形成式极板和涂浆式极板三类。目前电动自行车蓄电池采用的是涂浆式极板。涂浆式就是将铅的氧化物研磨成粉，再用稀硫酸搅拌成糊状的涂浆，填充到板栅内构成极板。随后，将极板浸入盛有稀硫酸的容器中，经过电化作用氧化成为正极板和负极板。

蓄电池采用的极板数量与容量大小成正比，常见的极板数量有11片、13片、15片和17片等多种。

(2) 隔离板

隔离板由塑料、橡胶、复合玻璃等耐腐蚀的绝缘材料构成，安装在蓄电池正、负极之间，用来防止正、负极短路。为了实现氧化还原反应和导电,隔离板上布满了通孔。

(3)电解液

电解液实际上就是把硫酸稀释变成的稀硫酸(H_2SO_4),它在充电期间参与化学反应,在供电期间起导电作用。目前电动自行车采用的电解液除了稀硫酸外,还有一种是利用隔板吸附稀硫酸后产生二氧化硅,从而在极板群两侧形成凝胶。虽然稀硫酸式电解液具有成本低、工艺简单的优点,但采用此类电解液的蓄电池寿命较短,所以应用越来越少,而凝胶式电解液虽然具有成本高、工艺复杂的缺点,但它的寿命长,所以应用越来越多。通常将利用凝胶式电解液构成的蓄电池称为胶体蓄电池。

(4)电池槽

和隔离板一样,电池槽也是由塑料、橡胶、复合玻璃等耐腐蚀的绝缘材料构成的,由于它是用来存储电解液的,所以它的容积大小和蓄电池容量大小成正比。

(5)安全阀

安全阀具有密封、防爆等作用。当蓄电池内部气体的压力因温度升高等原因超过 0.03~0.04 MPa 时,安全阀会自动打开释放气体,以免蓄电池因气压过高而引发爆炸。由于安全阀可阻止外部的气体进入,所以也有人将安全阀叫单向阀。

铅酸蓄电池内的正极活化物质是二氧化铅(PbO_2),负极活化物质是铅(Pb),浸到电解液(H_2SO_4)中,两极间会产生 2 V 的电力,这是根据铅酸蓄电池原理,经过充放电,阴阳极及电解液会发生如下的变化:

$$PbO_2 + 2H_2SO_4 + Pb \longrightarrow PbSO_4 + 2H_2O + PbSO_4 (放电反应)$$

$$PbSO_4 + 2H_2O + PbSO_4 \longrightarrow PbO_2 + 2H_2SO_4 + Pb (充电反应)$$

放电中的化学变化:

蓄电池连接外部电路放电时,稀硫酸即会与阴、阳极板上的活性物质产生反应,生成新化合物(硫酸铅)。经放电,硫酸成分从电解液中释出,放电愈久,硫酸浓度愈稀薄。所消耗之成分与放电量成比例,只要测得电解液中的硫酸浓度,也就是测其比重,即可得知放电量或残余电量。

充电中的化学变化:

由于放电时在阳极板、阴极板上所产生的硫酸铅会在充电时被分解还原成铅及过氧化铅,因此蓄电池内电解液的浓度逐渐增加,也就是电解液的比重增大,并逐渐恢复到放电前的浓度,这种变化显示出蓄电池中的活性物质已还原到可以再度供电的状态。

◇课程 2:影响蓄电池寿命和行程里程的因素

影响蓄电池寿命和行驶里程的因素有以下五个方面。

1. 蓄电池自身的性能和质量

电动自行车和蓄电池厂家众多,所装配和生产的蓄电池品种也很多,其性能和质量也各不相同。一般应选择国内著名品牌的蓄电池。名牌蓄电池有以下特点:

(1)容量大,比能量高;

(2)自放电率极低;

(3)循环寿命长;

(4)安全可靠。

2. 使用者的使用情况

用户正确使用蓄电池对蓄电池寿命影响很大,在日常使用和充电时要注意以下三个方面:①防止过放电;②防止过充电;③防止亏电存放。

3. 充电器的选择

电动自行车充电器按充电阶段分二段式和三段式。三段式充电器的性能优于二段式,但售价高。目前,二段式充电器在市场大量存在,建议选用三段式充电器。三段式智能定时充电器如图 5-6 所示。

图 5-6　三段式智能定时充电器

4. 控制器的设计与配套

电动自行车的行驶过程就是蓄电池的放电过程,而控制器控制着蓄电池的放电参数,控制器的限流保护值对蓄电池的寿命影响很大,所以控制器也是影响蓄电池寿命的重要因素。检测控制器的限流值如图 5-7 所示。

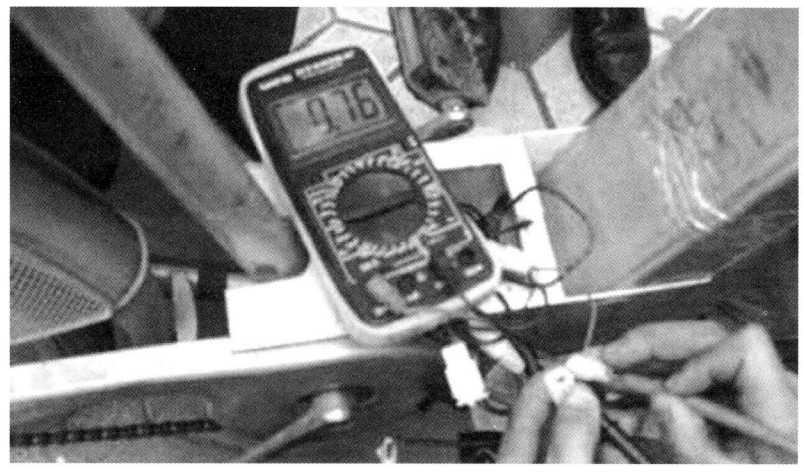

图 5-7　检测控制器的限流值

5. 电动机的工作状态

在使用过程中,要定期对电动机进行保养,如检查电动机碳刷和换向器是否损坏磨损,检查轴承是否损坏,磁钢是否损坏或脱落。检查电动机如图 5-8 所示。

图 5-8　检查电动机

项目 2:蓄电池的检测及修复

◇训练 1:蓄电池的拆解

(1)关闭整车电源,然后将电动自行车车座掀起,如图 5-9 所示。

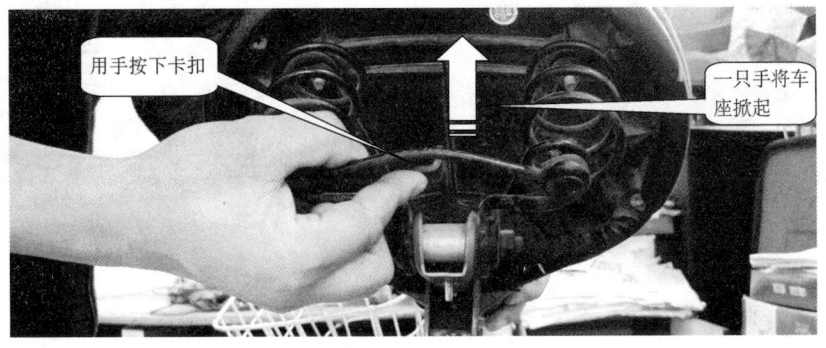

图 5-9　关闭整车电源

(2)打开蓄电池锁后将蓄电池连接线脱开,如图 5-10 所示。

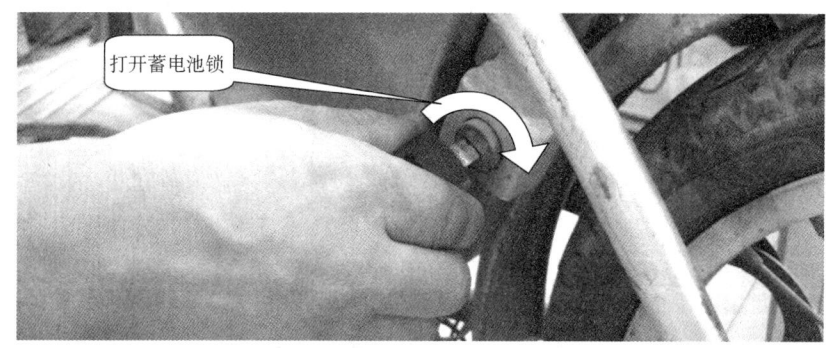

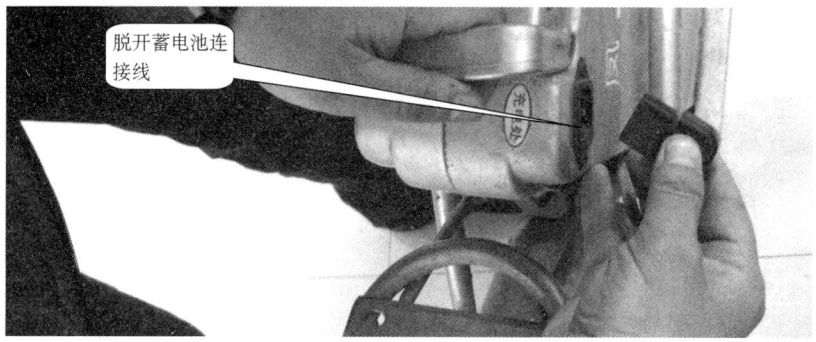

图 5-10　关闭蓄电池锁并脱开蓄电池连接线

(3)把蓄电池盒从电动自行车上取下,如图 5-11 所示。

(4)如图 5-12 所示,用螺丝刀拆下蓄电池盒固定螺钉,将蓄电池盒的固定板取下。

(5)如图 5-13 所示,再将蓄电池提手的固定螺钉拆下,将其取下。

图 5-11　将蓄电池取下

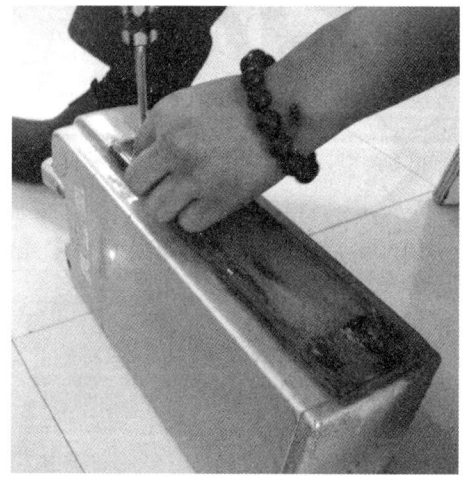

图 5-12　拆下蓄电池盒固定螺钉

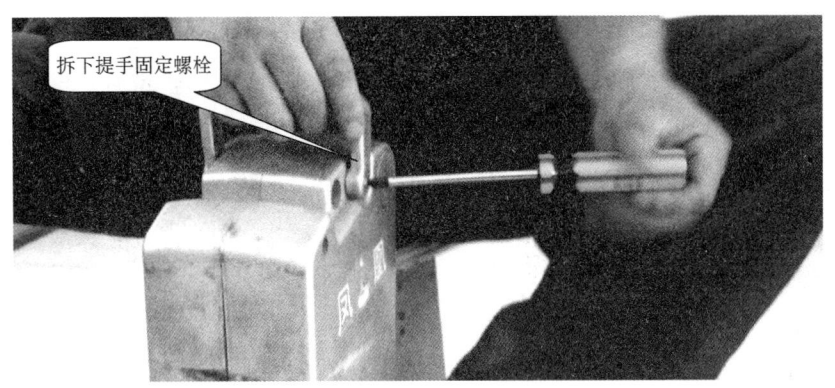

图 5-13　拆下蓄电池提手

(6) 如图 5-14 所示,拆下蓄电池盒四周的固定螺栓,并打开蓄电池盒。

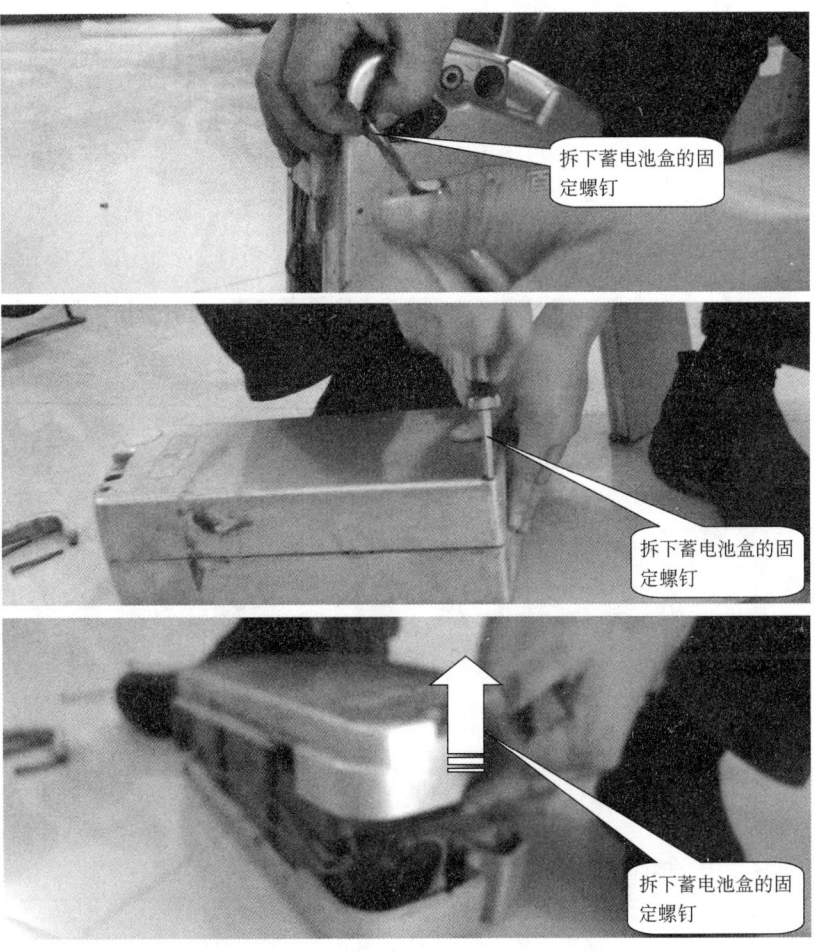

图 5-14　拆下蓄电池盒的固定螺钉

(7) 如果蓄电池连线是焊接的,则用电烙铁焊下连线,如图 5-15 所示;如果蓄电池连线是用螺钉固定的,则用螺丝刀卸下锁紧的螺钉,如图 5-16 所示。然后取出旧蓄电池。

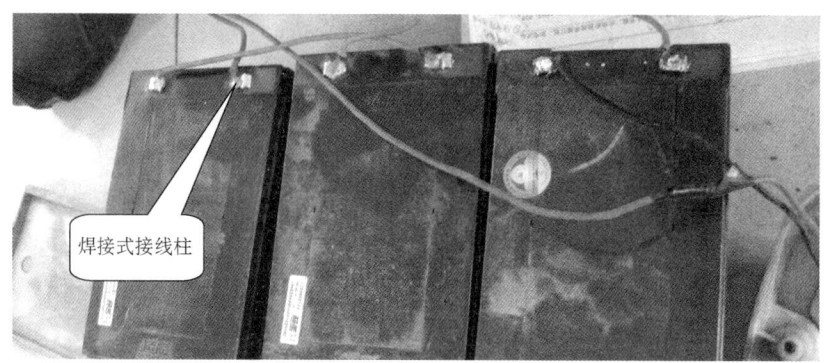

图 5-15　焊接式接线柱

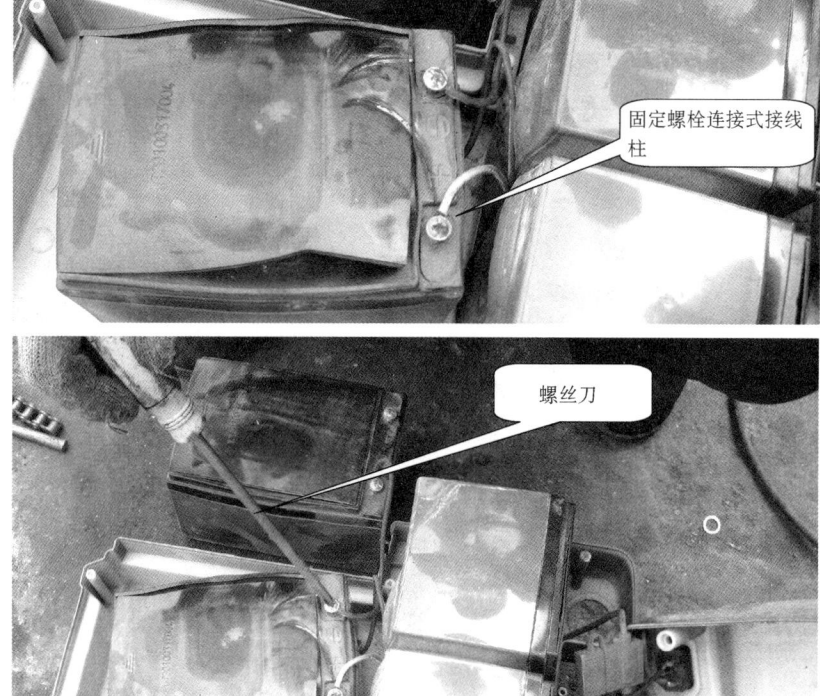

图 5-16　固定螺栓连接式接线柱

◇训练 2：单体蓄电池的检测及加水

蓄电池的修复虽然没有成为一个行业，但是蓄电池修复工作一直是存在的。不少蓄电池制造商对保修期以内的返退蓄电池采取"修旧利旧"的方式，把通过维修的蓄电池重新提供给用户，以提高蓄电池的有效使用寿命，降低报废率。

修复蓄电池前应先判断蓄电池修复的有效性，即做被修复蓄电池的初始状态测试，先做一次放电循环，每只蓄电池放到 1.05 V 为止，记录容量，看初始容量是否符合修复的要求，其操作过程如图 5-17 所示，然后再开始放电，如图 5-18 所示。

第五日 蓄电池的检修及修复

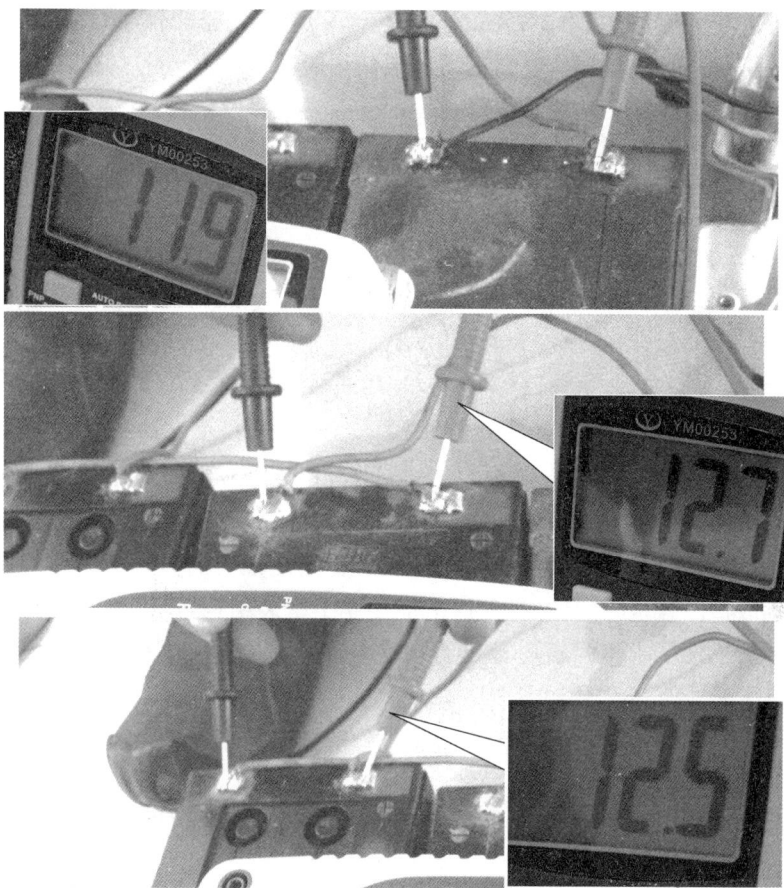

图 5-17 对单体电池进行初步电压测量

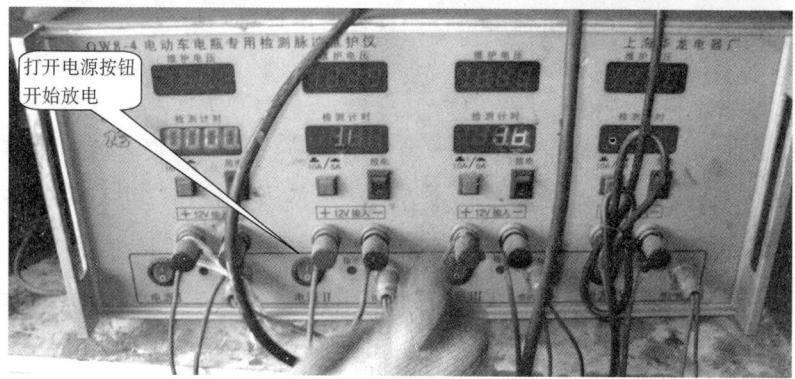

图 5-18 用放电仪开始放电

蓄电池外观应无变形(如图 5-19 所示)、漏液、发热,蓄电池内部无短路、开路,电解液无明显浑浊且发黑等不良现象。所修复的蓄电池使用时间一般为 2 年左右。

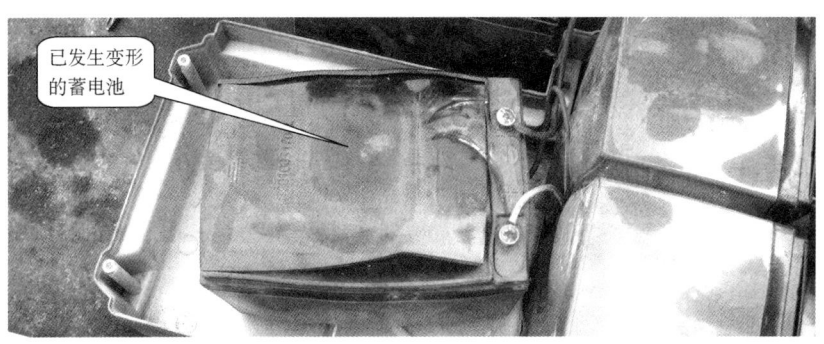

图 5-19　发生变形的蓄电池

鉴于部分蓄电池制造商还是采用低锑合金的板栅,蓄电池失水比较低,加上最高充电电压高于析氢电压,蓄电池失水更加严重,形成了蓄电池最大的失效原因。对此,一些蓄电池制造商有意改造了盖板,并且在排气阀下部设立了螺装结构,以便于打开蓄电池,方便对蓄电池补水。对使用了半年的蓄电池进行一次补水,可以延长蓄电池的使用寿命,延长时间平均达到 3 个月以上。

> 向蓄电池注入 15～30 mL 的专用补充液,使蓄电池为富液状态,用 0.15～0.2 C5 电流充电 6～10 h,每只蓄电池电压达 16.2 V 且 2 h 左右后电压不变,表示蓄电池已经充足,停止充电。然后用随车充电器充电 1 h,在充电过程中,用吸液器吸出多余的电解液,使蓄电池为准贫液状态,若不能吸出电解液则说明欠液,需补充一些电解液。

◇训练 3:单体蓄电池的常规修复

1. 蓄电池容量测试

修复前,要进行蓄电池容量测试,作为蓄电池修复前后容量的对比。首先用充电器把蓄电池充满至变绿灯,然后用蓄电池容量检测仪对蓄电池进行容量检测。下面以专用蓄电池修复仪说明其使用方法。以 6-DZM-10 Ah 蓄电池为例,选取外壳没有膨胀变形、尚有一定容量的旧铅酸蓄电池进行操作。蓄电池的专用检测修复仪如图 5-20 所示。

(1)按图 5-21 所示,把仪器附件中所带的输出连接线一端与仪器输出端子接好,红线(正极)接红色端子,黑线(负极)接黑色端子。另一端与需要检测的单只 12 V 蓄电池连接好,红线接蓄电池的正极,黑线接蓄电池的负极。

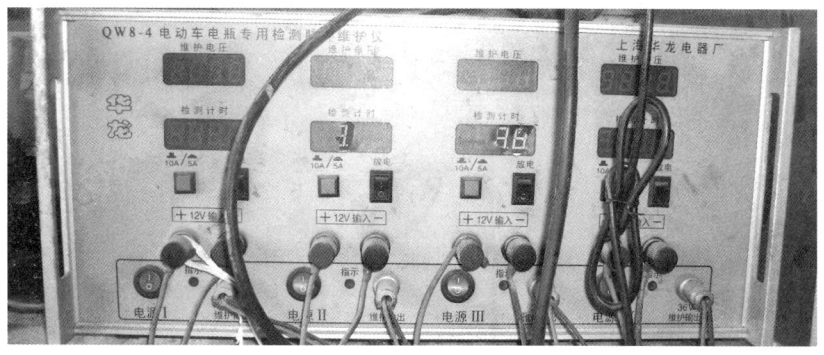

图 5-20　蓄电池专用检测修复维护仪

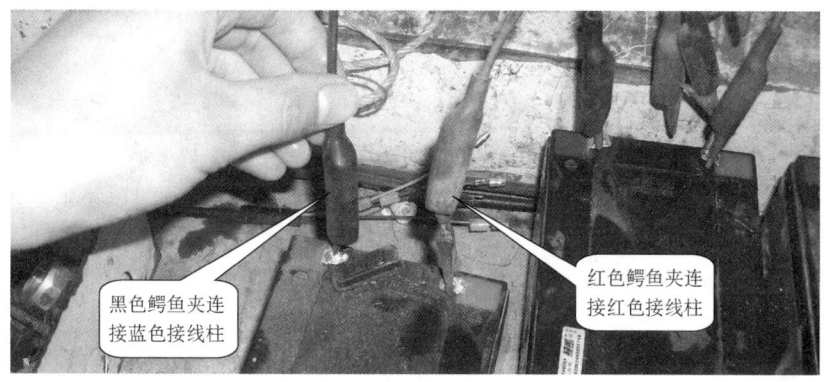

图 5-21　连接蓄电池接线柱

特别注意：如果连线与蓄电池的正、负极接反，蓄电池容量检测仪则无法正常工作并会导致电路损坏。

(2)按图 5-22 所示，打开电源开关，并选择放电电流。例如，12 V/10～12 Ah 电池选 5 A；12 V/14 Ah 蓄电池选 7 A；12 V/17 Ah 电池选 8.5 A；12 V/22 Ah 选 10 A。

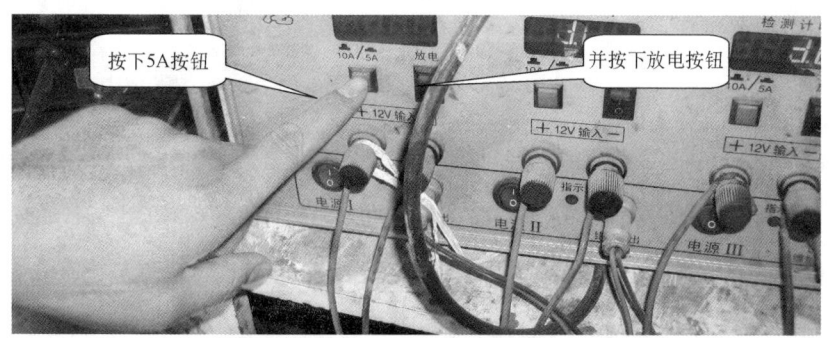

图 5-22　打开电源并选择放电电流

(3)当被检测的蓄电池电压下降到 10.5 V 时，微电脑报警器发出报警，记录放电时间，蓄电池检测即可终止（如果用户关闭报警开关仍可继续放电），如图 5-23 所示。

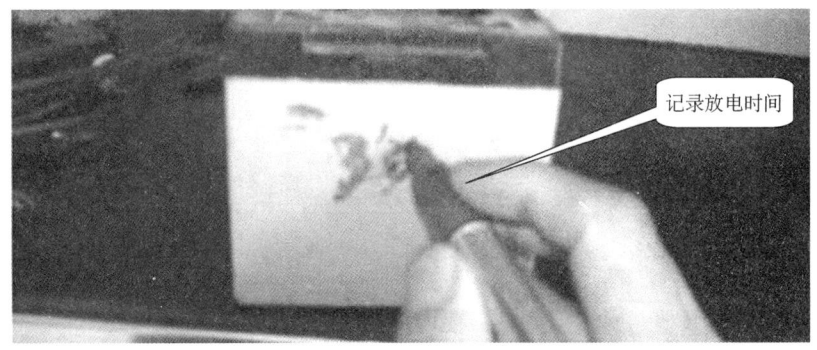

图 5-23 使用记号笔记录放电时间

(4)放电完毕后,务必先转动放电调节开关到"关"停止放电,并脱开蓄电池的连接线,然后关闭电源,拔下电源插头。

2. 蓄电池的修复

下面以多功能型蓄电池检测修复组合柜对 12 V/10 Ah 蓄电池修复为例,介绍蓄电池详细的修复流程。

(1)打开蓄电池安全阀盖。

目前安全阀有三种形式,打开安全阀盖相应也有三种方式。

①整块盖板使用 ABS 胶粘接在蓄电池槽盖上。按图 5-24 所示,用小号长型一字螺丝刀插入蓄电池和安全阀盖之间缝隙处,用力向上撬,注意不要损坏安全阀盖。撬开缝隙后,将一字螺丝刀插进缝隙,沿安全阀盖边缘运动撬开盖子,撬下的盖子应保持平整、无损坏。

②抽拉式盖板。按图 5-25 所示,在开启端水平插入小螺丝刀,向上用力地同时抽出盖板。

③蓄电池安全阀盖采用螺旋状,每块蓄电池有 6 个直径约 2 厘米的安全阀。按图 5-26 所示旋开安全阀。

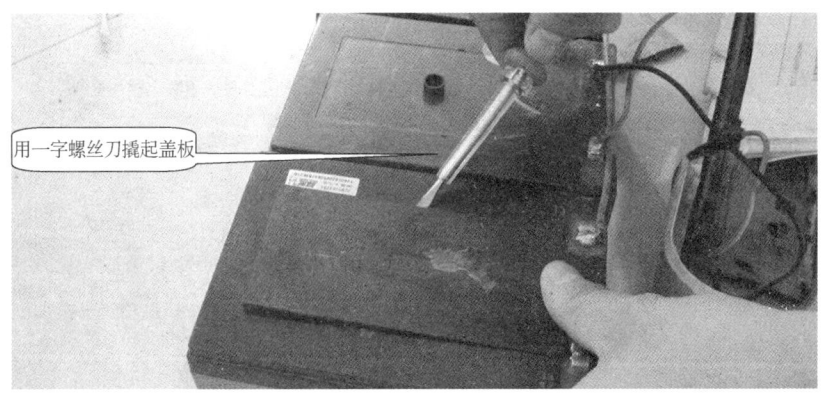

图 5-24 撬开用 ABS 粘住的盖板

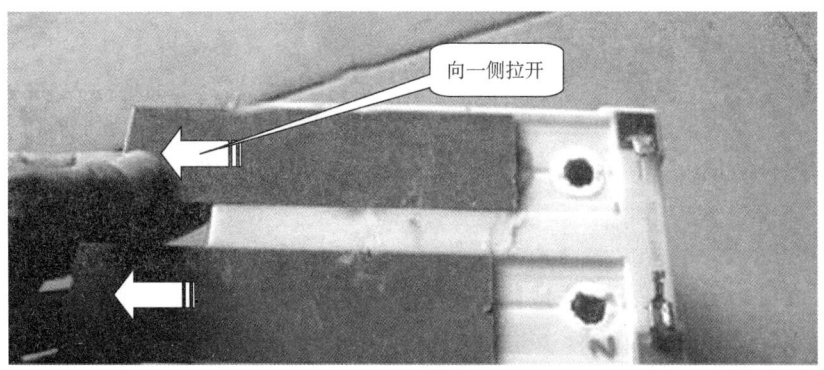

图 5-25 抽拉式盖板

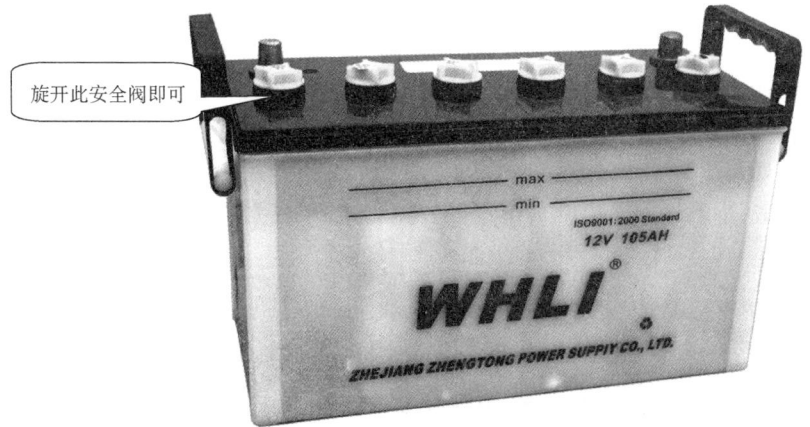

图 5-26 旋钮式安全阀

注意:撬开盖板时不要损坏盖板。这时可以看到 6 个排气阀的橡胶帽。打开橡胶帽,露出排气孔,通过排气孔可以看到蓄电池内部。一些蓄电池的排气阀是可以旋开的,如天能蓄电池。有些厂家在安全阀盖周围还会放一些玻璃丝绵,注意保管好。目的是为了吸附从安全阀处可能渗出的电解液。

(2)加水。

①准备电解液,如图 5-27 所示。电解液为酸度不超过 1.03 g/L 的补充液或蒸馏水。

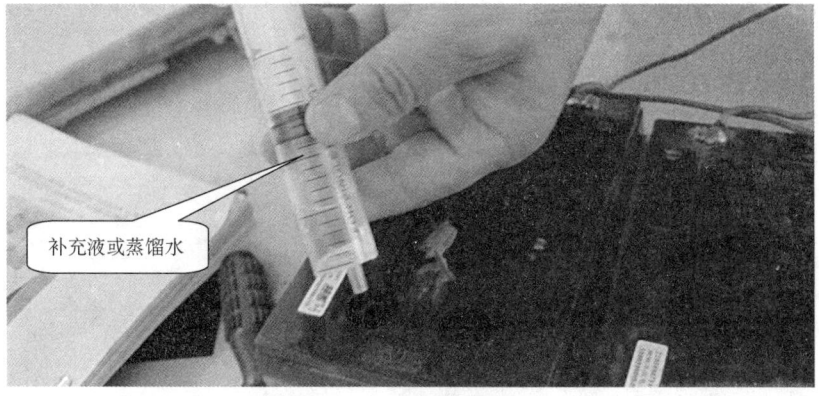

图 5-27 为蓄电池加水

注意：不能补充自来水、纯净水或比重为 1.28 的电解液，电解液的配置比例详见本书附录 A。

②深放电。按图 5-21 所示，把灌好电解液的蓄电池按正、负极要求接入多功能蓄电池检测修复仪检测端子。

③按图 5-22 所示打开电源开关。

④按图 5-23 所示选择 5 A 放电，待蓄电池电压降至 0 V 时关机，取下蓄电池。

⑤上机修复。放电结束后继续将蓄电池接入多功能蓄电池检测修复仪端子进行修复，修复时间为 7 小时，修复过程中要不断观察排气孔内部的电解液，应该有流动的电解液。

⑥初次检测。按图 5-22 所示，将修复充电后的蓄电池接入检测端子放电检测，温度为 25 ℃以上，对 10 Ah 蓄电池测试，用 5 A 放电到 10.5 V，放电时间达到 100 分钟以上就可以使用；对 20 Ah 蓄电池测试，用 7 A 放电到 10.5 V，放电时间达到 100 分钟以上就可以使用。

⑦对检测过的蓄电池再次修复充电，充电时间为 7 小时。对于第一次修复未达标的，可重新进行一次修复。

⑧按图 5-28 所示检测蓄电池的电压。蓄电池电压达到额定或稍高额定电压 1～2 V 为正常。

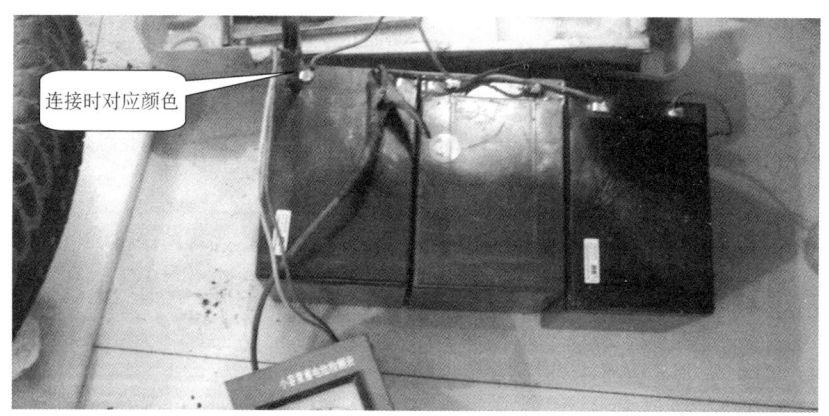

图 5-28 用蓄电池容量检测仪进行检测

⑨按图 5-29 所示检测蓄电池内阻。按下蓄电池容量检测的负载按钮（红色按钮），直到指针稳定，时间不得超过 5 秒，指针在绿色区域为正常，在黄色区域为弱，红色区域为低。

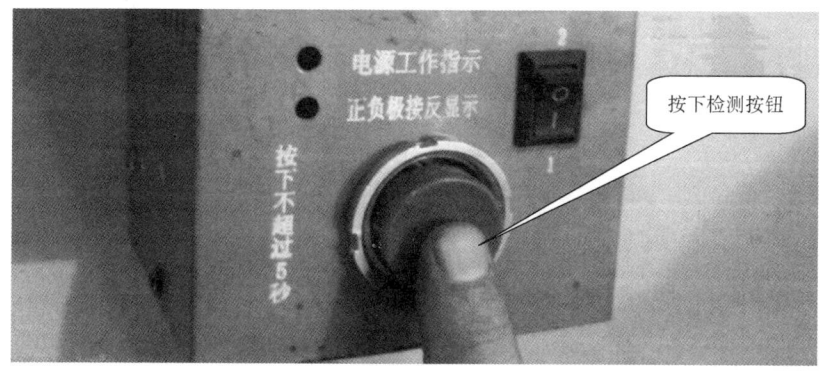

图 5-29　检测蓄电池

若蓄电池电压、电流均正常,则表明该蓄电池已修复成功,可以使用。

⑩蓄电池修复时间到后,让蓄电池晾干两个小时。将蓄电池翻转,倒出多余的电解液,并清除上盖的电解液,盖上排气阀,再次安装排气阀,如图 5-30 所示。

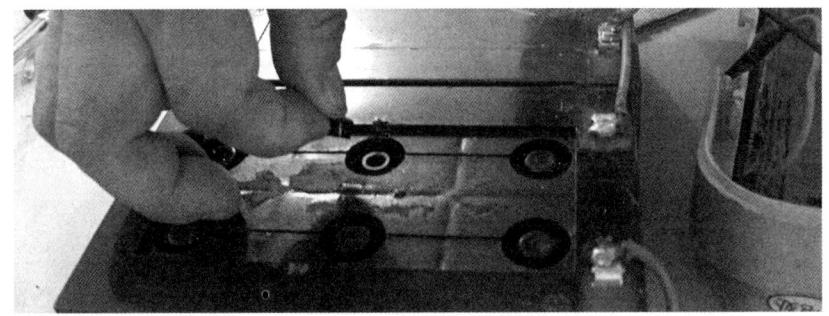

图 5-30　安装排气阀

注意恢复填充物,如果橡胶排气阀损坏,应更换;如果弹性不好,就必须找弹性好的排气阀更换。

⑪按图 5-31 所示盖上蓄电池盖板,如果是胶接的,则应该涂胶粘接。

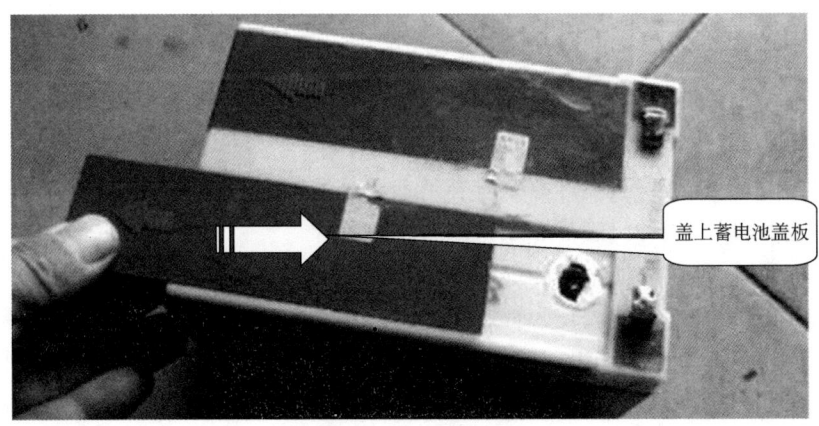

图 5-31　盖上蓄电池盖板

⑫待胶完全凝固,将蓄电池进行配组。需要强调的是,蓄电池的容量都要保持一致。然后进行焊接蓄电池,装车使用。

◇训练4：蓄电池的组配

(1)串联蓄电池组的均匀性是一个世界性的难题,因为在使用过程中总会有"落后"蓄电池存在。其原因是多种多样的,有生产过程的原因,也有原材料和使用的原因。蓄电池组均匀性差主要有以下2种表现形式。

①某单只蓄电池容量低,表现为该单只蓄电池组放电时电压下降得快,充电时电压上升得也快。

②蓄电池荷电容量低,表现为充电和放电时蓄电池的电压都较低,其原因是蓄电池的容量并不低,而是该蓄电池没有充满电。

(2)由于均匀性差所致的后果有以下2种。

①充电时电压高的蓄电池会加剧失水,电压低的蓄电池会欠充电。

②放电时电压低的蓄电池会出现过放电,形成蓄电池正极板软化。

(3)容量低的蓄电池组每次放电时的放电深度比其他蓄电池的放电深度深,所以正极板软化得快。如果一只蓄电池荷电少,就存在充电少、放电深的问题。这样该蓄电池就会同时产生正极板软化和硫化的问题。造成蓄电池组均匀性差的原因有以下几种。

①蓄电池原材料和半成品的规格和质量问题。原材料中的有害杂质降低了蓄电池的浮充电压,加速了蓄电池的自放电。隔板、极板厚度和吸酸量的不均匀性也会造成浮充电压不均匀。

②安全阀的开启和关闭压力问题。蓄电池组长期使用过程中很难做到使安全阀的开启压力和关闭压力始终保持均匀一致。开启压力大的蓄电池极群上部空间的气体压力大,因而浮充电压就高,反之则结果相反。蓄电池的开阀压力存在差别,失水程度不同,形成了蓄电池的容量差。

③注酸量问题。按照贫液原理设计的蓄电池,其放电容量常常受酸量控制,因而其浮充电压对蓄电池的注酸量非常敏感。

④蓄电池生产工艺的控制问题。阀控密封铅酸蓄电池生产工艺的要求比普通铅酸蓄电池要苛刻得多,如果一些工序和工艺没有按规定要求去做,就无法最大限度地保持蓄电池性能的均匀性。

⑤串联蓄电池组的匹配不好,存在着容量差和开路电压差。

⑥蓄电池的自放电不同,逐步形成荷电容量的差异。

⑦失水不同,导致蓄电池中实际的硫酸浓度不同,形成开路电压差。

⑧蓄电池寿命短,在后期表现为抑制蓄电池容量下降,影响其他蓄电池的正常状态。

⑨蓄电池极群组中存在虚焊问题。蓄电池极群组中容易产生虚焊的地方是极板,每个蓄电池单格有15片极板,就是15个焊点,一个蓄电池有6个单格,一共有90个焊点。一组蓄电池由3个蓄电池组成,就要有270个焊点。如果一个焊点存在虚焊,该单格的容量就减小,进而该单格"落后",致使整个蓄电池都"落后",蓄电池就会形成严重的均匀性差异,使该组蓄电池提前失效。

组配电池,均匀的使用每一个单体电池是电池使用中最终极的愿望,那它们在实际使用时,电压该有多大的差别呢?请看图 5-17 所示的检测。

电动自行车的蓄电池组都是串联工作的,放电电流的大小和放电深度的不同会引起蓄电池端电压的差异,在串联充电时,端电压最低的那只蓄电池比其他蓄电池少充入一些电量。这种差别对于新蓄电池组来说不太明显,但是随着使用循环次数的增加,这种差异越来越明显,直至影响到最差的那只蓄电池不能完全充足电。此时这种差别开始迅速增大,欠充电和过充电在蓄电池组内越来越明显,直至电压最高的蓄电池充电失水严重,电压最低的蓄电池硫酸盐化严重,整组蓄电池不能胜任工作需要而失效。

在蓄电池组工作时,均匀性是影响蓄电池组早衰或寿命终止的关键所在。单靠 2 h 放电率放电容量和电压配组是不能避免不当使用中引起的均匀性变差的。而使均匀性变差后的蓄电池组恢复均匀性,才是最有效的避免蓄电池组产生早期衰竭或循环寿命短的关键。

当蓄电池组出现不均匀现象时,首先对蓄电池进行一般性的维护充电,然后用 2 h 放电率电流放电。在放电过程中不断测量蓄电池的电压,将放电容量不足的"落后"蓄电池挑选出来并进行处理。先补加相对密度为 1.050 的稀硫酸至刚好看到有流动的电解液出现,再继续充电 12~15 h。充电时注意蓄电池的温度不要超过 50 ℃。充电结束后,静置 0.5~4 h,重做 2 h 放电率放电。在放电过程中,测量单格蓄电池电压的数值。对于放电时间达不到标准或者单格电压下降到了 1.6 V,放电时间与正常单格蓄电池相差较大者(出厂 3 个月相差 5 min 以上,6 个月相差 8 min 以上,9 个月相差 10 min 以上,13 个月相差 15 min 以上),则还需重复上述充、放电程序,直到符合要求为止。

项目 3:蓄电池故障分析

◇课程 1:蓄电池充电效果不佳

引起蓄电池充电效果不佳常见的故障原因有:
(1)蓄电池故障。蓄电池使用寿命终结;蓄电池外壳破裂造成电解液干涸;蓄电池单格内部短路;蓄电池间特性不均衡。
(2)充电器故障。
(3)线路故障。在长期运行和颠簸中,电解液蒸发浸酸和自然氧化,可能造成蓄电池连接线路腐蚀、脱落、接触不良,蓄电池盒内布线发生互相交叉磨损后短路等现象。

根据故障原因的分析,可按以下逐步排查:
(1)蓄电池故障的检修:
①蓄电池使用寿命终结。容量小于额定容量的 60% 或规定标准,应当报废并换用新蓄电池。
②蓄电池外壳破裂,容易造成电解液干涸。应尽快修补,并保证密封性能;接线柱周围渗漏碱(酸)堆,应用中性或淡酸(碱)性水液洗净后立即擦干,进行密封修补。经过修复的

外壳,应放入水中经安全阀口进行充气试验,蓄电池在水中没有气泡溢出,说明修理后密封合格。

③蓄电池单格内部短路。如果已经在寿命的后期,没有修复价值的应当更换新的。

④蓄电池间特性不均衡。蓄电池组工作不正常,可能是其中某个单体蓄电池特性有问题,与其他单体蓄电池不能步调一致,影响整组蓄电池的性能。这时,应找出性能差的蓄电池进行个别处理。

(2)充电器故障的检修参见下一日内容。

(3)线路故障的检修。针对上述线路故障,经过仔细检查,一般较容易被发现并处理。新更换的线路应与接线柱焊好或用螺母固定后,最好用耐酸树脂封固,隔离酸气,避免氧化。

◇课程2:蓄电池极板硫酸盐化

极板硫酸盐化,又称硫化,是指蓄电池长期充电不足或放电后长时间未充电。极板生成一种白色坚硬、大颗粒不易还原、再结晶的硫酸铅,如图 5-32 所示,充电时又非常难于转化为活性物质的硫酸铅。

图 5-32 硫化

极板硫酸盐化故障的现象是,打开电源锁后不能带动电机运转;充电时较早出现气泡,电解液密度达不到规定值且温度较高;放电使用或测蓄电池容量,其容量明显降低,端电压下降快,电解液密度低于正常值;正极板呈浅褐色(有的呈白色),负极板变成灰白色,且极板表面变硬为砂粒等。

引起蓄电池极板硫酸盐化常见的故障原因有:

(1)蒸馏水蒸发过多或意外泄漏未及时补充。

(2)电解液不纯。

(3)充电器长期充电不足。

根据故障原因的分析,可按以下方法逐步排查。

(1)轻微硫化的蓄电池。可采用过充电法。用初充电的第二阶段充电电流连续地进行过量充电。当电解液产生大量的气泡,密度达 1.28 g/cm³ 不再升高后,即可使用。

最好将有硫化的个别蓄电池单独进行过充电,使其消除硫化。

(2)硫化较重的蓄电池。可采用小电流过充电法,将蓄电池以 10 小时放电率放电至终止电压,倒掉电解液,加入蒸馏水,用初次充电的第二阶段充电流进行连续充电,待电解液密度升至 1.15 g/cm³ 左右时,再按 10 小时放电率放电至终止电压。然后,再用原来充电电流进行过充电,直到电解液密度不再上升时,把电解液密度调整到 1.28 g/cm³,并用 10 小时放电率放电至终止电压,如果蓄电池容量达到额定容量的 80%,即可使用。若容量还不够,可反复进行,直到蓄电池容量合格为止。

(3)严重硫化的蓄电池。可用水处理法,即采用均衡充电方法。首先将蓄电池充足电,再放电 10 小时,至单格电压均为 1.8 V 时,倒出电解液,立即加入蒸馏水,静放 1~2 小时,再按初次充电的第二阶段充电电流的 1/2 对蓄电池充电,当其密度为 1.12 g/cm³ 时,再将电流减少 1/5 充电。正、负极出现大量气泡,电解液密度不再上升时,则停止充电,并用 10 小时放电率的 1/5 放电电流放电 1.5~2 小时。如此反复操作,直至蓄电池电解液充分产生气泡,极板恢复正常,容量达到额定容量的 80% 即可使用。

这种充电方法不适宜免维护蓄电池的充电。若经以上处理后仍不能修复,说明蓄电池已损坏,应更换新蓄电池。

◇课程 3:蓄电池电量充足,但静置不存电

引起蓄电池电量异常的主要原因是充电器电压低或蓄电池已进入衰退期。

充电时充电器是通过检测蓄电池两端电压来判断是否充足电的,当充电器显示充足电时,可用万用表检测蓄电池两端电压来判断是蓄电池问题还是充电器的问题。如果此时电压已经达到了充足电时的状态,说明蓄电池有故障;否则,就是充电器有故障。

若蓄电池有问题,说明蓄电池容量减少,应进一步检修。

根据故障原因的分析,可按以下方法逐步排查。

(1)检查蓄电池的容量。首先将蓄电池充足电,再采用 1.7 A 的电流进行放电,待蓄电池的电压降到 10.6 V 时停止放电,将放电的小时数乘以 1.7 A,即为该蓄电池的容量。

(2)检查蓄电池的电解液。打开蓄电池上部的塑料盖,取下橡胶帽,透过小孔检查电解液,如果较少,则应分别注入 4.6 mL 蒸馏水,直到极板全部浸入水中为止。然后用 1.7 A 的电流充电数小时,当蓄电池的电压升高到 14.3 V,再用 1.7 A 的电流放电,通过放电时间计算出蓄电池的容量,如果容量仍然没有增大,则说明蓄电池已经硫化,应作消硫化处理,具体方法参见蓄电池检修"故障 4"。

(3)对每次抽出的电解液进行加热浓缩,将其浓缩到 50 mL 以下,然后分别均分到 6 格小蓄电池中,再对蓄电池进行充电、放电,计算蓄电池的容量。如果蓄电池的容量达到了标称容量的 90%,则说明蓄电池已恢复正常。

如果抽出的电解液带褐色且比较浑浊,说明蓄电池的活性物质已经耗尽,蓄电池的使用寿命已经终结,已无修复价值。

◇课程4：蓄电池自行放电

蓄电池在不工作的情况下，逐渐消耗电量的现象称为自行放电现象。蓄电池自行放电是不能完全避免的，一般认为，每昼夜消耗本身容量的2%以下是正常的，超过2%为不正常的自行放电现象。蓄电池发生自行放电故障后，轻者影响电动自行车的续行里程，严重时，会损坏极板，使蓄电池电容量下降，提前终止蓄电池的使用寿命。引起蓄电池自行放电常见的故障原因有：

(1)蓄电池顶盖上积有大量的灰尘，被水或电解液浸湿后，使正负极接线柱连通，而造成放电。

(2)蓄电池壳体上放置扳手、螺钉旋具等金属物，将正负极连通，使蓄电池产生剧烈的自行放电现象，很快会将电能放完。

(3)蓄电极隔板腐蚀穿孔、损坏，或正、负极板下的沉积物过多，使正、负极板直接连通产生短路，从而引起蓄电池自行放电。

(4)蓄电池极板杂质过多，本身不纯，在结构上会形成许多微小的"小蓄电池"，从而产生自行放电现象。

(5)电解液不纯，含有杂质，或添加的蒸馏水含有金属成分，在使用中电解液中的杂质随电解液的流动附着于极板上，各杂质之间形成一定的电位差，使蓄电池内部常处于短路状态，从而造成自行放电现象。

(6)蓄电池存放时间过长。试验表明，蓄电池存放一个月的正常放电，可以将电池内的电能放掉50%，若存放时间过长，电解液中的水与硫酸，因比重不同而分层，使电解液密度上小下大，形成电位差而产生自行放电。

根据故障原因的分析，可按如下方法逐步排查。

取下蓄电池组，将蓄电池内的电解液全部倒出，取出极板组和隔板，并用蒸馏水将极板和隔板冲洗干净，然后重新装上，并按规定加入新的电解液，重新充电即可。

◇课程5：蓄电池电量消耗过快

在实际使用中，由于蓄电池有时会处于过充电状态，难免有一部分水被电解蒸发，这是正常的，但水分的减少是极微小的，如果蓄电池中的电解液容易烧干，则说明蓄电池存在故障。蓄电池内的电解液烧干后，轻者使电动自行车的续行里程减少，严重时将会造成电动自行车不能起动，以至使极板硫化，而使蓄电池报废。

引起蓄电池中的电解液容易烧干常见的故障原因有：

(1)忽视了对蓄电池用水质量的管理，所使用的水中混入了铁、铜、镍等金属离子，降低了负极氧的析氢电位，从而加速了电解液减少的速度。

(2)蓄电池极板硫化，使蓄电池容量减少，充电时蓄电池过早出现气泡，加快了蓄电池水烧干的速度。

(3)蓄电池的极板有毛刺或蓄电池泥沉淀,造成蓄电池极板短路,致使充电时蓄电池内出现气泡,使水蒸发掉。

(4)选用的蓄电池容量与整车所需耗电量不匹配,蓄电池容量过小,在充电时过早出现气泡,水蒸发量大,从而加速了蓄电池内水的烧干程度。

根据故障原因的分析,可按以下方法逐步排查:

(1)将蓄电池打开。给蓄电池加水前应先打开蓄电池的安全阀。蓄电池安全帽位于蓄电池的安全阀盖的下面,安全阀盖一般用胶粘接在蓄电池的大盖上。打开时,用螺钉旋具插入蓄电池与安全阀盖之间的缝隙处,用力向上撬,取下安全盖,可以看到黑色的橡胶安全阀,取下安全阀就可以看到蓄电池的内部了。

(2)加水操作。用一次性注射器吸入蒸馏水或蓄电池的补充液,从安全阀下面的排气孔注到蓄电池内部,注水多少应根据蓄电池的缺水程度而定。一般以能够看到蓄电池内部有流动的电解液即可。对于失水较多的蓄电池,在加水之后让其渗透一段时间,再补加一次。并注意保证每个单格内电解液的高度一致。

(3)装复蓄电池。蓄电池加水后,应立即将其装复,并用AB胶或502胶将安全阀胶粘好,恢复玻璃丝棉填充物,即可使用。

◇课程6:蓄电池充不进电

引起蓄电池充不进电常见的故障原因有:
①蓄电池干涸。
②蓄电池不可逆硫酸盐化。
③充电回路的连线有问题。
④充电器损坏。

根据故障原因的分析,可按如下方法进行逐步排查。

(1)检查蓄电池是否干涸,如干涸,应添加蒸馏水或1.05 D(电解液的种类之一)的电解液,并达到一定高度,再进行充电,充电电流控制在1.8 A,充电12小时,再测量三只蓄电池的电压,每只应在13.4 V以上为正常。

(2)可拆开蓄电池检查,再根据蓄电池极板盐化的程度,采用均衡充电法或"水疗法"恢复蓄电池的电容量。如不能恢复,则应更换蓄电池。

(3)检查充电回路的连线是否断路,连线与插头接触是否完好,插头与插座有无打火烧弧现象,应逐一进行排除,使充电电路连接可靠。

(4)检查充电器有无异常现象,充电参数是否符合要求;正常时初期充电电流应达到1.6~2.5 A/只;最高充电电压应达到14.8~14.9 V/只;充电/浮充电转换电流应达到0.3~0.4 A/只;浮充电压应达到14.0~14.4 V/只。若不正常,应检修或更换充电器。

项目4：蓄电池故障维修图解

◇训练1：蓄电池充电后行驶里程严重缩减

【例1】蓄电池充足电后，行驶里程严重缩短

故障现象：

电动自行车蓄电池充足电后，最多只能行驶10 km。

故障检修：

(1)首先用同型号充电器以10 h率的电流向蓄电池充电12 h后，浮充2～3 h。然后进行骑行试验，若故障依旧，表明原充电器正常。

(2)如图5-33所示，拆开蓄电池，用容量测试仪检查，发现有一只蓄电池单体容量严重下降，表明蓄电池组中各单体蓄电池容量不均衡。

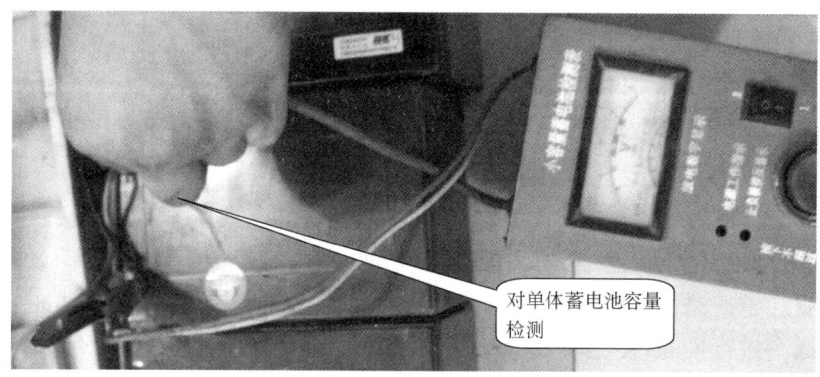

图5-33 对单体蓄电池进行容量检测

(3)如图5-34所示，将容量减小的蓄电池的电解液吸出，向蓄电池内加入适量的蒸馏水静置1～2 h后吸出，如此反复2～3次，最后加入标准电解液。用充电器以10 h率的电流充电14 h，静置2 h后，再用2 h率的电流进行放电，反复2～3次。然后装复试用，蓄电池能行驶20 km左右。

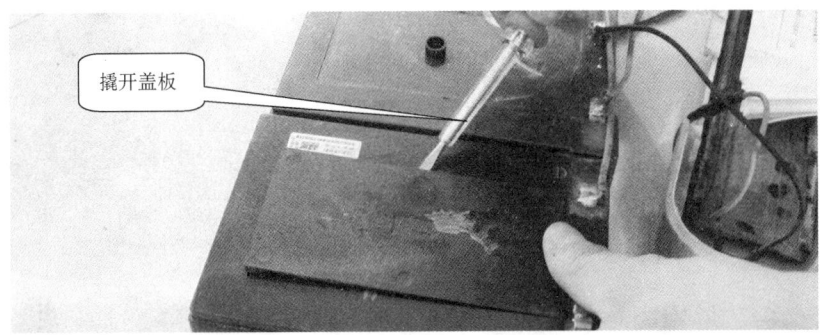

撬开盖板

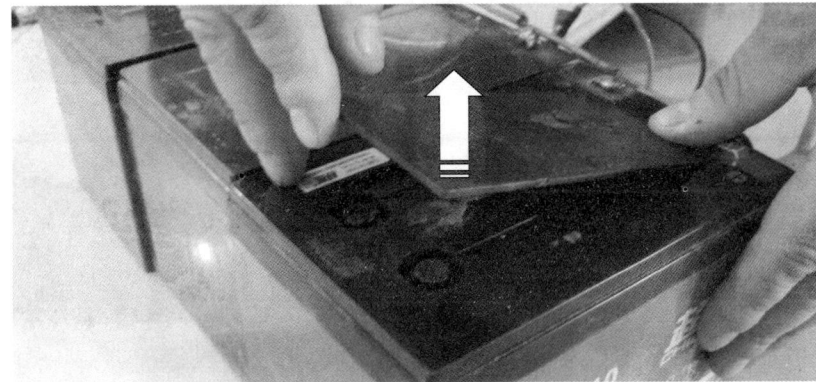

揭开盖帽

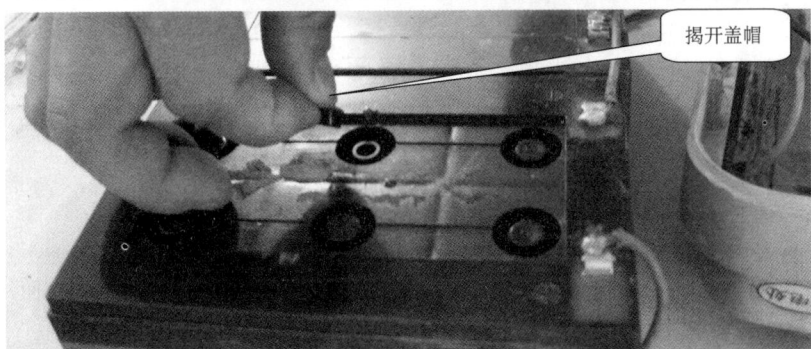

揭开盖帽

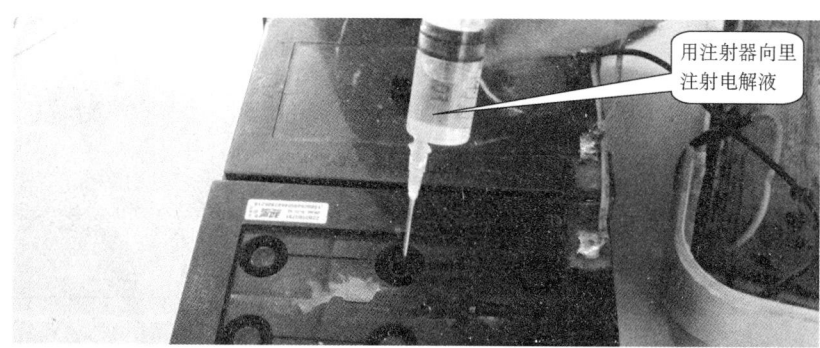

(a)向蓄电池内注射电解液

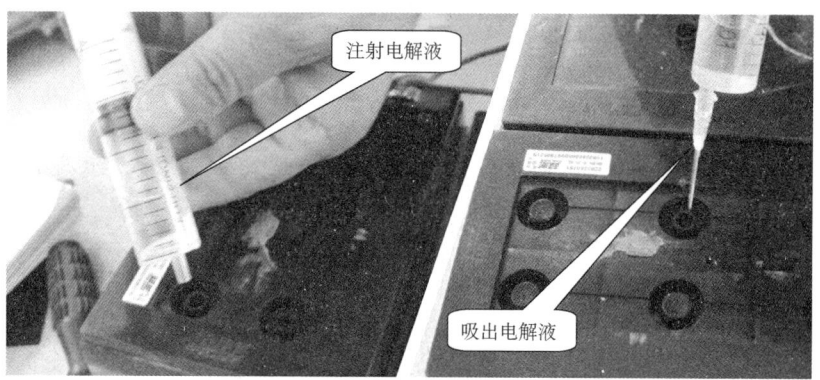

(b)注射/吸出电解液

图 5-34　注射/吸出电解液

【例 2】串联电池不均匀,行驶里程严重缩短

故障现象：

该电动自行车因蓄电池爆破,更换了新蓄电池,使用不到半年,充电时蓄电池发烫,行驶里程严重缩短。

故障检修：

(1)拆下蓄电池盒,用蓄电池测试仪对蓄电池检测,检测方法如图 5-33 所示,发现蓄电池不存在断路或短路现象。用万用表测量三块单体电池的端电压为 13.6 V(偏高),表明蓄电池缺水。

(2)拆下蓄电池盖板等部件发现蓄电池干涸,从加液孔加注蒸馏水,并用注射器向外吸蒸馏水检查时,发现吸出的电解液特别混浊,并且是黑色的,表明该蓄电池存在极板严重软化现象。此蓄电池已无法修复,只能更换。

【例 3】充电 3 小时即显示充满,但行驶里程严重缩减

故障现象：

该车蓄电池充电还不到 3 h 就显示充满,但续行里程越来越短,以致无法使用。

故障检修：

(1)首先倒出电解液,用蒸馏水冲洗极板两次,然后加足蒸馏水。接着用 20 h 率的充电电流进行充电,此时需要使用的是充电机,如图 5-35 所示。

图 5-35　充电机

20 h 放电率是指，蓄电池用 20 h 把电放光所能提供的电能。蓄电池在不同状态下有不同的容量，用电越快它的做功越少。C20＝60 Ah，表示这种电池以 20 h 率放电时额定容量为 60 Ah，故放电率（即放电电流）I20＝60/20＝3 A。

(2)当电解液密度上升到 1.15 g/cm³ 时，倒出电解液，换加蒸馏水，直到相对密度不再增加为止。若有条件可以在检测电解液密度时配置一个专用的检测仪，其外形如图 5-36 所示。若没有条件，可以通过相应的关系进行计算。

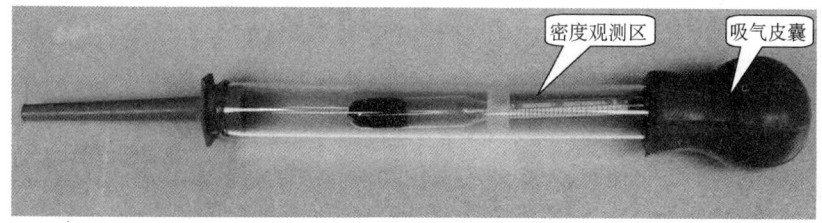

图 5-36　比重计

因为蓄电池电压、状态与电解液的密度成正比：

当电池充满时空载电压为 12.6 V，电解液密度大约为 1.28 kg/m³；

当电池放完电时空载电压为 11.6 V，电解液密度大约为 1.1 kg/m³。

(3)最后进行一次 10 h 率的放电，直到放电结束。如此反复多次，直到蓄电池容量恢复到标称容量的 80% 为止。

该电动自行车拆下蓄电池进行充电，不到 30 min 蓄电池严重发热，停止充电。拆下蓄电池加液孔，倒电解液时发现无电解液流出，表明电解液干涸。加补充液后进行充电，4h 后充满，但还不耐用，表明蓄电池容量减小，应进行去硫充电处理。

◇训练 2：电动自行车行驶无力

【例1】电动自行车在行驶中突然无力而停车，仪表盘内的欠电压指示灯也不亮

故障现象：

(1) 首先检查电源回路的连接线接触良好，插接器处无松动现象。接着检查熔断器和其座的接触情况，发现正常。卸下蓄电池盒并拆下盒盖，各单体蓄电池连接可靠。接着用蓄电池检测仪测量各单体蓄电池的端电压。

(2) 如图 5-37 所示，先将开关拨向"1"位置，用正、负夹子夹好蓄电池正、负端子，按下按钮即可测量单体蓄电池电压。当蓄电池检测仪表盘上的指针反向、黄灯亮时，表明该蓄电池内部断路。

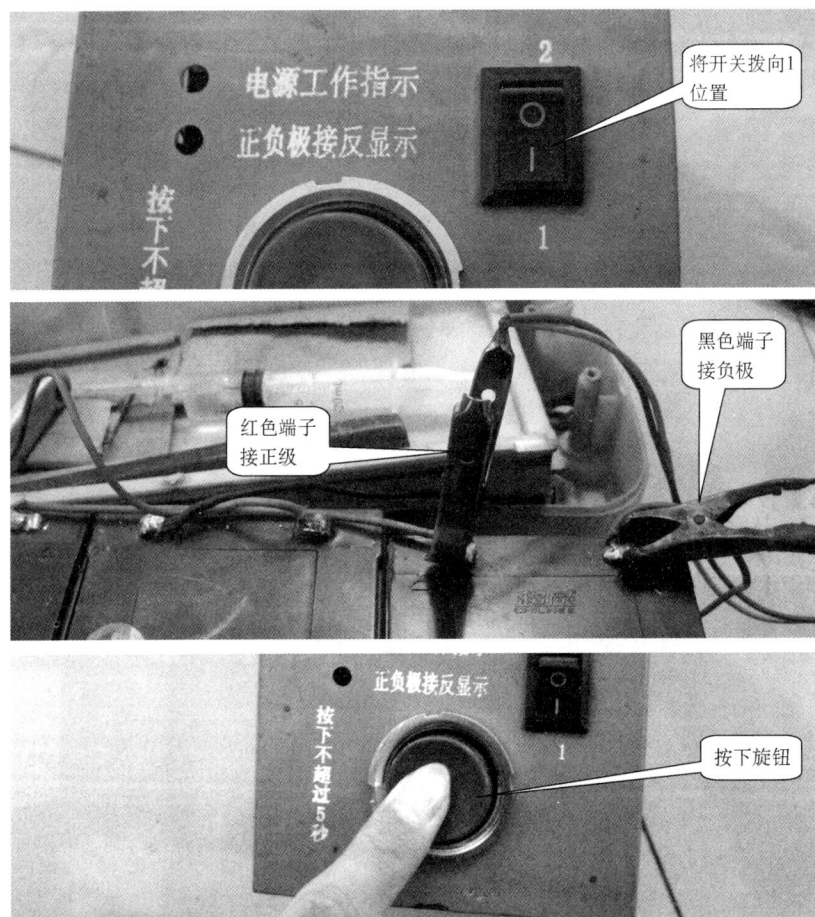

图 5-37　检测蓄电池电量

(3) 在旧蓄电池中选取了一只与其他三只容量相近的蓄电池，充足电后与其他三只串联使用。

该电动自行车在行驶过程中突然无力而停车，一般是由电源线路中某处断开或器件损坏所致。造成该故障的原因有以下几点。

① 蓄电池盒内的熔断器熔断，或熔断器与熔断器座接触不良。
② 蓄电池内部断路。
③ 电源回路接线处或插接器松动。
④ 蓄电池连接线松动而断开。

用蓄电池检测仪检测单体蓄电池断路的参考数据见表 5-2。

表 5-2 单体蓄电池断路检测的参数

空载电压(V)	放电电压(V)	故障判断	故障原因	处理方法
12.5 以上	10 以下(绿区)	好	正常	正常
12~14	9~10(黄—绿区)	良好	充电不足 相对密度有误差	充电后再测试 调整电解液
11 以下	9 以下(红区)	不良	过放电 内部有故障	充电后再测试 换新

【例 2】行驶中突然无力，仪表内的欠电压指示灯点亮

故障现象：

该电动自行车在行驶中突然无力，将调速转把旋转到最大位置后，该车停止不前。仪表内的欠电压指示灯点亮，用随车充电器充电 8 h，但欠电压指示灯一直点亮不熄灭。

故障检修：

打开蓄电池盒盖，如图 5-38 所示，用一根导线分别瞬间短接每个单体蓄电池，发现无火花或火花较弱，表明单体蓄电池短路。对于短路的单体蓄电池应予以报废更新。

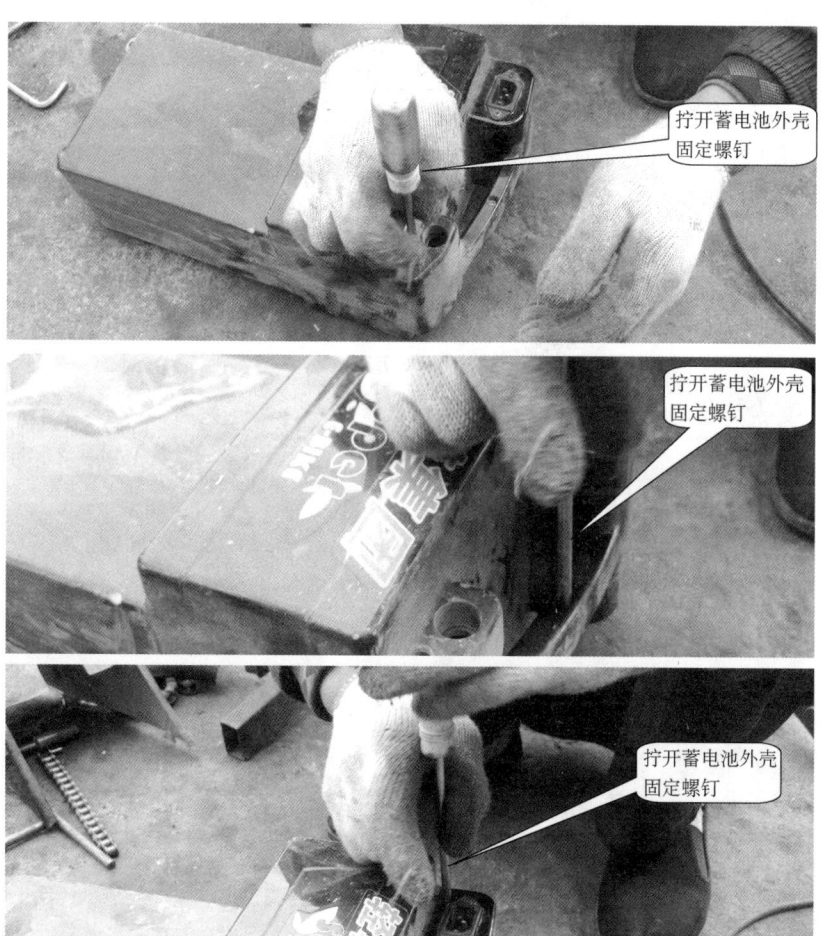

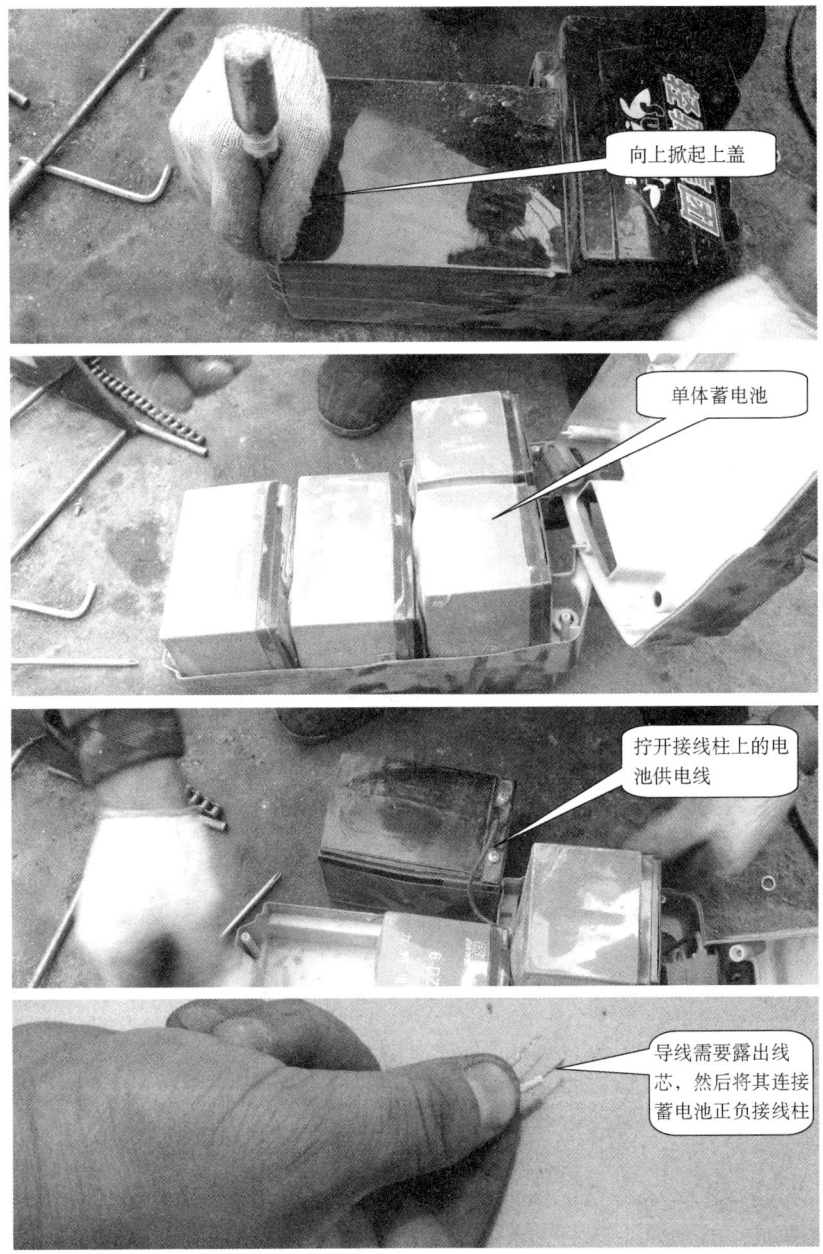

图 5-38 拆开蓄电池然后对其短接

上述故障是蓄电池突然短路造成的。当蓄电池突然短路时,其端电压迅速下降,控制器进行欠电压保护,电动机驱动力减小而无法工作。蓄电池短路时,虽不能向外输出大电流,但短路的单体蓄电池会产生高温,并使电解液急剧受热而喷出。引起蓄电池突然短路的原因是极板活性物质严重脱落。

【例3】蓄电池电压下降快

故障现象:

新蓄电池在充足电后装车使用,启动时电压下降快。

故障检修：

蓄电池电压下降快一般是由于蓄电池容量偏低、电动自行车启动电流过大、蓄电池连线接触不良而造成短路引起的。

(1)蓄电池容量偏低

在蓄电池充足电压后用万用表对蓄电池电压进行检测，若偏低，应对蓄电池进行放电、再充电，使蓄电池保持足够的电压。

(2)电动自行车启动和运行电流过大

检测电动自行车的启动和运行电流，若启动电流大于 15 A，运行电流大于 6 A，说明控制器或电动机有故障。应调整控制器限流值或对电动机进行检查和修理。

(3)蓄电池连线短路

检查蓄电池连线是否牢靠，若连线接头松动接触不良或存在短路现象，应重新连接，排除短路故障。

(4)仪表显示与蓄电池实际容量不相符

可按照蓄电池 2 h 率放电电压与仪表显示的电压进行比较，如果仪表显示的电压值与蓄电池容量的关系不相符，应要求生产厂家进行调整。

◇训练3：蓄电池充足电存放一段时间后，无法正常使用

【例1】蓄电池放置一段时间后，无法正常使用

故障现象：

车蓄电池充足电放置一个月后，开始骑行时感觉动力不足，不到 2 km 电动机就停止转动，仪表内的欠电压指示灯点亮。

故障检修：

(1)如图 5-39 所示，将万用表置于毫安挡(mA)位置并串联在蓄电池回路中。

图 5-39　将万用表串联在电路中

(2)打开电源开关，万用表有 5.89 mA 的电流显示，关断电源开关，万用表读数仍为 5.89 mA，表明蓄电池连线与电源开关某处绝缘不良。沿蓄电池正极向电源开关处检查，发现红色电源线外皮磨破，如图 5-40 所示。

图 5-40　电源线磨破

(3)将该线脱离车体,这时万用表读数为零。用绝缘胶布包扎该线磨破处并紧固,故障排除。

【例2】闲置几天后,蓄电池存电量损失严重

故障现象:

该电动自行车闲置几天不用,蓄电池电量放尽,一般是因蓄电池自行放电所致。

故障检修:

首先用布将蓄电池表面擦干净,然后将该蓄电池完全放电或过度放电,使极板处的杂质进入电解液,之后用长针头注射器将蓄电池的电解液全部吸出,然后将蒸馏水注入蓄电池内。反复多次,再加入新的电解液,重新充电,其详细操作见本日项目2中训练2的内容。

◇训练4:蓄电池正常充电,充不满

【例1】蓄电池充电10 h后仍充不满

故障现象:

电动自行车蓄电池充电10 h后仍充不满。

故障检修:

(1)用良好的同型号充电器对该车蓄电池充电10 h,行驶路程虽有所增加,但仍不理想,表明蓄电池容量减小。用蓄电池容量测试仪检查后,发现蓄电池组中各单体蓄电池的容量下降到额定容量的70%。

(2)拆下蓄电池盖板,去掉安全阀,向蓄电池中加入电解液,刚好看到有流动的电解液出现。接着充电14 h后,静置2~3 h,再以2 h率的电流放电。在放电过程中,测量单体蓄电池的端电压。

(3)放电时间达不到标准要求,重复进行上述充放电操作。重复充放电循环三次后,发现有一只单体蓄电池容量无明显上升,表明该只蓄电池极板活性物质严重脱落或产生不可逆硫酸盐化(简称硫化)。只能用一只旧的蓄电池(其容量与其他三只蓄电池容量相近)进行代替。

【例2】一充电就显示充满,但电池无电压输出

故障现象:

一组蓄电池,充电不到1 h,充电器绿灯就亮,但装到车上使用时,蓄电池无电压输出。

故障检修:

充电器绿灯亮,表示蓄电池电量已充满,而装到车上使用就没电了,一般是由于充电电压低或蓄电池已进入寿命终止期、不能存电所致。判断的方法是:

在充电器显示充满电的情况下,如图5-41所示,用万用表测量蓄电池两端的电压,若蓄电池两端无正常的电压,则说明充电器有故障;若蓄电池两端有正常的电压,而装到车上又无电了,则说明该蓄电池存在故障。一般是蓄电池严重硫化,或蓄电池使用寿命终止,已经不能继续使用了,应进行检修或更换新的蓄电池。

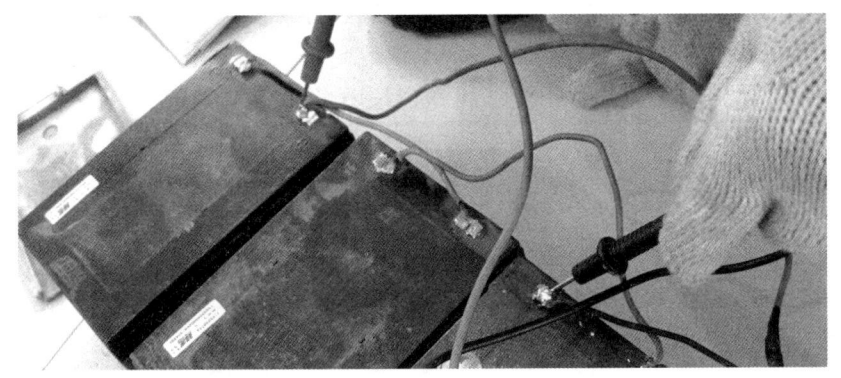

图5-41 测量蓄电池两端电压

◇训练5:蓄电池充电过程中严重发烫,并不变灯

【例1】充电时,充电器盒面较烫且不变灯

故障现象:

该电动自行车蓄电池充电时,充电器盒面较烫且不变灯,充电后续行里程短。

故障检修:

拆下蓄电池盒盖,对蓄电池进行外观检查,未发现蓄电池有渗酸漏液、破损或变形等现象。如图5-17所示,用万用表直流电压挡测得四只蓄电池的端电压相差不到0.28 V,表明该组蓄电池容量均衡。如图5-28所示,用蓄电池测试仪测量各单体蓄电池的单格电压,检查发现各单体蓄电池不存在断路故障,拆下蓄电池盖板和安全阀时发现蓄电池干涸。

如图5-27所述,用注射器将电解液注入蓄电池中,直到有流动的电解液为止。静置2~4 h后,极板上无流动的电解液,又补充了一些。由于蓄电池干涸造成极板硫酸盐化,于是对蓄电池进行充放电循环。以10 h率的电流向蓄电池充电12~13 h,然后再以2 h率的电流放电至终止电压,如此反复三次。

◇训练6：蓄电池充不上电

【例1】蓄电池充不上电

故障现象：

该电动自行车两次抛锚，因在上下班途中骑行，所以均抛锚于同处，怀疑蓄电池充不上电。

检修过程：

由于电动自行车两次抛锚于同处，表明蓄电池每次充电量相同，从而说明该故障不是熔断器烧毁，也不是充电器、蓄电池电源插座的问题。

其故障可能是充电器输出电压过低，蓄电池容量下降或蓄电池内部存在自行放电现象。于是，更换同型号新充电器，充电13 h，故障依旧，表明蓄电池有故障。

然后将蓄电池电解液倒出，发现流出的电解液比较混浊，用蒸馏水冲洗极板四次后，倒出的蒸馏水变清了。加入适量标准电解液并充电14 h。

> 该车充不上电是由于蓄电池内部堆积物过多，使正、负极板短路而自行放电。

【例2】蓄电池使用一段时间后，充电时发热，完成时电动机不启动

故障现象：

铅酸蓄电池使用一年半至两年时间后，电容量减少，输出电压低，充电时发热严重，充电后使用电动机不能启动。

故障检修：

出现以上情况，蓄电池已无法修复，只能更换，可按如下步骤操作：

（1）拆卸

如前文项目2中蓄电池的拆解中的内容所述，将蓄电池连盒从车上取下，放置于工作台上，将蓄电池盒打开。

如图5-42所示，用电烙铁焊下蓄电池连线，并立即用绝缘胶带将蓄电池端子包住，以防止与其他金属物体接触而发生短路，焊下蓄电池之间的连线时，可先焊下一个头，拿住接头，再焊另一个接头，焊下后将连线放到规定的地方，以防止连线使蓄电池短路。

图5-42　焊下接线柱引线

对于用黏结剂将蓄电池与蓄电池盒黏结在一起的蓄电池组,可对蓄电池组略微加热,或用酒精等溶剂将黏结剂熔解,然后取下蓄电池。最后将蓄电池盒上的黏结剂或残余垫片清除干净,准备安装新蓄电池。

(2)安装

安装前先对蓄电池盒、连线、保险丝座、充电插座以及蓄电池引出线进行一次检查,并紧固所有连接件。在保证这些器件性能完全可靠的情况下,然后按照新蓄电池包装箱内说明书的要求进行安装。

(3)试用

试用时,需对蓄电池充放电指标进行检查,重点检查与之相匹配的充电器、控制器的工作状态,发现异常,应找出原因,并及时处理。经多次充放电试用正常后,方可投入正常运行。

◇训练7:蓄电池内部短路

【例1】蓄电池内部短路

故障现象:

该蓄电池端电压过低,骑行时蓄电池的端电压迅速下降。充电时蓄电池壁的温度上升很快,电压很低或者为零。

故障检修:

如图5-38所述,首先拆下蓄电池盖,检测单格蓄电池的容量,并对蓄电池单格快速碰火,检查出短路或有故障的单体蓄电池,更换新的单体蓄电池。

【例2】蓄电池使用中失去启动能力

故障现象:

蓄电池在使用过程中突然失去启动能力,启动时,蓄电池的单格处有电解液喷出。

故障检修:

此种现象是由蓄电池单格短路引起的。由于单格短路,使蓄电池内阻增加,电压降低,不能输出强大的电流,因此,失去了启动的能力。同时在短路处会产生高温,使电解液急剧受热而喷出。

引起蓄电池单格短路的故障原因主要有两种,一是蓄电池使用的电解液含有杂质;二是蓄电池活性物质脱落。

如图5-38所示,首先查找短路的单格,可用一根细导线使蓄电池各单格的正、负极打火,观察火花的强弱,无火花或火花较弱的单格,即为短路单格。短路点确定后,再按以下方法进行检修。

(1)电解液中含有杂质的检修方法

对于采用不纯电解液的蓄电池,应先将蓄电池用标称容量的10%的电流放电至单格电压1.7 V为止,然后将电解液全部倒出,并用蒸馏水清洗干净,再换用纯净的电解液,按正常的方法进行充电。

(2)活性物质脱落的检修方法

对于极板活性物质严重脱落的蓄电池,一般会造成不可逆的硫酸盐化。首先应用 1.8 A 的电流对其充电,续充 12~16 h,观察电压是否能达到 13.4 V 以上,若蓄电池组之间电压相差较大,将其放电到终止电压,再用 0.05~0.15 C 电流充电 20 h,之后以 1.5 A 电流放电至 10.5 V/只,这样反复 2~3 次,直至不可逆硫化消除为止。

> 蓄电池单格短路时,可进行应急处理,即采用粗导线将短路单格的正、负极柱短接,使短路单格失效,蓄电池仍可继续使用。但采用这种方法,在低温环境下,电动自行车可能难以启动。应急处理方法只限于在行驶途中使用,在回到驻地或维修点时,应对蓄电池进行检修或更换蓄电池。

第六日 充电器的检测及故障检修

项目1：初识电动自行车充电器

◇课程1：充电器的分类

充电器是为电动自行车蓄电池充电的设备，其外形如图6-1所示。它的作用是将220 V交流电通过充电器转换为蓄电池需要的直流电，充入蓄电池储存起来，供电动自行车使用。充电器的性能和质量主要影响电动自行车蓄电池的使用寿命。充电器在安全方面是至关重要的，外壳和其他易触及部件的绝缘性能应符合双重绝缘或加强绝缘的需要。

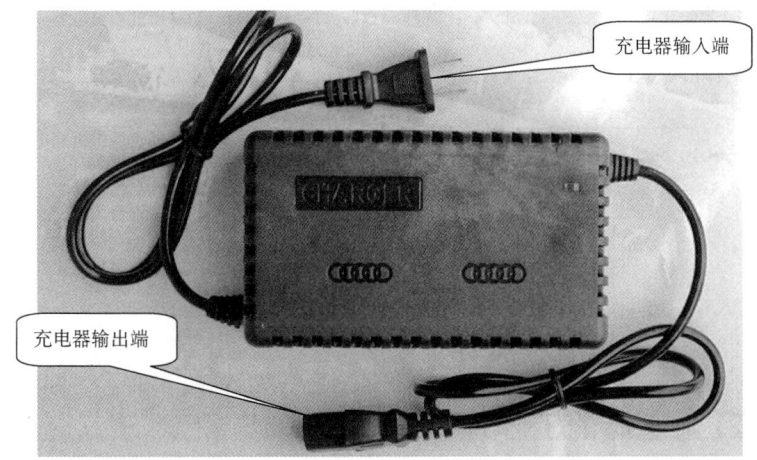

图6-1 充电器

目前常见的充电器有如下几种分类。

(1)按输出电压分类 如图6-2所示。

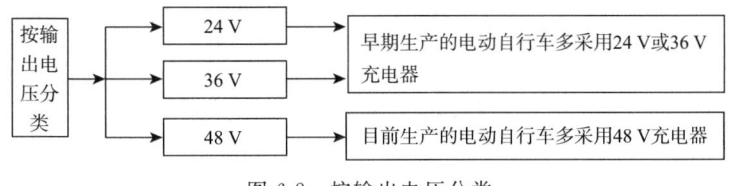

图6-2 按输出电压分类

(2) 按构成分类 如图 6-3 所示。

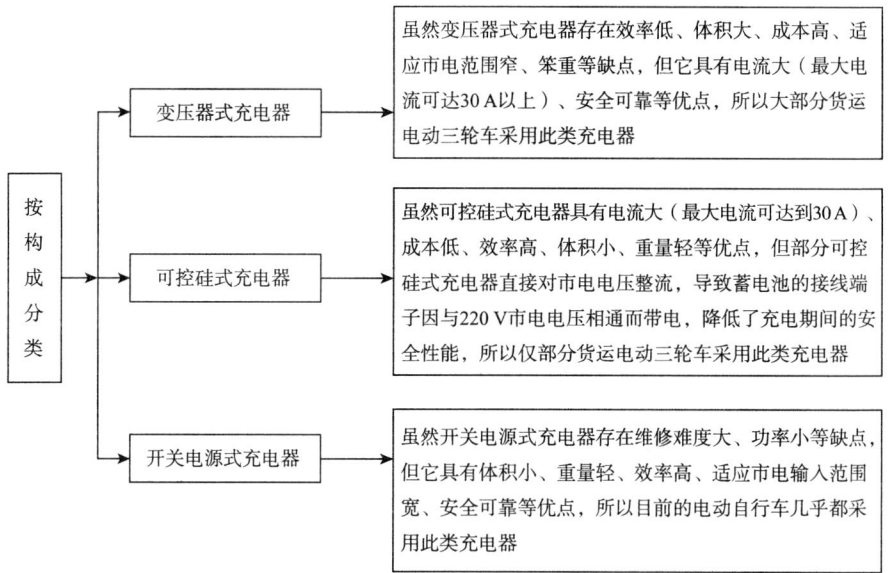

图 6-3 按构成分类

(3) 按功能分类 如图 6-4 所示。

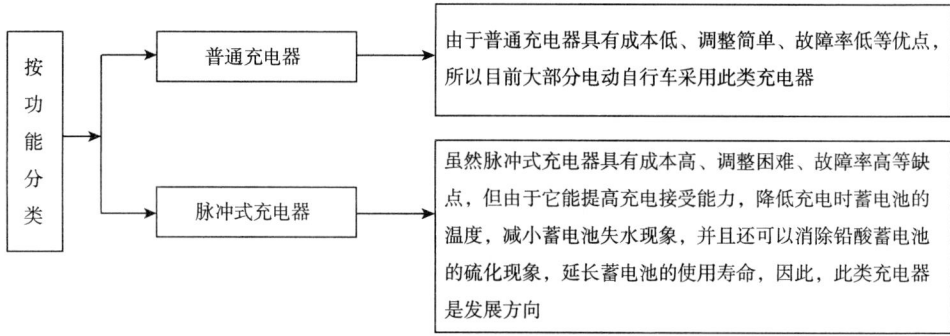

图 6-4 按功能分类

◇课程 2：充电器的工作原理

充电器由 AC-DC 功率变换器、电压/电流检测电路、反馈电路 3 部分构成，其工作过程图框如图 6-5 所示。

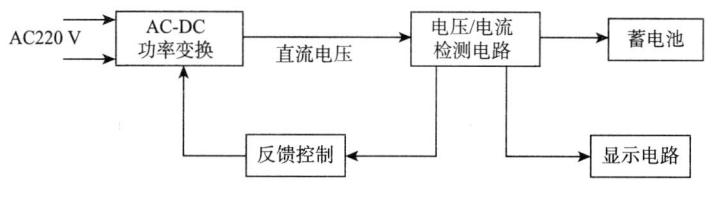

图 6-5 充电器基本构成方式

> AC 为交流,DC 为直流,简单来讲 AC-DC 就是交流变直流电路。

充电器的主要任务由 AC-DC 完成,充电器的工作原理即是 AC-DC 的工作原理,在内部结构上可以分成:串联型、并联型和半桥型几种。

(1)串联型　图 6-6 所示是串联型功率变换器的基本电路。

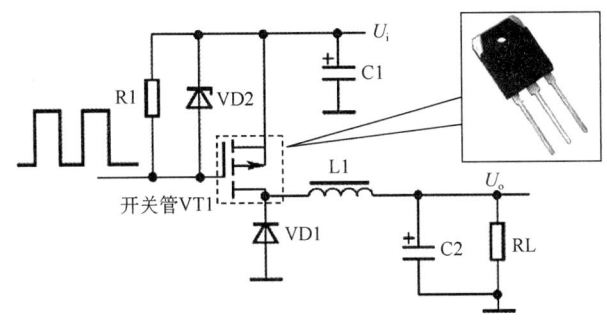

图 6-6　串联型功率变换器基本电路

由于此类开关电源的开关管 VT1 通常采用 P 沟道型场效应管,所以当激励脉冲为低电平时,开关管 VT1 导通,滤波电容 C1 两端的 U_i 经 VT1 的 S/D 极、储能电感 L1 和滤波电容 C2 构成回路充电,为 C2 提供能量,同时电流在 L1 中获得左端正、右端负的电动势。当激励脉冲为高电平时 VT1 截止,流过 L1 的导通电流消失,由于电感中的电流不能突变,所以 L1 通过自感获得右端正、左端负的感应电动势,于是 L1 上右端正、左端负的脉冲电压经 L1、C2 和续流二极管 VD1 构成放电回路,回路中的电流继续为滤波电容 C2 充电。因此,滤波电容 C2 获得直流电压 U_o,该电压为负载电路 RL 供电。因此,此类功率变换器的效率高于并联型功率变换器。

由于滤波电容 C2 在一个振荡周期(开关管导通时间+开关管截止时间)均能获得能量,所以不需要储能电感 L 的电感量和滤波电容 C2 容量很大的情况下,就能够保证负载获得足够的供电电压。而开关管 VT1 在截止期间,其 S 极承受最高电压为供电电压 U_i,而续流二极管 VD1 在 VT1 导通期间,承受的反向电压也近于供电电压 U_i。因此,此类功率变换器的 VT1、VD1 工作安全性高,且输出电压纹波小。

(2)并联型　图 6-7 所示是并联型功率变换器的基本电路。

其中,图 6-7(a)所示是变压器耦合并联型功率变换器,图 6-7(b)所示是普通并联型功率变换器。

变压器耦合并联型:由于此类开关电源的开关管 VT1 采用 N 沟道型场效应管,所以当激励脉冲为高电平时,开关管 VT1 导通,滤波电容 C1 两端的输入电压 U_i(来自市电变换的 300 V电源)经开关变压器 T1 初级次绕组 P1、VT1 的 D/S 极、电阻 R1 形成回路,回路中的导通电流在 P1 绕组上产生上端正、下端负的电动势,此时由于 T1 次级绕组 P2 感应的电动势为上负、下正,整流管 VD1 截止,于是电能以磁能的形式存储在开关变压器 T1 磁芯内部。

当激励脉冲为低电平时,开关管 VT1 截止,流过开关变压器 T1 初级绕组 P1 的导通电流急剧下降,所以 P1 绕组通过自感产生下端正、上端负的电动势,以阻止电流的下降,此时 P2 绕组产生上端正、下端负的脉冲电压,该电压经 VD1 整流、电容 C2 滤波获得直流电压 U_o,为负载 RL 供电。

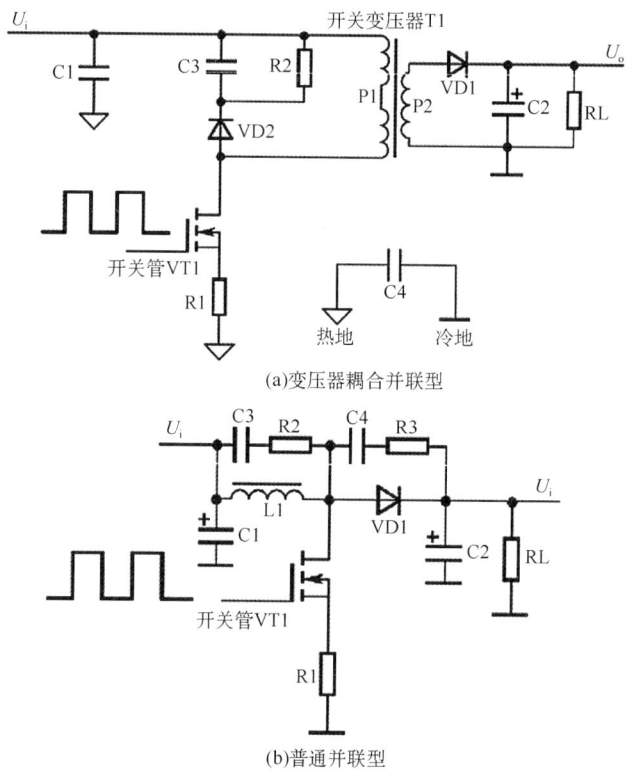

图 6-7 并联型功率变换器的基本电路

普通并联型:此类开关电源的开关管 VT1 也采用 N 沟道型场效应管,所以当激励脉冲为高电平时,开关管 VT1 导通,滤波电容 C1 两端的输入电压 U_i(通常来自主电源电路)经电感 L1 和 VT1 的 D/S 极、电阻 R1 形成回路,回路中的电流在 L1 两端产生左端正、右端负的电动势,此时整流管 VD1 截止,于是电能以磁能的形式存储在 L1 内部。当激励电压为低电平时,开关管 VT1 截止,流过 L1 的导通电流急剧下降,所以 L1 绕组通过自感产生右端正、左端负的电动势以阻止电流的下降。因此,L1 产生的右正、左负的脉冲电压经 VD1 整流、电容 C2 和 C1 构成回路为 C2 充电,在 C2 两端建立直流电压 U_o,为负载 RL 供电。

(3)半桥型 简化电路如图 6-8 所示。

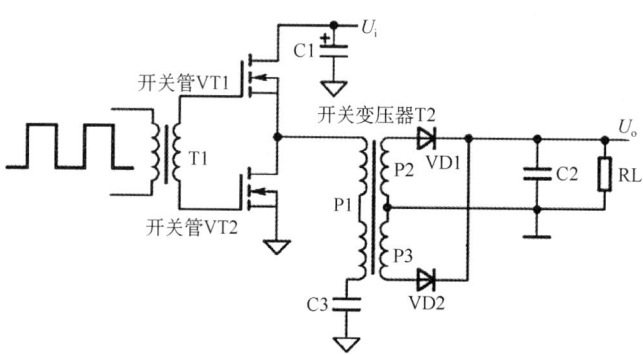

图 6-8 半桥型功率变换器基本电路

由于单开关管并联型开关电源只在开关管截止期间向负载电路供电,所以需要增大滤波电容 C 的容量和开关变压器的电感量,保证足够的带载能力。因截止期间开关管漏极上产生的反峰脉冲的尖峰电压较高,开关管必须采用击穿电压高的场效应管。

由开关管激励电路产生的矩形激励脉冲经 T1 耦合后使开关管 VT1、VT2 轮流导通。当激励脉冲为高电平时,开关管 VT1 导通、VT2 截止,输入电压 Ui 经开关管 VT1、开关变压器 T2 初级绕组 P1、电容 C3 构成回路,回路中的电流在 T2 初级绕组产生上正下负的脉冲电压,此时 T2 次级绕组 P2、P3 感应的脉冲电压为上正下负,P2 感应的脉冲电压经整流管 VD1 导通、VD2 截止,经 VD1 整流、C2 滤波获得电压为负载电路 RL 供电。当激励电压为低电平时,开关管 VT1 截止、VT2 导通,电容 C3 存储的电压经初级绕组 P1、VT2 构成放电回路,回路中电流使 P1 产生下负上正的脉冲电压,T2 次级绕组 P2、P3 感应的脉冲电压为下正上负,于是 P3 感应的脉冲电压经整流管 VD2 整流、电容 C2 滤波获得的直流电压,继续为负载电路 RL 供电。由于此类功率变换器每一个振荡周期都能为负载电路供电,所以此类功率变换器效率高。因两个开关管交替导通,所以每个开关管截止期间承受的反峰电压较低,故可选用耐压低的晶体管做开关管。

◇课程 3:充电器主要参数

电动自行车充电器常用的充电方式一般分二阶段式充电模式与三阶段式充电模式两种。

1. 二阶段式充电模式

二阶段式充电是指先恒压充电,充电电流随蓄电池电压的上升逐渐减小,等蓄电池的电量补充到一定程度以后,电压会上升到充电器的设定值,随后进入涓流的浮充状态。

2. 三阶段式充电模式

三阶段式充电的第一个阶段叫恒流充电阶段,第二个阶段叫恒压充电阶段,第三个阶段叫涓流充电阶段。充电阶段的转换是由充电电流决定的。这个电流叫转换电流,也叫转折电流。对于电动自行车充电器而言,转折电流通常为 300 mA 左右。蓄电池初始充电期间因能量消耗过大,充电器先以 1.7 A 左右的恒流对蓄电池快速充电,随着蓄电池存储能量的升高(两端电压升高),充电电流减小,被充电控制电路检测后充电器自动转为恒压充电,继续为蓄电池补充能量,电压上升的幅度较小并且速度放慢,直到电压稳定;当充电电流小于 300 mA 后自动转为涓流充电,以补偿蓄电池的自放电电流,并起到保养蓄电池的作用。

目前,大部分三阶段式充电器在限流和恒压充电阶段,其表面上的红色发光管发光,在涓流充电期间绿色发光管发光。

> 早期许多电动自行车的 36 V 充电器在充电期间虽然指示灯发光也变色,但由于它只能输出一个 44 V 左右的稳定电压值,所以它是普通的恒压限流充电器,而不是三阶段式充电器。因此,此类充电器只能为当时的高比重硫酸蓄电池充电,若用它给目前的蓄电池充电会对蓄电池带来一定的危害。

三阶段式(也称三段式)充电器的主要参数:第一个是涓流阶段的参考电压值,第二个是恒压阶段的参考电压值,第三个是转换电流。这三个重要参数不仅与蓄电池种类有关,还与蓄电池的容量和环境温度有关,下面以 6 V/10 Ah 蓄电池所用的三段式充电器为例来介绍。

(1) 涓流阶段的参考电压值

涓流阶段的参考电压值在北方为 42.5 V 左右,在南方要低于 41.5 V;胶体蓄电池在北方要低于 41.5 V,在南方还要更低一些。这个参数是相当严格的,不能大于或小于该参考值。该值高容易导致蓄电池失水,会引起蓄电池发热变形;该值低不仅充电速度慢,而且不利于蓄电池充足电。因此,这个参数极为重要,只有满足这个参数要求才能延长蓄电池的使用寿命。

(2) 恒压阶段的参考电压值

恒压阶段的参考电压值为 44.5 V 左右。此值高有利于快速充足电,但容易造成蓄电池失水,充电后期不能使电流降下来,容易导致蓄电池发热变形;此值低则蓄电池快速充电的时间短,延长了蓄电池充足电的时间,但有利于向涓流阶段转换。因此,这也是个重要参数,不能偏离过多。

(3) 转换电流

转换电流的参考值为 300 mA 左右。通常该参考值范围是 250~350 mA,不能小于 200 mA。若此值高,虽有利于延长蓄电池的使用寿命,但增加了充电时间;若此值低,虽有利于充足电并缩短充电时间,但会导致恒压充电时间过长,容易引起蓄电池失水,降低蓄电池的使用寿命。当个别蓄电池出现问题,使充电电流不能降为转折电流时,会损坏同组其他蓄电池。

另外,48 V 充电器恒压阶段的参考电压值为 59.5 V 左右,涓流阶段的参考电压值为 56.5 V 左右。如果蓄电池的容量大于 10 Ah(如 17 Ah),则转换电流参考值应适当增大,通常可增大到 500 mA 左右。

36 V/10 Ah 三段式充电器波形如图 6-9 所示,48 V/20 Ah 三段式充电器波形如图 6-10 所示。

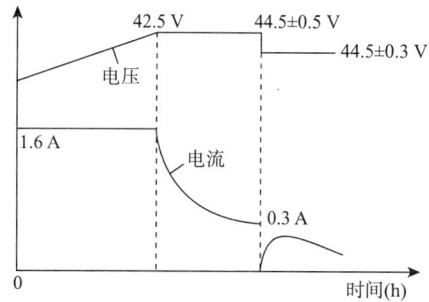
图 6-9 36 V/10 Ah 三段式充电器波形

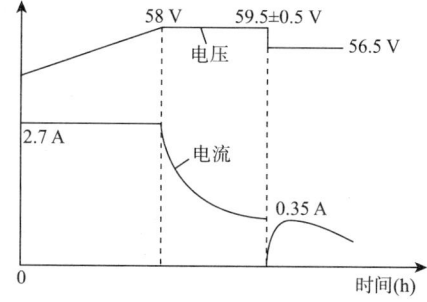
图 6-10 48 V/20 Ah 三段式充电器波形

◇课程 4:典型充电器的电路分析

本节介绍些市场占有率较高的 UC3842+LM393 充电器和 TL494+LM358+CD4011 构成的脉冲型充电器为例,此处不仅将其工作过程进行讲述,还辅以常出现的故障及检修操作的技巧指导,具有较高的指导性、实用性和资料性。

一、UC3842+LM393 充电器

该充电器由电源控制芯片 UC3842 和双电压比较器 LM393 构成的充电器电路如图 6-11 所示。其中,UC3842 和相关元件构成了功率变换器部分,LM393 和相关元件构成了电压检测和控制部分。

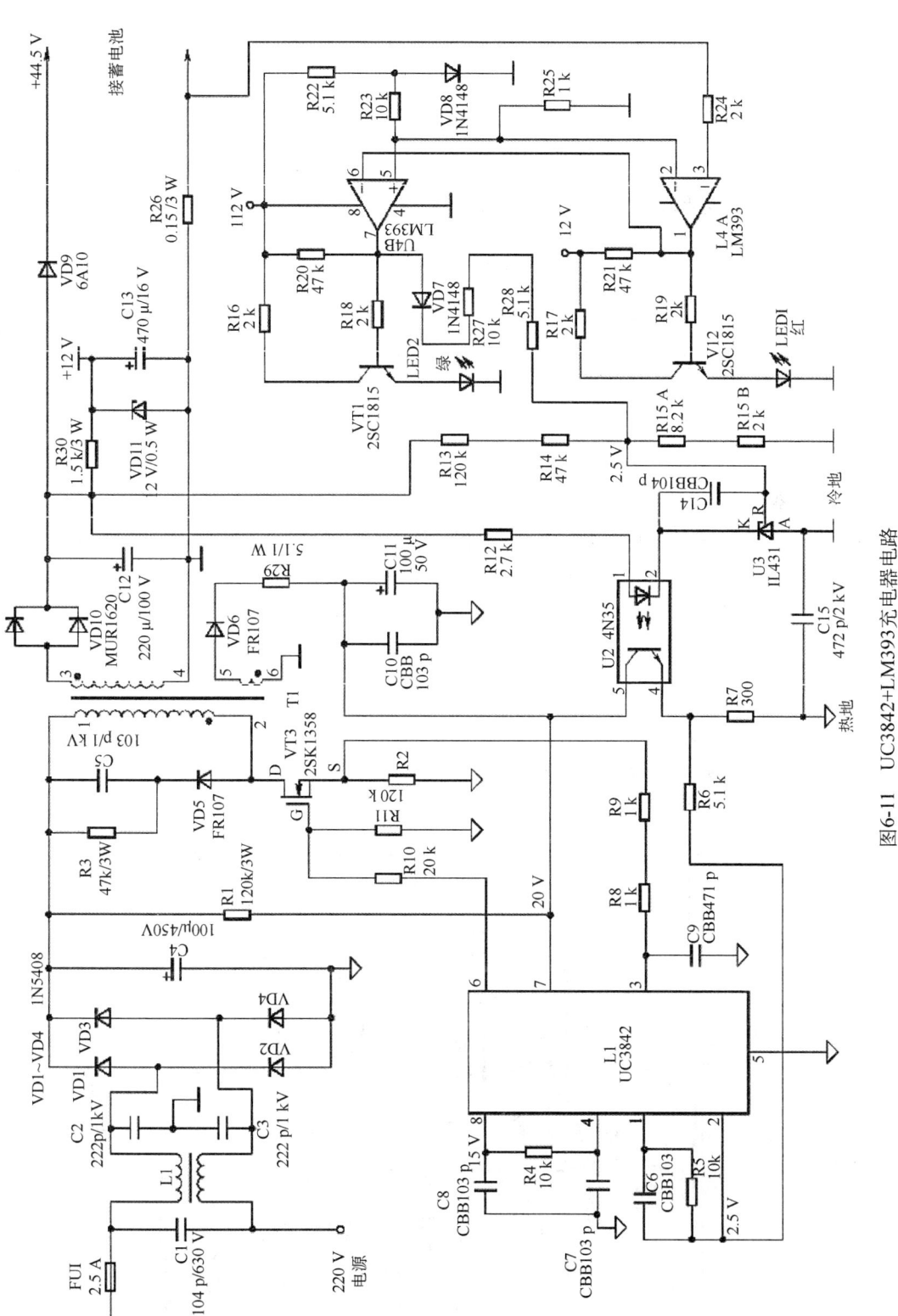

图6-11 UC3842+LM393充电器电路

1. 功率变换

参见图6-11,该充电器的功率变换器部分主要由AC-DC变换器、DC-DC变换器构成。

(1) AC-DC变换器 如图6-12所示。

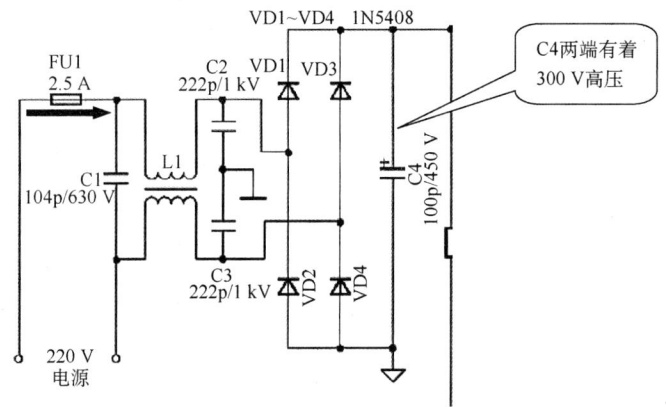

图6-12 AC-DC变换

该充电器接上市电电压后,市电电压经保险管FU1送到C1、L1、C2、C3组成的线路滤波器,滤除市电电网中的高频干扰脉冲后,通过VD1~VD4组成的桥式整流堆整流,在C4两端建立300 V左右的直流电压。

C1、L1、C2、C3或VD1~VD4、C4中有一个击穿,都会导致保险管FU1过流熔断。C4容量下降或VD1~VD4导通电阻大都会导致开关电源内阻大,甚至会导致开关管损坏。

(2) DC-DC变换器 如图6-13所示。

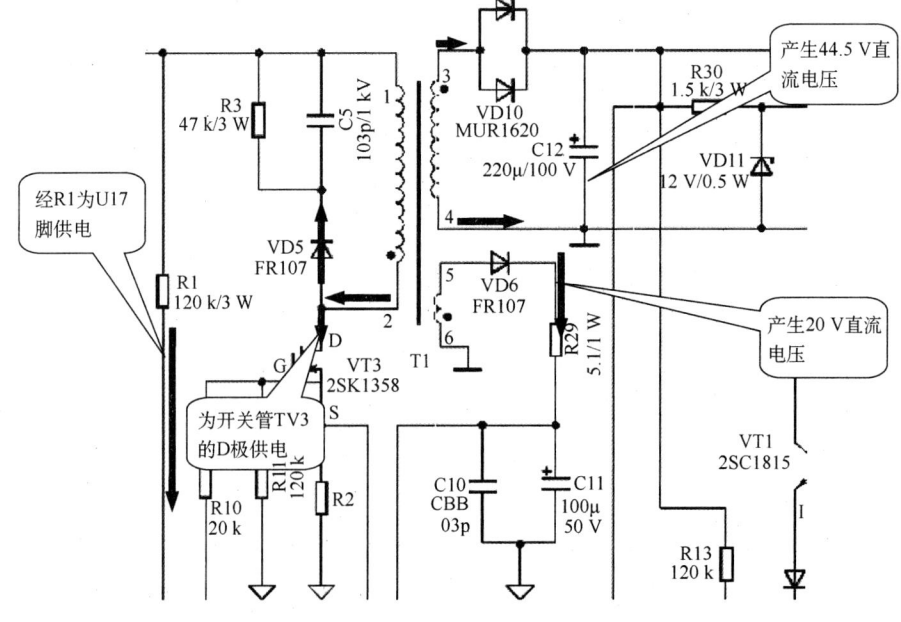

图6-13 DC-DC变换

300 V电压一路通过开关变压器T1的初级绕组(1～2绕组)加到开关管VT3的D极为它供电,另一路经R1对电源控制芯片U1(UC3842)供电端⑦脚外接的滤波电容C10、C11充电。当C11两端电压达到16 V时,U1内部的启动电路开始工作。U1工作后,其内部的基准电压发生器产生的5 V电压不仅为内部的振荡器等电路供电,而且从U1⑧脚输出。5 V电压经R4、C7和④脚内的振荡器通过振荡在C7两端产生锯齿波脉冲电压。该锯齿波脉冲作为触发信号,控制PWM调制器(RS触发器)产生矩形激励脉冲,再经驱动电路放大后从U1⑥脚输出开关管激励脉冲信号。当激励脉冲为高电平时,通过R10驱动开关管VT3导通,于是300 V电压经T1初级绕组、VT3的D/S极和R2到地构成回路,回路中的电流在T1的初级绕组上产生1正、2负的电动势,此时T1次级绕组接的整流管反偏截止,所以它开始存储能量,同时导通电流在R2两端产生压降,并通过R9、R8和C9抑制干扰脉冲后加到U1③脚。当U1③脚输入的电压达到1 V,被U1内部的PWM电路处理后,U1⑥脚输出的激励脉冲变为低电平,使VT3迅速截止。VT3截止后,流过T1初级绕组的导通电流消失,T1初级绕组产生反相的电动势,于是T1的次级绕组产生反相的脉冲电压,经整流滤波后产生直流电压为相应的负载供电。

T1的3～4绕组输出的脉冲电压经肖特基二极管VD10整流、C12滤波,产生44.5 V直流电压。该电压第一路通过防止反向充电的隔离二极管VD9为蓄电池充电;第二路通过R12加到光电耦合器U2①脚,为其内部的发光管供电;第三路送到R13、R14、R15组成的误差取样电路;第四路通过R30限流,由12 V稳压管VD11稳压产生12 V电压,为充电检测控制电路和显示电路供电。

T1的5～6绕组输出的脉冲电压经快速整流管VD6整流、C11滤波,获得20 V直流电压,该电压一路送到电源控制芯片U1⑦脚,取代启动电路为U1提供启动后的工作电压;另一路送到光电耦合器U2⑤脚,为U2内的光敏管供电。

(3)尖峰脉冲吸收

由于开关管的负载是感性负载——开关变压器,所以开关管截止瞬间开关变压器的初级绕组会在开关管的漏极上产生反峰脉冲。该脉冲上叠加幅度极高的尖峰脉冲,若不抑制这些尖峰脉冲,很容易导致开关管过压损坏。该机通过C5、VD5、R3组成尖峰脉冲吸收回路对过高的尖峰脉冲进行有效的吸收,以保证开关管VT3工作在安全区域。

(4)开关管过流保护

当蓄电池或VD6、VD10、C12击穿等原因引起开关管VT3过流,导致R2两端产生的取样电压升高时,该电压通过R8、R9为U1③脚提供的电压达到1 V后,切断U1⑥脚输出的激励脉冲,使VT3截止,避免了VT3过流损坏,实现开关管过流保护。

(5)欠压保护

当控制芯片的供电电压过低时,可能会引起芯片内的振荡器、推挽放大电路等电路工作异常,使芯片输出的开关管激励电压失真,容易导致开关管因功耗大(开启损耗大)而损坏。为此,需要设置欠压保护电路。

若启动电阻R1或U1⑦脚内外电路异常,导致启动期间为U1⑦脚提供的电压低于16 V时,芯片内的启动/关闭控制电路输出关闭信号,U1不能启动;当完成启动后,若VD6、R29、C11异常为U1提供工作电压(通常称该电压为自馈电电压)低于10 V,启动/关闭控制电路再次输出低电平信号,使5 V基准电压消失,U1停止工作,实现欠压保护。因该保护电路未采用闭锁技术,所以保护动作后启动电压再次达到 16 V 后 U1 仍会启动。

该保护电路动作后会导致 UC3842 重复工作在启动与停止状态,开关变压器会发出"唧唧"的高频叫声。启动和关闭的 6 V 差值电压可有效地防止电路在阈值电压附近工作时误动作,欠压保护阈值图如下图所示。

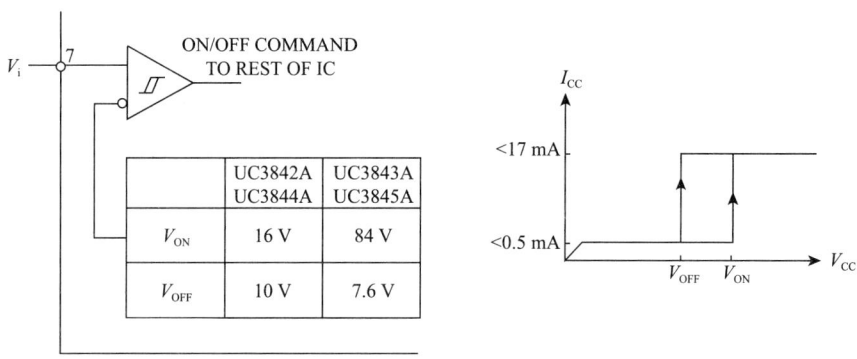

由于 C11 不仅有滤波的作用,还是储能电容,所以它损坏后要尽可能更换同规格的电容。若更换的电容容量过小,则它存储的能量在使 UC3842 启动后,未等到自馈电电压到来时就被耗尽,使欠压保护电路动作,致使 UC3842 完成启动后又停止工作;若它的容量过大,会导致自馈电电压建立的速度过慢,也会使 UC3842 在规定时间内得不到正常的自馈电电压而停止工作。因此,C11 不像普通的滤波电容容量越大越好,而是必须采用容量相同或相近的电容更换。

2. 稳压控制

该开关电源的稳压控制电路由电源控制芯片 U1、光电耦合器 U2、三端误差放大器 U3 和误差取样电路构成。由于误差取样电路是对开关电源输出端电压进行取样,所以误差取样方式属于直接取样方式。如图 6-14 所示。

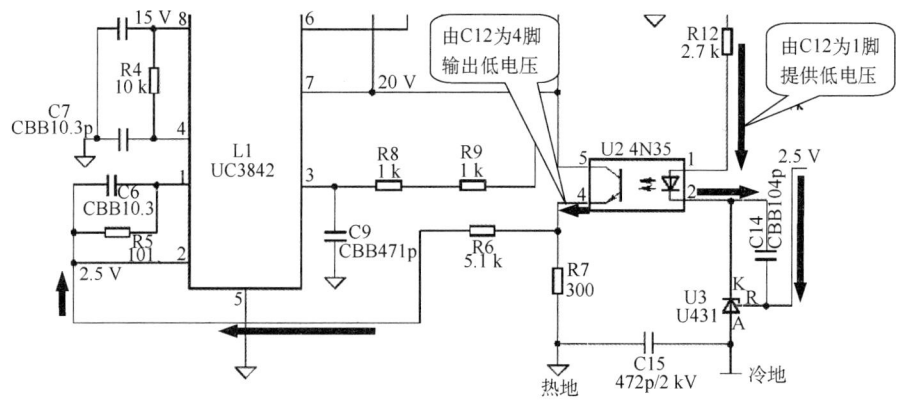

图 6-14 稳压控制

当市电电压降低或负载较重引起开关电源输出电压下降时,滤波电容 C12 两端降低的电压不仅使 U2①脚输入电压下降,而且经 R13、R14、R15A、R15B 取样后,为 U3 提供的取样电压低于 2.5 V,由 U3 内的误差放大器放大后,使 U2②脚电位升高,于是 U2 内的发光管因导通电流减小而发光变弱,使 U2 内的光敏管因受光变弱而导通程度下降,U2④脚输出的电压减小,该电压通过 R6 为 U1②脚提供的误差电压变小,经 U1 内的误差放大器放大后,为电流比较器反相输入端提供的电压增大,与反相输入端的电压比较后,PWM 锁存器输出高电平信号的时间被延长,使得开关管 VT3 导通时间延长,开关变压器 T1 存储的能量增大,开关电源输出电压升高到正常值,实现稳压控制。若开关电源输出电压升高时,控制过程相反。

> 若该电路异常不能有效控制开关管 VT3 导通时间,会导致开关管导通时间延长,开关变压器 T1 各个绕组产生的脉冲电压升高,这不仅容易造成蓄电池因过充电而影响寿命,而且容易导致开关管、滤波电容等元器件过压损坏。因此,维修开关管击穿的故障时必须重点检查它们是否损坏。

3. 充电控制

该充电器的充电控制电路由双电压比较器 U4(LM393)、取样电阻 R26、发光管 LED1、LED2 等元器件构成。如图 6-15 所示。

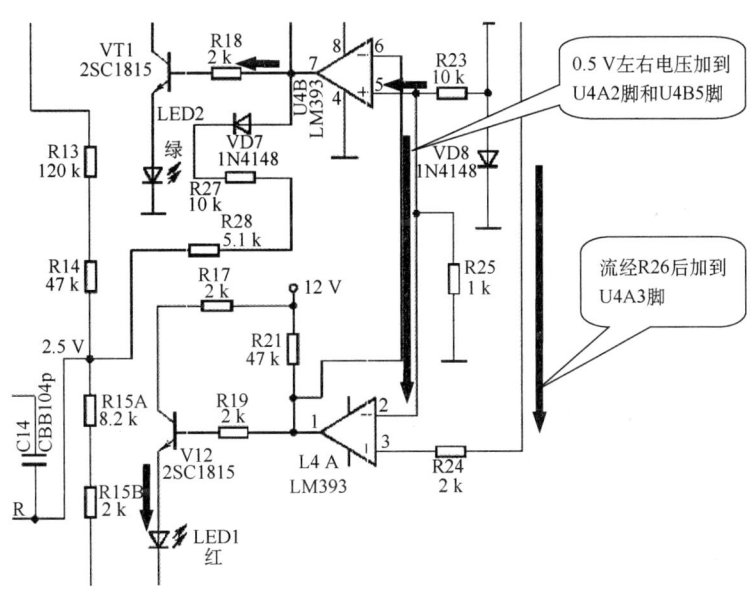

图 6-15 充电控制

其中 R26 是电流取样电阻,它串联在蓄电池的充电回路中,充电期间会在 R26 两端产生的左负右正的压降。这个压降通过 R24 加到 U4A 的同相输入端③脚,同时 12 V 电压经 R22 限流,由 VD8 钳位到 0.5 V 左右,该电压通过 R23 和 R25 取样后,得到参考电压,加到 U4A 的反相输入端②脚和 U4B 的同相输入端⑤脚。

使用过的蓄电池因能量释放而使其两端电压下降,这样它在充电初期就会使开关电源的负载较重,在稳压控制电路的控制下,开关管 VT3 导通时间较长,充电电流较大。此时,不仅使蓄电池能够快速得到能量,而且大的充电电流在 R26 两端建立的压降较高,经 R24 为 U4A③脚提供的电压高于②脚上的参考电压,于是 U4A 的输出端①脚输出高电平控电压。

该电压一路使 U4B⑥脚的电位高于其⑤脚输入的参考电压,于是 U4B 的输出端⑦脚输出低电平控制电压,该电压不仅使射随放大器 VT1 截止,导致绿色发光管 LED2 熄灭,而且使 VD7 截止,不影响开关电源的工作状态;另一路通过 R19 送到射随放大器 VT2 的 b 极,由其 E 极输出的电压使红色发光管 LED1 发光,表明充电器工作在恒流充电状态或恒压充电状态。而恒流充电状态、恒压充电状态的切换由蓄电池所充得的电压决定,当蓄电池两端电压达到 44.5 V 时便开始进入恒压充电阶段。

在恒压充电阶段随着蓄电池所充电压不断增加,充电电流进一步减小。当电流减小到转折电流后,在 R26 两端产生的压降使 U4A③脚输入电压小于②脚的参考电压时,U4A①脚输出低电平控制电压。该电压一路通过 R19 使 VT2 截止,红色发光管 LED1 因导通电压消失而熄灭;另一路使 U4B⑥脚的电位低于其⑤脚输入的参考电压,于是 U4B 的输出端⑦脚输出高电平控制电压,该电压不仅通过 R18 限流、VT1 射随放大后使 LED2 发光,表明蓄电池快速充电结束,而且通过 VD7、R27、R28 为三端误差放大器 U3 提供超过 2.5 V 的电压,经 U3 内的误差放大器放大后使 U2②脚电位下降,于是 U2 内的发光管因导通电流增大而发光加强,U2 内的光敏管导通加强,U2④脚输出电压升高,通过 R6 加到电源控制芯片 U1②脚后,被 U1 内的误差放大器、PWM 调制器处理后使开关管 VT3 导通时间缩短,开关电源输出电压下降,C12 两端电压下降到 42.5 V,为蓄电池提供涓流充电的低电压。

二、TL494＋LM358＋CD4011 构成的脉冲型充电器

以电源控制芯片 TL494、双运算放大器 LM358(或 HA17358)和与非门芯片 CD4011 为核心构成的脉冲型充电器电路如图 6-16 所示。

> 所谓的脉冲型充电器就是增加了放电装置。假设充电电流方向为正,放电也就为负了,所以许多人将这种充电器称为"负脉冲充电器"。

因前文已讲述两种充电器,在此处我们重点讲述其脉冲控制的过程。

参见图 6-16,该放电控制部分主要以四与非门芯片 IC3(CD4011)和功率放大管 VT6 为核心构成。IC3 的 A、B 两个与非门和 C24、C25 及两个 100 kΩ 电阻构成了多谐振荡器,IC3 的与非门 C 构成了反相器,与非门 D 构成的是非门。由多谐振荡器产生高电平时间为 3 ms、低电平时间为 1250 ms 的振荡脉冲,该振荡脉冲作为触发脉冲对反相器 C 进行控制。而反相器 C 能否输出脉冲,还由它①脚输入的电压控制。只有①脚输入高电平控制电压后,其③脚才能输出控制电压。IC3①脚通过 20 kΩ 电阻和二极管 VD19 接在 IC2①脚。在快速充电期间,IC2①脚输出高电平控制电压后,使 IC3①脚输入高电平控制电压后,其③脚便输出放电控制脉冲。该脉冲由非门处理后再驱动由 VT5 和 VT6 组成的达林顿管放大后,就可实现脉冲充电控制。

> 该电路异常后,一是会产生 VT6 始终截止,因不能放电而无法实现脉冲充电;二是 VT6 击穿或导通时间过长会导致开关电源过流或使保险管 FU2 熔断。

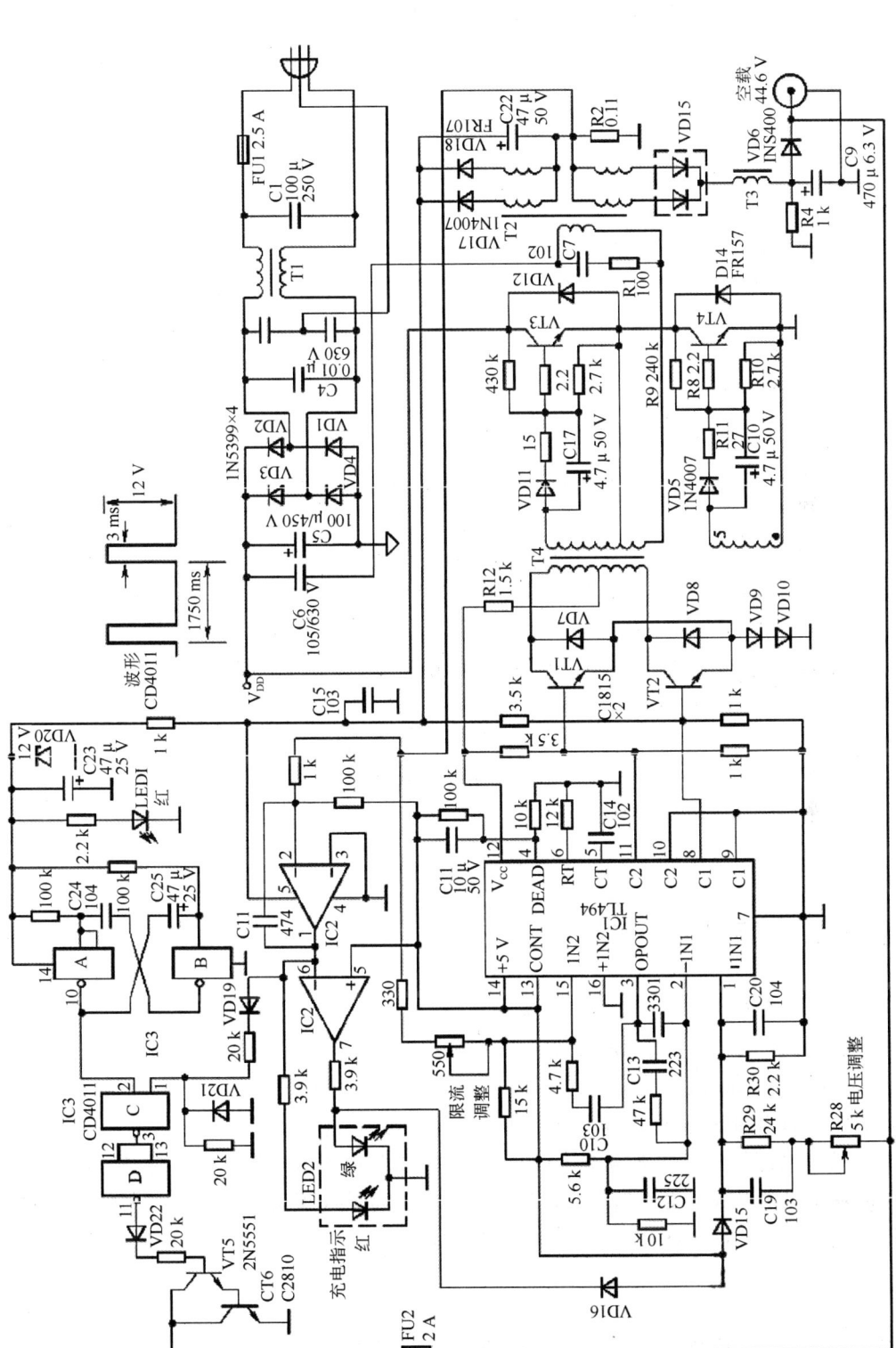

图6-16 TL494+LM358+CD4011构成的脉冲型充电器电路

项目2:充电器的故障分析

◇课程1:充电器无输出电压或不稳定

引起充电器没有电流输出或整流不稳定现象发生常见的故障原因有:
(1)没有电流输出,原因是蓄电池盒内熔丝管熔断、器件损坏,引脚开焊等。
(2)整流不稳定,引脚虚焊,接触不良。
(3)整流管单桥臂断路。
(4)滤波电容断路、开焊、失效等。
根据以上原因的分析,可按以下方法逐步排查。
(1)先检查可能的故障点,如颜色异常、有异味,用手轻轻摇动器件是否有松动,检查电路板背面的焊点等。
(2)找关键测点,由后向前逐级带电检测电压、电流。
(3)检测电阻两端的压差是否与计算值相符。
(4)电容两端压差是该电路的电压。若无电压,说明电容已经击穿短路。
(5)检测稳压器和单独使用的运算器各引脚电压。稳压器输出电压大约等于输入电压加控制电压。
(6)前级良好,后级异常,其主要原因是中间电路有故障,如稳压管或功能电路工作失常。若稳压管正常,说明检测电路、调整电路中的器件失效等。
更换上述损坏的元件,故障即可排除。

◇课程2:充电时外壳严重发热

引起充电器发热且伴有异常响声常见的故障原因有:
(1)消振阻容组件损坏或者是滤波电容开路或虚焊。
(2)电源厚膜块损坏。
根据以上原因的分析,可按以下方法逐步排查:
首先观察电源指示灯和充电指示灯是否正常;如两种指示灯很暗且闪烁,则可能是充电器电路输出级消振阻容组件损坏或者是滤波电容开路或虚焊引起。而灯光闪烁,一般是电源厚膜块损坏。应逐一进行检查,并更换损坏的组件。

◇课程3:充电器一充电就烧毁

引起充电器烧坏常见的故障原因有:

(1)蓄电池连接故障。
(2)充电器连接故障。
可按以下方法进行排查：
出现充电器一充电就被烧坏的故障时，首先应检查蓄电池连接是否接反，蓄电池插座极性是否接反，连接线是否短路，充电器极性是否接反，蓄电池过放电后转极等情况。
若蓄电池充电反极，则应先放完电，再充电15～18小时；当电压正常后，再作放电检查，反复进行2～3次，容量恢复后便可使用。如果容量不足84％时，则应报废。

◇课程4：充电器充不满电

充不满电的主要原因一般是电路问题，大都是焊点虚焊，接触不良或元器件失效等。这种故障在常温状态下正常，温度升高后开始显现，有时逐渐出现，有时是突然出现。
根据以上原因的分析，可按以下方法逐步排查：
首先，应检查充电器插接是否有松动，如有，重新插好即可。
如插接没有问题，应逐一查找故障点，如充电器颜色异常、有异味，用手轻轻摇动元器件是否有松动，检查电路板背面的焊点等。如有元器件损坏，更换即可。

◇课程5：充电器不充电，指示灯不亮

引起充电器不充电常见的故障原因有：
(1)蓄电池盒内蓄电池的连接线脱落。
(2)充电器与蓄电池盒相连的插头松动。
(3)充电器损坏。
(4)蓄电池氧化。
根据以上分析，可按以下方法逐步排查：
(1)充电器插头、插座脱落或松动，导致接触不良，紧固插座和插件即可。
(2)充电器或蓄电池组熔丝熔断，造成充电器各指示灯不亮，更换充电器或蓄电池的熔丝。
(3)充电器熔丝正常，可用万用表检测充电器输出端电压，若无电压，说明充电器有故障，则应检修或更换充电器。
(4)充电器不合要求，则应更换原厂的充电器。
(5)蓄电池组接线脱落或老化。在熔丝正常的情况下，用万用表检测蓄电池组端电压，如无电压输出，说明蓄电池组接线脱落或蓄电池损坏，应重新接线或更换蓄电池组。

项目3：充电器故障维修图解

◇**训练 1**：不能充电且指示灯不亮

【**例 1**】二极管被击穿，充电器不能充电，且指示灯不亮

故障现象：

充电器不能充电，且指示灯不亮。

故障检修：

通过故障现象分析，说明充电器没有市电电压输入或充电器未工作。

(1)检查市电电源插座有 223 V 交流电压，说明充电器损坏。如图 6-17 所示，拆开充电器后，发现保险管 F1 熔断，说明市电输入及变换电路、功率变换电路有过流现象。

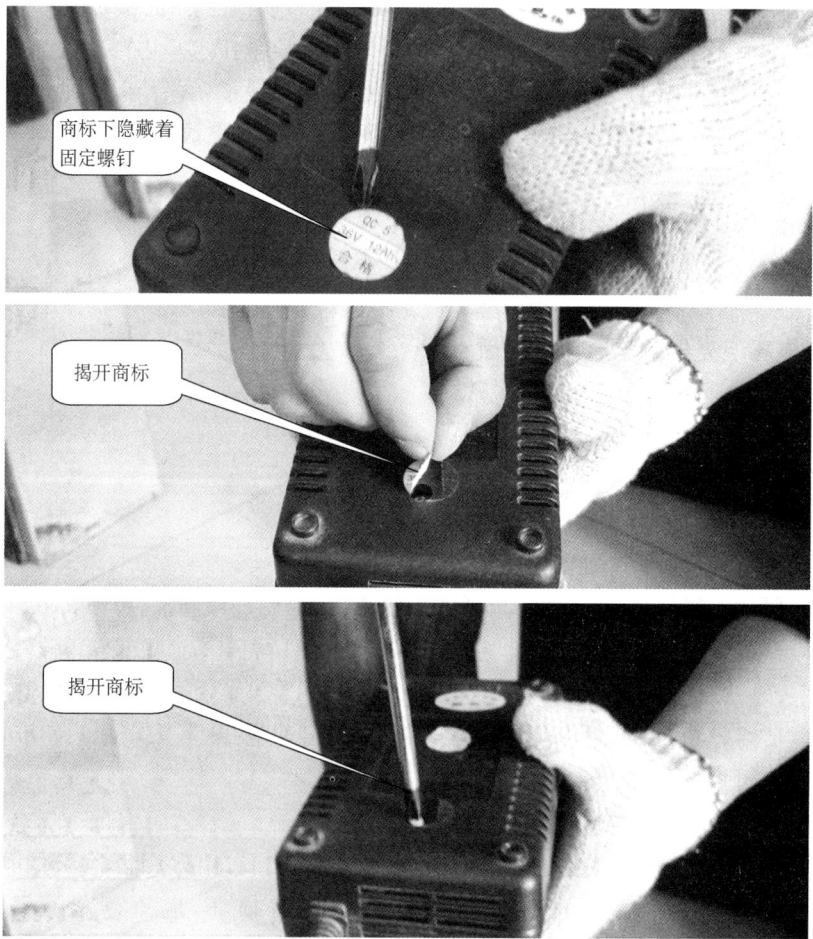

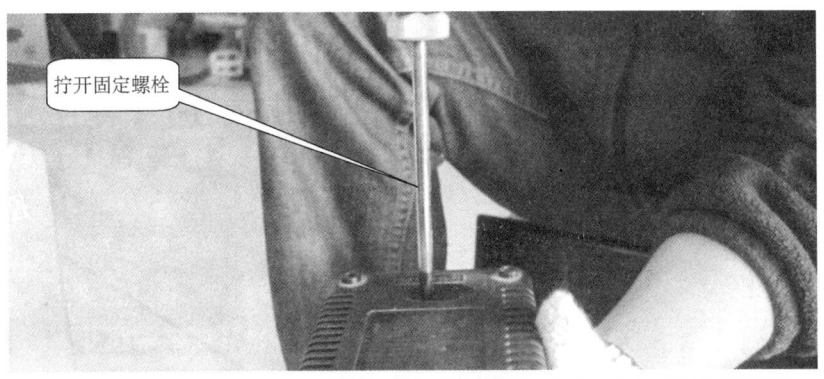

(a)拆开充电器外壳

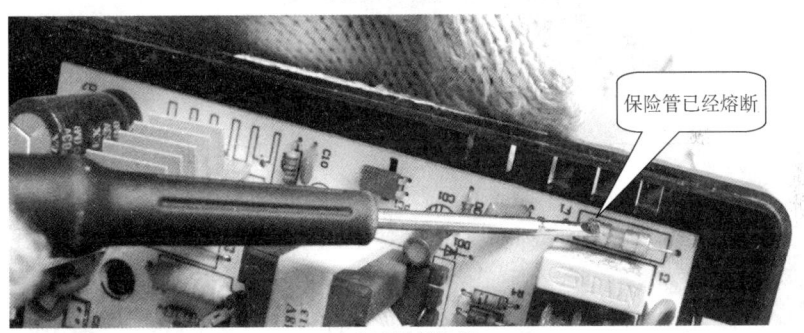

(b)保险管烧坏

图 6-17　拆开充电器检查

（2）如图 6-18 所示，将万用表置于二极管挡在路测市电变换电路的整流管时，发现 D1、D2 击穿，检查其他元件正常。

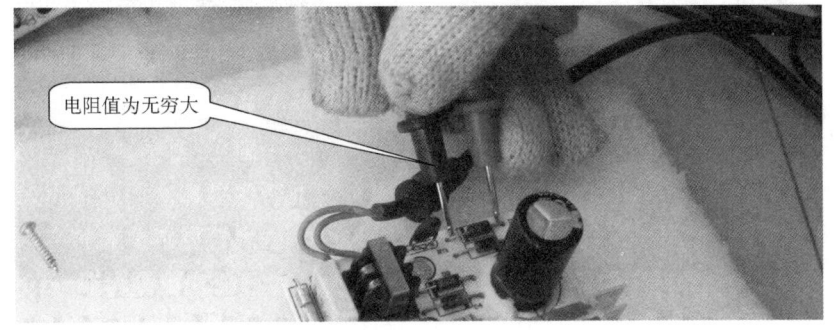

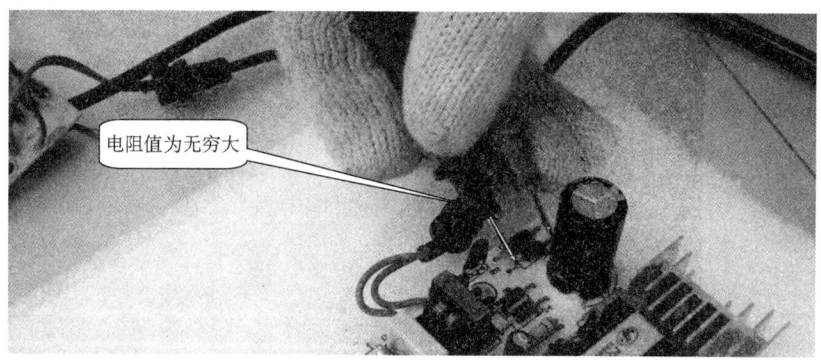

图 6-18 检查两只整流管

(3)如图 6-19 所示,用两只 1N5404 更换 D1、D2,用 2 A 普通保险管更换 F1 后通电,充电器指示灯发光,并且输出电压正常,故障排除。

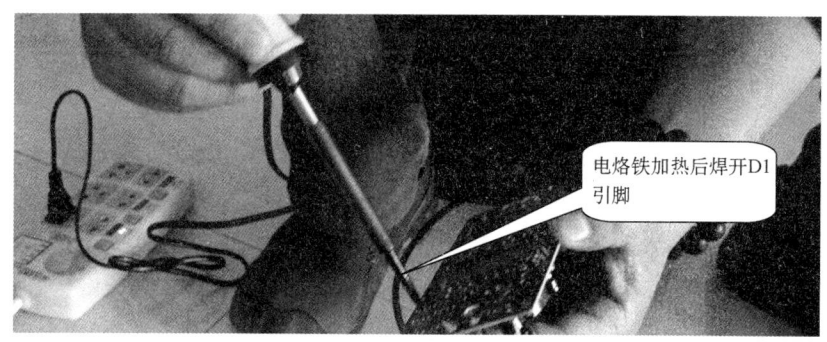

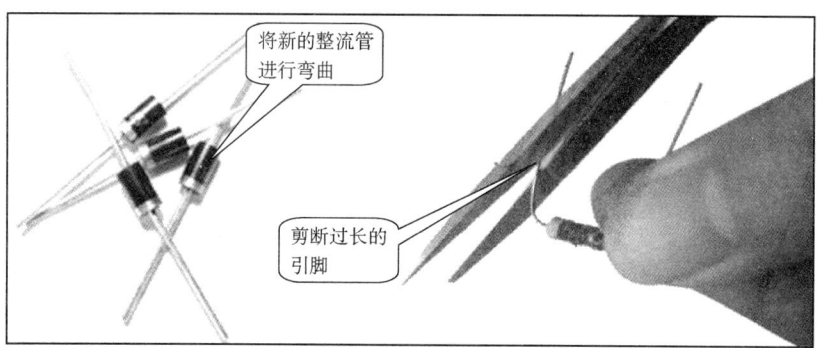

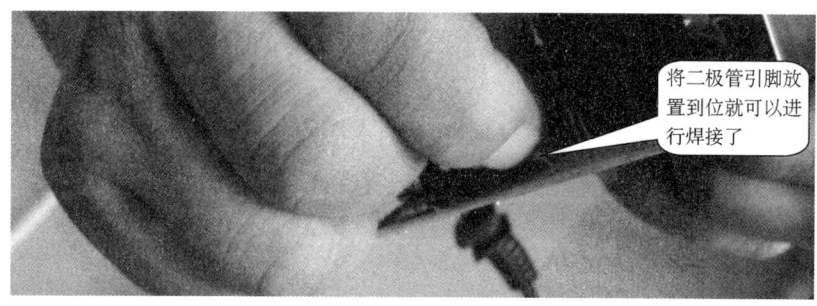

图 6-19 更换整流二极管

【例 2】电容击穿,充电器不能充电,指示灯不亮

故障现象:

充电器不能充电,指示灯不亮。

故障检修:

通过故障现象分析,说明充电器没有市电电压输入或充电器未工作。

(1)按上例检修思路,查看保险管 F1 熔断,说明市电输入及变换电路、功率变换电路有过流现象。

(2)如图 6-20 所示,将万用表置于二极管挡在路测整流管 D1~D4 正常,检测滤波电容 C2(47 μF/400 V)两端阻值较小,怀疑 C3 击穿。

(3)焊下 C3,测量果然击穿,检查其他元件正常。用 47 μF/400 V 电容更换 C2,并更换 F1 后通电,充电器指示灯发光,并且输出电压正常,故障排除。

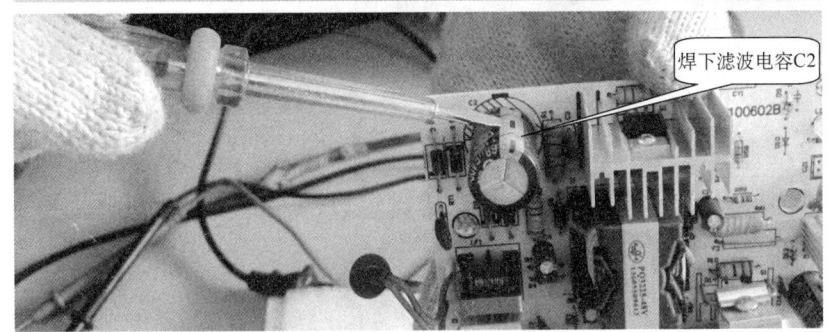

图 6-20　检测故障元件

【例 3】开关管损坏,充电器不能充电且指示灯不亮

故障现象:

充电器不能充电,且指示灯不亮。

故障检修:

通过故障现象分析,说明充电器没有市电电压输入或充电器未工作。

(1)按上例检修思路检查,发现保险管 F1 熔断,说明市电输入及变换电路、功率变换电路有过流现象。

(2)如图 6-21 所示的充电器中,将万用表置于二极管挡在路测市电变换电路正常,接着检测发现开关管 V1 的三个极间电阻过小,说明 V1 击穿,接着检查发现 R6 开路,R7、R4 正常,尖峰吸收回路等元件正常,用大功率场效应管 2SK2483 更换 V1,用 1 Ω/2 W 电阻更换 R6,在保险管 F1 的管座上接一只 60 W 的灯泡,通电,灯泡短暂发光后熄灭,测充

电器输出电压正常,说明 V1 属于自然损坏,取下灯泡,安装 2 A 保险管后,充电器恢复正常。

图 6-21　市电变换电路

【例 4】充电器有电压输出,但指示灯不亮

故障现象:

不能充电且指示灯不亮。

故障检修:通过故障现象分析,说明充电控制、指示灯控制电路异常。如图 6-22 所示,该电路由 LM324 和相关元件构成,测 LM324 的供电端④脚无 12 V 电压,说明 12 V 供电电路异常。

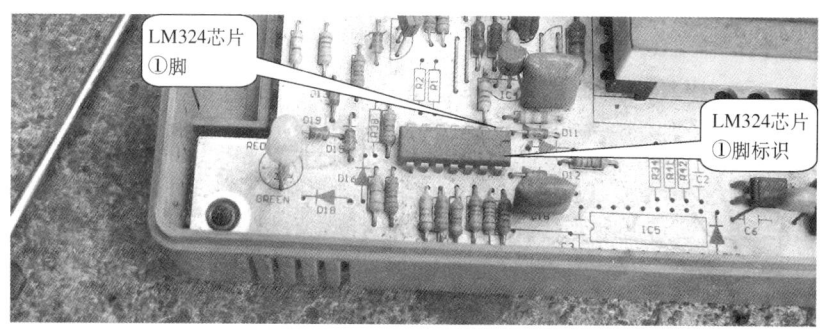

图 6-22　LM324 及周围元件

检查 12 V 供电电路时,发现 12 V 稳压管 WD 击穿,更换 WD 后,LM324 的④脚有 12 V 工作电压,指示灯发光正常,故障排除。

【例 5】LM339 故障,充电器不能充电且指示灯不亮

故障现象:

充电器不能充电,且指示灯不亮。

故障检修:

通过故障现象分析,说明充电器没有市电电压输入或充电器未工作。

(1)如图 6-23 所示,检查市电电源插座有 234 V 交流电压,说明充电器损坏。

图 6-23　检查市电电压

（2）如图 6-24 所示，拆开充电器发现保险管 F1 熔断，说明市电输入及变换电路、功率变换电路有过流现象。

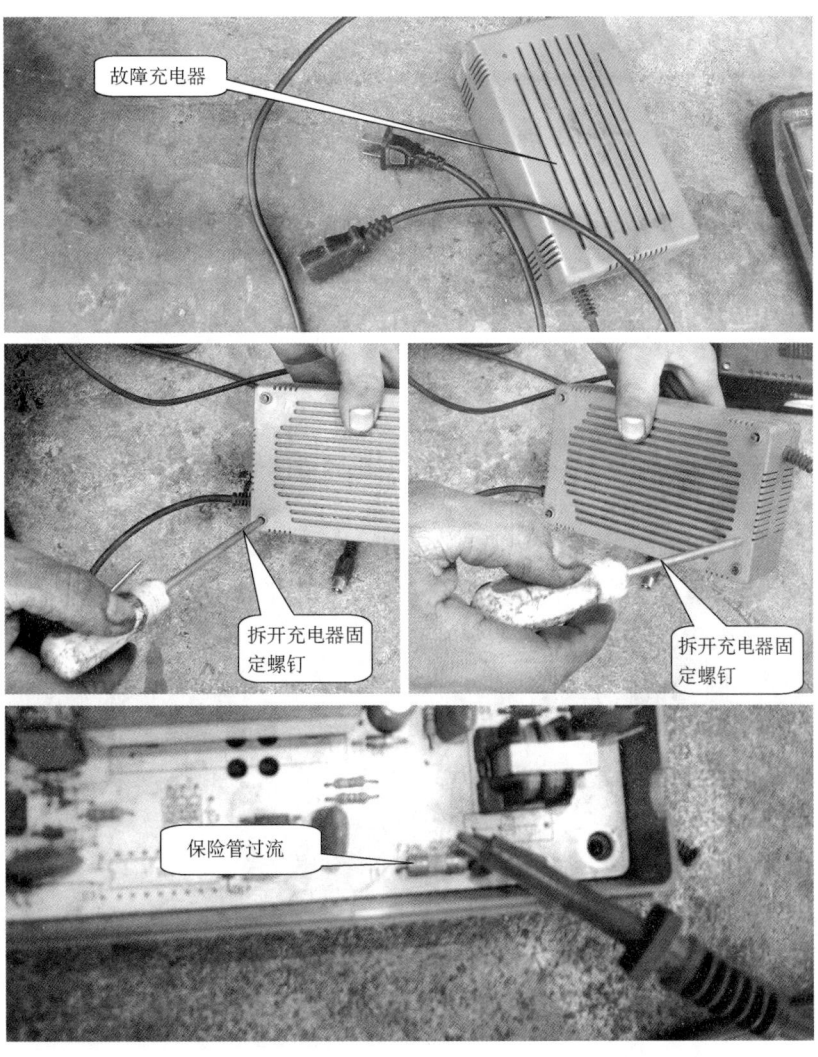

图 6-24　拆开充电器检查

(3)将万用表置于二极管挡在路测市电变换电路正常,接着检测发现开关管 Q1 的三个极间电阻过小,说明 Q1 击穿。

(4)接着检查发现 R12 开路,限流 R8、R9 和电源控制芯片 UC3842 损坏,尖峰吸收回路等元件正常,用大功率场效应管 2SK1507 更换 Q1,用 0.56 Ω/2 W 电阻更换 R12,并更换 R8、R9,在保险管 F1 的管座上接一只 60 W 的灯泡,通电,灯泡发光不能熄灭,说明还有故障,断电后将光电耦合器的 c、e 极短接,结果灯泡不再常亮,说明故障部位在稳压控制电路。

(5)检查稳压控制电路时,发现光电耦合器的发光管无供电,接着检查发现供电电路的限流电阻 R39 开路,怀疑它的负载异常,测滤波电容 E3 两端阻值较小,说明 E3 或它的负载有元件短路,当脱开芯片 LM339 的供电端③脚后,E3 两端阻值升高,怀疑 LM339 异常,测 LM339③脚对地阻值较小,说明 LM339 击穿,由于故障元件较多,维修的价值不大,建议直接更换充电器。

◇训练 2:不能充电且指示灯闪烁

【例 1】电源指示灯亮但无法充电

故障现象:

该充电器通电后其电源指示灯亮,接上蓄电池后黄色指示灯亮,但仍不能正常充电。

故障检修:

(1)如图 6-25 所示,检查蓄电池正常,充电器的输出插座打火损坏,金属触片有烧断的痕迹。

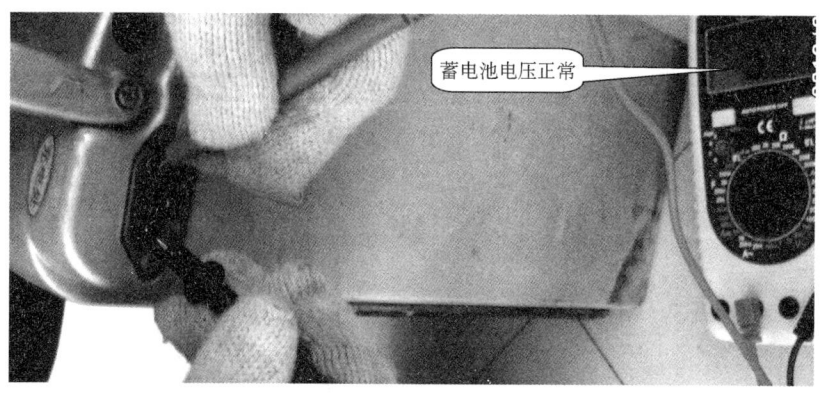

图 6-25　检查蓄电池电压

(2)如图 6-26 所示,更换输出插座后测量插座正、负极间仍没有充电电压。测量主电源滤波电容两端电压正常。进一步检查,发现充电电流取样电阻 R34 烧毁。

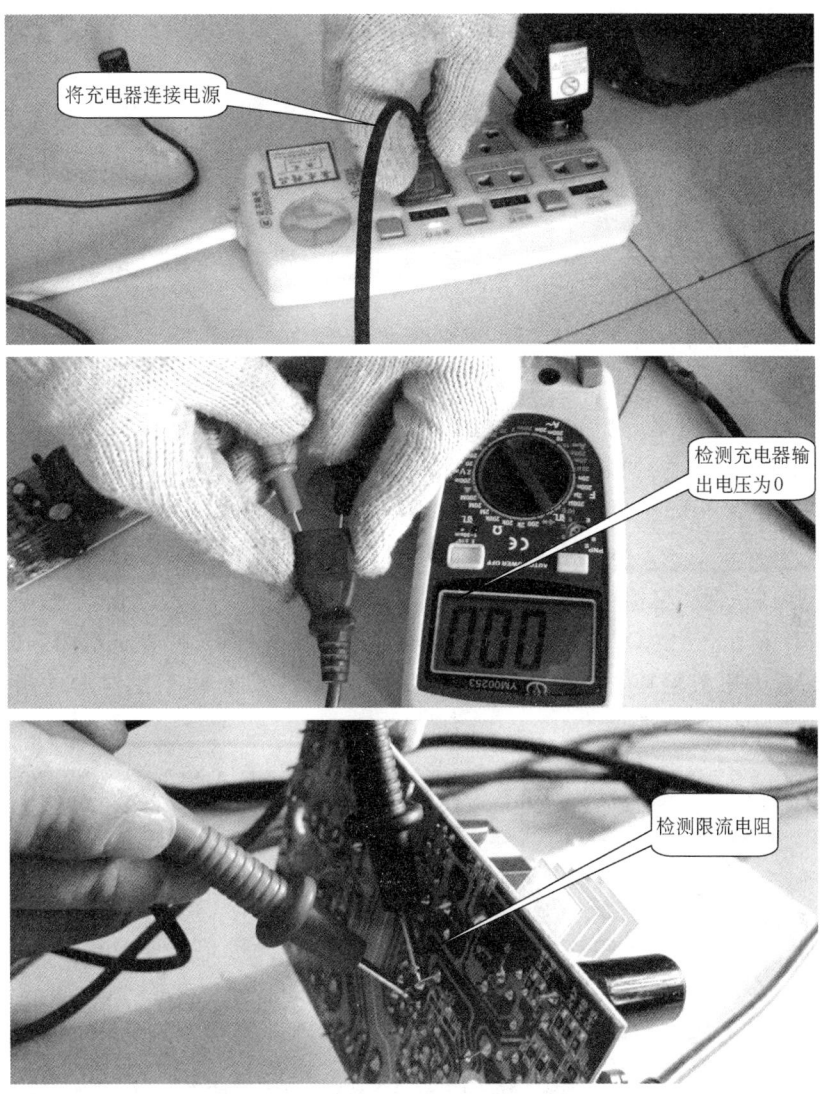

图 6-26 检查充电器故障

该电动自行车充电器电源指示灯亮,表明主电源有充电电压产生。接上蓄电池后黄色指示灯亮但仍不能正常充电,表明充电器未进入正常充电状态。应检查蓄电池、充电器输出电路和充电控制电路。

本例故障原因为充电器输出端短路或蓄电池极性接反,引起的大电流将 R34 和输出插座烧毁。

【例 2】不能充电,但指示灯闪烁发光

故障现象:

充电器不能充电,但指示灯闪烁发光。

故障检修:

通过故障现象分析,说明蓄电池漏电、击穿或充电器异常。不接蓄电池时发现充电器故障依旧,说明蓄电池正常,故障发生在充电器。

怀疑故障是由于UC3842的供电电路、稳压控制电路或输出电压异常所致。在路检测UC3842的供电电路的整流管D2正常,检测方法如图6-18所示,接着测开关变压器接的二极管时,发现尖峰脉冲吸收回路的D1击穿,用快速整流管FR107更换D1方法如前文6-19所示,充电器指示灯发光,并且输出电压正常,故障排除。

由于D1击穿,开关变压器初级绕组的感抗下降,导致它不能形成正常的电动势,于是开关变压器不能存储能量,从而产生该故障。

【例3】电阻故障导致充电器不能正常充电,指示灯亮度低

故障现象:

充电器不能正常充电,指示灯亮度低。

故障检修:

通过故障现象分析,说明蓄电池或充电器异常。未接蓄电池时,测充电器输出电压仍低,说明充电器异常。该充电器引起输出电压低的故障原因主要是振荡电路、稳压控制电路、充电控制电路、保护电流异常。

如图6-27所示,悬空Q2的C极后,充电器输出电压正常,说明保护电路异常。检查该电路时,发现充电电流检测电阻R34阻值增大,用0.15 Ω/3 W电阻更换R34后,测充电器输出电压正常,说明故障排除。

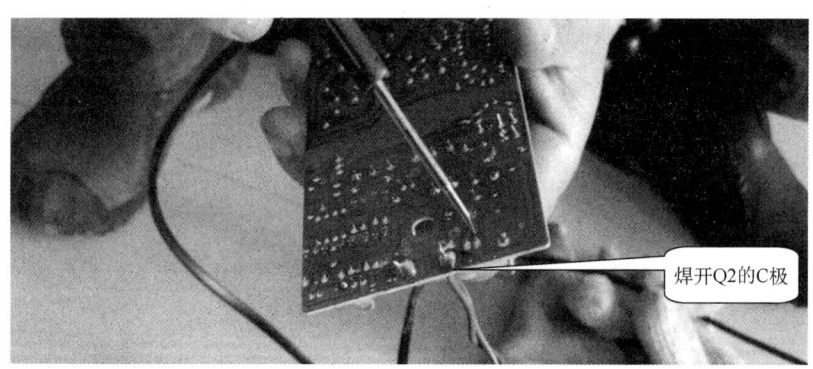

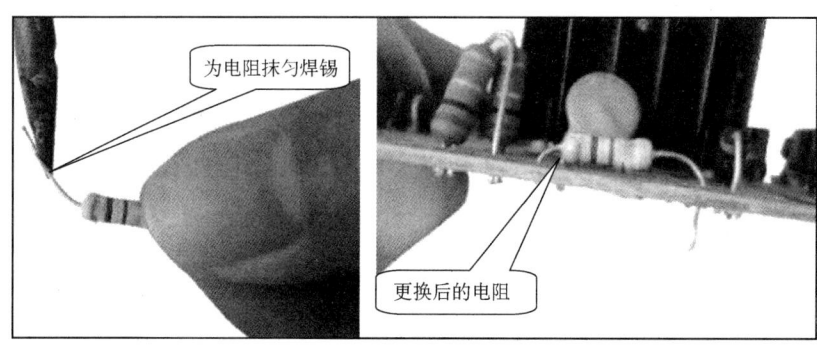

图6-27 检测故障元件

◇训练3：充电器工作时严重发烫或一充电就烧毁

【例1】充电器充电时蓄电池严重发热

故障现象：

充电器充电时蓄电池严重发热。

故障检修：

首先检查蓄电池正常。接着测量充电器的输出电压，发现该电压远高出正常值。取下熔断器FU1，串接一只60 W灯泡，如图6-28所示。

用电线连接灯头

用电线穿过灯头

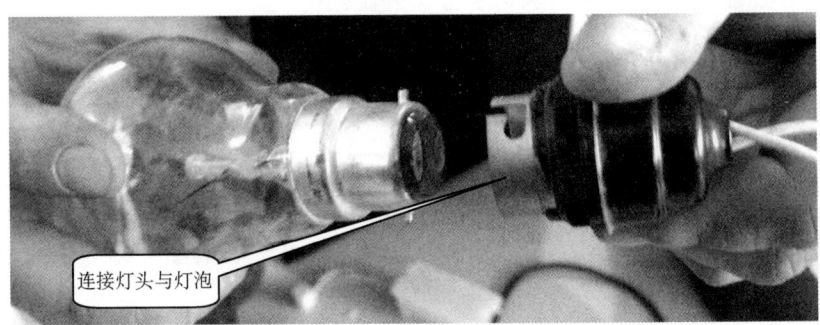

连接灯头与灯泡

图 6-28 连接灯泡

再次通电测得 IC1 的②脚电压较低,表明光电耦合器 IC2 未工作。检查 IC2 的①脚无导通电压。测量 IC2 的④脚发现无+12 V 供电,断电后再次测量该脚的对地阻值过低。当检查稳压管 VD21、VD22 时,发现 VD21 击穿,如前文所述更换 VD21 即可。

> 充电时蓄电池严重发热一般为蓄电池损坏或充电器输出电压过高而导致充电电流增大。应先检查蓄电池,再检查充电器。

【例 2】负脉冲充电器一充电就烧毁

故障现象:

负脉冲充电器一充电就烧毁。

故障检修:

首先用万用表直流电压挡测量,发现蓄电池盒充电插座内的电压正常,表明蓄电池盒内无短路现象。仔细检测发现新换的插座输出电压极性相反。

先放完蓄电池内部的剩余电量,然后进行 15~18h 充电,再放电检查。如此反复进行 2~3 次,最后测得该蓄电池容量达到额定量的 90%。

> 上述故障一般是由于充电器输出电压极性和蓄电池盒充电插座的极性不一致,蓄电池盒内有短路现象,蓄电池过放电后出现极性转换等引起的。
> 本例故障是由于在更换蓄电池充电插座时,误把插座的两根线接反。

【例 3】充电器充电时严重发热并伴有异常声响

故障现象:

充电器充电时严重发热并伴有异常声响。

故障检修:

该充电器电路如图 6-29 所示。

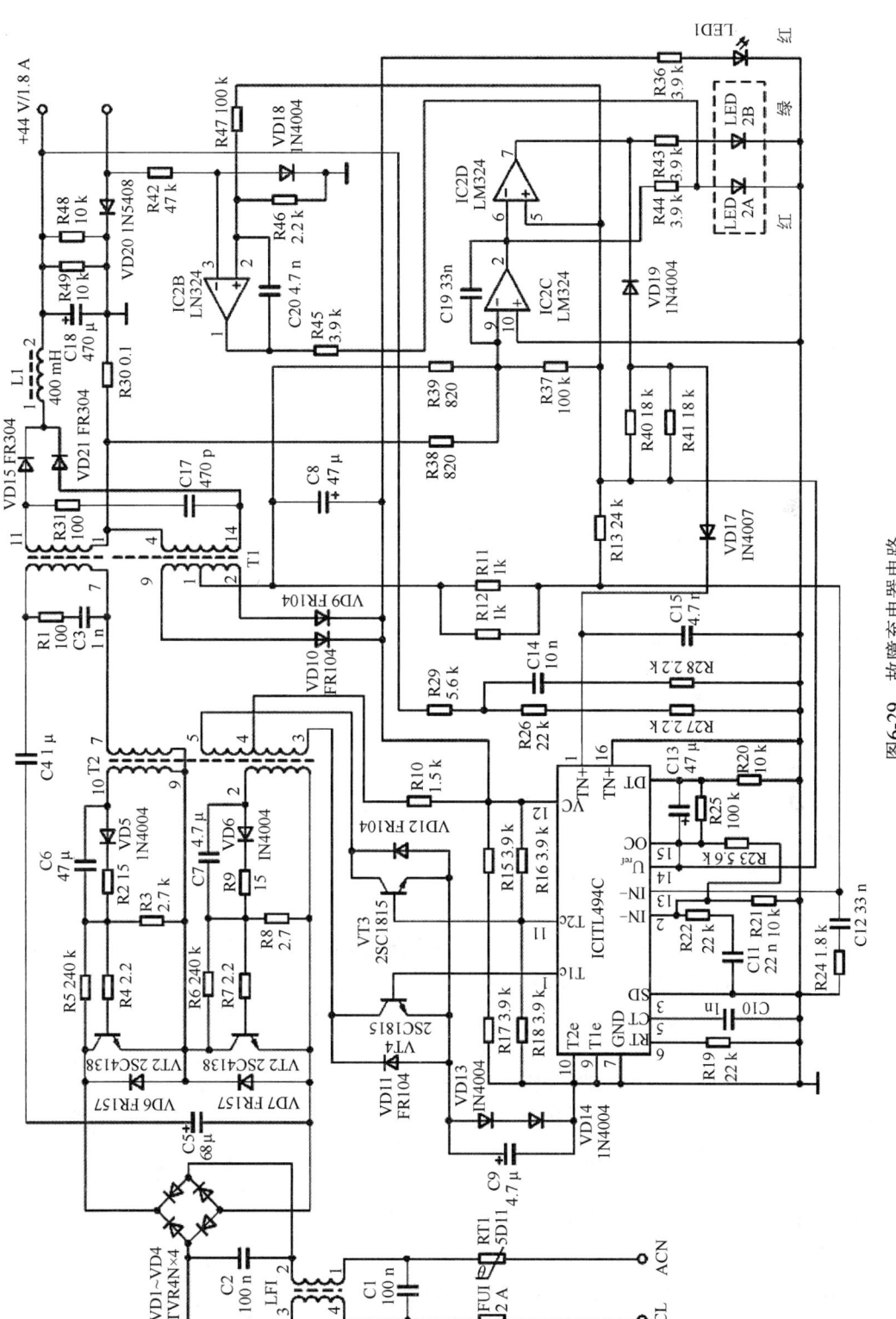

图6-29 故障充电器电路

首先打开充电器，检查电容 C8、C5、C18，未发现异常现象。接着对消振元件 R31、C17 进行检查，发现 R31 的阻值为无穷大，表明电阻 R31 损坏，将其更换即可。

造成上述故障的原因有：充电器发热量大（一般是由电路中某元器件虚焊引起的），输出级变压器两端所接的消振阻容元件损坏，PWM 集成电路的外围元件断路或虚焊等。

◇训练 4：不能正常充电，指示灯错乱

【例 1】充电时红色和绿色指示灯同时点亮，蓄电池充不满电

故障现象：

电动自行车脉冲充电器充电时，红色和绿色指示灯同时点亮，蓄电池充不满电。

故障检修：

首先打开充电器测量 IC1 的①脚电压约为零，表明电压比较器 B 输出低电平，电压比较器 D 受控输出低电平，使红色涓流充电指示灯点亮。接着测量 IC1 的⑥脚电压为正向，表明充电电流取样电路异常。检查取样电阻 R12 的阻值正常。当检查取样电阻 R10 时，发现其阻值接近无穷大，表明电阻 R10 损坏，将其更换。

充电时，充电器的红色充电指示灯亮，表明充电器处于涓流充电状态，应检查充电电流取样电路和充电电流鉴别比较电路。

【例 2】充电时电源指示灯一闪即灭，无输出电压

故障现象：

充电时电源指示灯一闪即灭，无输出电压。

故障检修：

通电瞬间测量充电器输出电压正常，IC2 的④脚电压也正常，但 IC2 的⑩脚电压偏高，表明过电压保护电路异常。检查 R9～R15、VD13、C5 均正常，表明 IC1（LM324）损坏。

由于该 IC 的更换成本较高，不具备维修价值，建议直接更换充电器。

充电器电源指示灯一闪即灭，表明充电器在通电瞬间有电压输出。可能是过电压保护或过电流保护电路动作使 IC2 停止输出 PWM 激励脉冲信号，最后导致开关管 VT1、VT2 截止，使充电器无输出电压。

【例 3】主 IC 损坏，通电后电源指示灯点亮，随即又自动熄灭

故障现象：

充电器通电后电源指示灯点亮，随即又自动熄灭。

故障检修：

首先测量市电电压是否正常，若市电电压过高，可等待市电恢复正常后再进行充电，也可使用稳压器将市电电压稳定在正常范围内再进行充电。

若市电电压正常,应测量 IC6 的①脚是否输出低电平电压。若是,则表明市电过电压保护电路异常,可测量 IC6 的③脚是否有 3.9 V 的参考电压。若该电压异常,应检查 R1～R3、C11、C12、VD11、VD12 等元器件。若该电压正常,应测量 IC6 的②脚电压是否高于 3.9 V,若是,应检查 R15,否则更换 IC6。

若 IC6 的 1 脚输出为正常高电平电压,应检查 IC1 的③脚电压是否大于 1 V。若是,应检查 R9 是否阻值变大;否则应检查 IC1,发现 IC1 损坏。IC1 损坏,无法匹配合适的型号,建议直接更换充电器。

【例 4】充电器充电时红、绿充电指示灯均发光,且不能正常充电

故障现象:

充电器充电时红、绿充电指示灯均发光,且不能正常充电。

故障检修:

首先检查蓄电池正常且与充电器连接良好。测量二极管 VD14 两端有 0.7 V 左右电压,再测量 IC3 的⑩脚也有正常的 0.6 V 电压,但 IC3 的⑨脚电压偏高,约为 1 V。最后检查发现下偏置电阻 R25 阻值变大,引起 IC3 的⑨脚电压升高,更换损坏电阻即可。

> 该充电器正常充电状态时,红、绿充电指示灯应交替点亮。若红、绿充电指示灯同时点亮,表明未接蓄电池或充电器充电控制电路异常。

◇训练 5:长时间充电,指示灯不变色

【例 1】LM339 故障,长时间充电,指示灯不变色

故障现象:

充电器长时间充电,指示灯不变色。

故障检修:

通过故障现象分析,说明充电器已工作,但由于开关电源异常或控制电路异常,充电器不能工作。

测开关电源输出电压正常,说明充电控制电路异常。检查充电电流取样电阻 R23 阻值增大,接着检查 LM339 各脚电压时,发现输入的参考电压正常,怀疑 LM339 异常,更换 LM339 后故障排除。

【例 2】电阻故障,充足电后绿色指示灯不亮

故障现象:

充电器充足电后,绿色指示灯 LED2 不亮。

故障检修:

打开充电器检查 IC2 的①脚为低电平,IC2 的②脚充电电流取样电压正常,③脚的基准电压为零。测量 R26 上端有 2.5 V 基准电压。拆下 R26 测量其阻值为无穷大,表明电阻 R26 损坏,更换损坏的电阻。

充电器上的绿色指示灯 LED2 点亮需要 IC2 的①脚输出高电平电压。若 IC2 的①脚无高电平输出或 LED2、R27 损坏,均可引起 LED2 不亮。

【例3】长时间充电后,恒压充电指示灯不熄灭。

故障现象:

充电器长时间充电后,恒压充电指示灯不熄灭

故障检修:

首先测量充电时的电压是否能上升到涓流充电电压。若电压偏低,可取下蓄电池,测量充电器的空载电压是否正常。

若充电器的空载电压正常,则表明蓄电池性能不良,应对蓄电池进行维修或更换。若充电器的空载电压依然偏低,应检查稳压控制电路,主要检查取样电阻 R18、R19、R45 等元件。若充电电压能上升到涓流充电电压,则表明故障出现在充电控制电路。因恒流充电状态能正常切换,所以应检查 IC2、R36、R39 和 C12 等元器件。

需要更换元件过多,建议直接更换充电器。

> 充电器不能正常切换到涓流充电状态,其原因有以下几点。
> ①蓄电池存在故障,长时间充电后电压仍不能达到额定值。
> ②充电器的输出电压偏低,引起蓄电池不能正常充满电。
> ③充电控制电路存在故障。

【例4】充电器通电后电源指示灯亮,但无电压输出

故障现象:

此故障充电器为脉冲充电器,通电后电源指示灯亮,但无电压输出。

故障检修:

该车充电器电路如图 6-30 所示。

首先检查输出端的熔断器 FU2,发现 FU2 烧断,表明充电电流过大。接着测量晶闸管 SCR1 的阻值时,发现其阳极与阴极间的阻值为零,表明晶闸管击穿。更换损坏的晶闸管 SCR1 和熔断器 FU2。

> 充电器的电源指示灯亮,表明充电器有 100 Hz 的脉动直流电压产生。若充电器无电压输出,表明充电器输出电路异常。

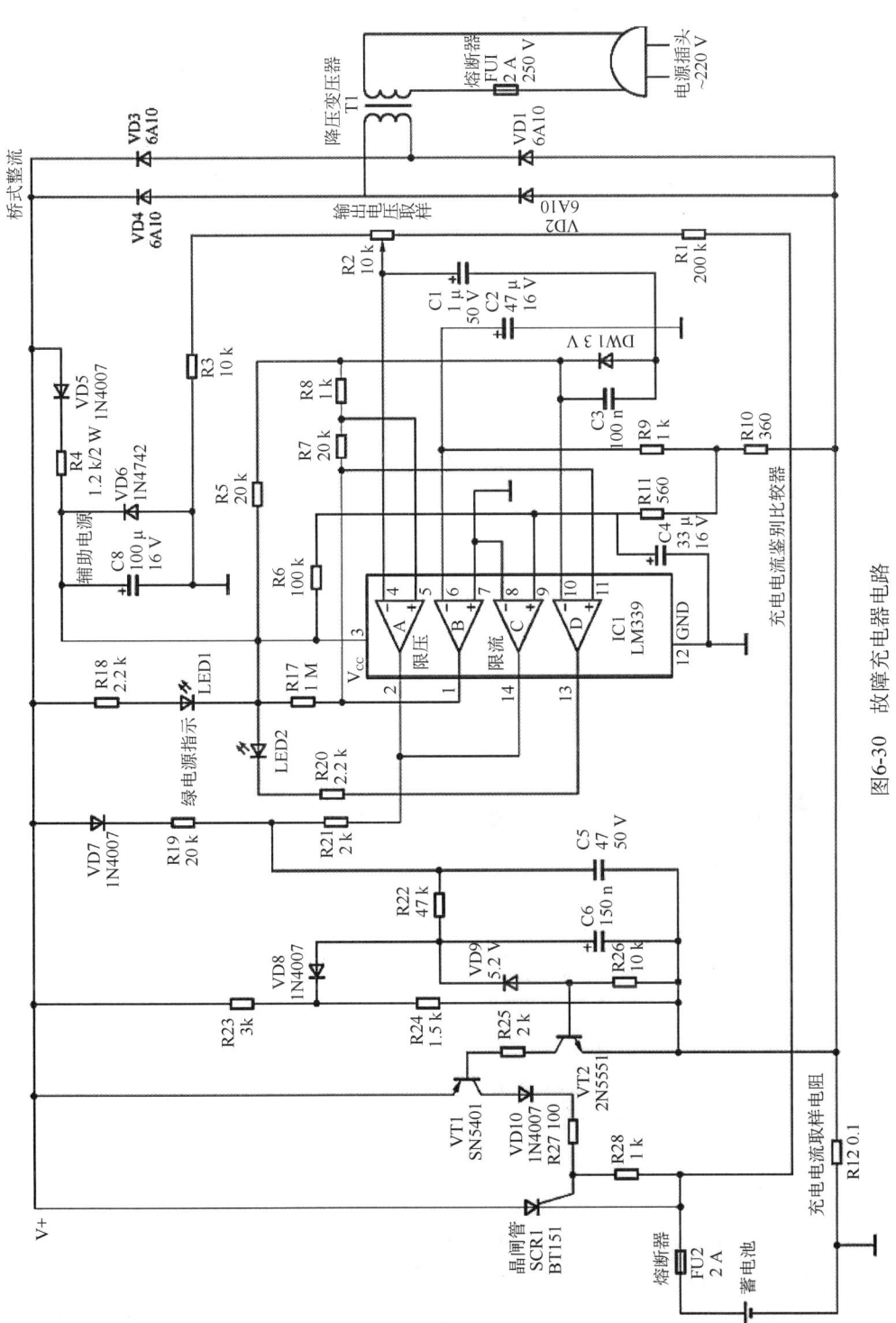

图6-30 故障充电器电路

第七日 其他电气故障检修

项目1:前照灯及制动灯故障检修

◇训练1:前照灯及制动灯拆解

1. 照明灯具

灯具用于照明、转向和刹车指示。

普通的电动自行车仅有大灯,而豪华型电动自行车不仅安装了大灯,而且还安装了转向灯和刹车尾灯。

常见的大灯、尾灯及转向灯外形如图7-1所示。

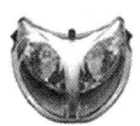    

图7-1 常见的大灯、尾灯及转向灯外形图

2. 照明灯的工作原理

对于电动自行车灯具,其主要是通过电动自行车左手车把上的控制开关进行控制的。图7-2为电动自行车灯具的工作原理。

如图所示,电动自行车的灯具电路主要采用并联方式连接,并通过照明开关按钮以及左右转向开关进行控制。在照明电路中,当电动自行车接通电源后,其电压到达照明开关按钮,一旦行驶时按下开关,便会使整个电路形成闭合回路,从而使前灯及后灯亮起,实现照明功效。

在指示灯电路中,一旦电源接通,其电压将被送到闪光器和三段开关上,此时该开关将根据骑行者的相关操作,实现左右指示灯的功能。当打开左指示灯开关时,使其左侧指示灯闭合形成回路,从而使左指示灯亮起;其右指示灯的原理与左灯相同。将左右转向开关处于中间挡时,则使三段开关处于打开状态,电路开路,从而指示灯关闭。

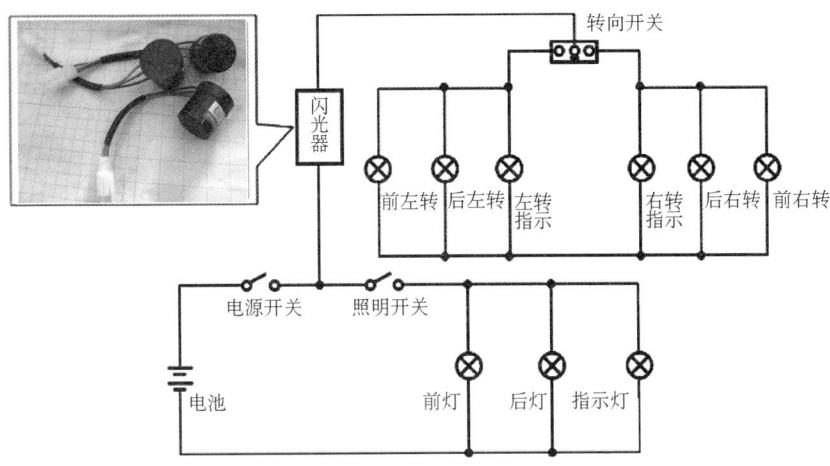

图 7-2 电动自行车灯具的工作原理

3. 照明灯具检测

照明开关在右把座上的位置如图 7-3 所示。由于照明开关有 5 根引线，其功能难以直接确定，所以应采用测量的方法——确定，如图 7-4 所示。

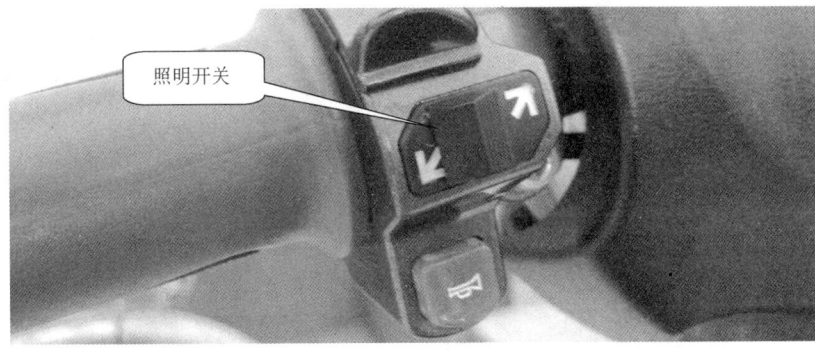

图 7-3 照明开关在右把座上的位置

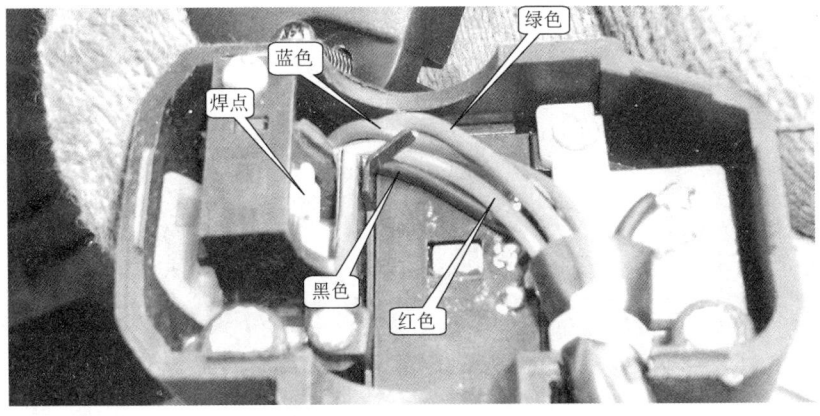

图 7-4 照明开关的引线连接

(1)拆解把座后可观察到照明开关上有 6 个焊点并有引线相连,如图 7-4 所示。其中有 2 个焊点上的引线都是黄色线,说明这 2 根黄线是接在一起输出的,表明照明开关有 5 种功能不同的线,按颜色区分为黄、黑/红、蓝/白、灰、深蓝色。

(2)选择万用表的 200 Ω 电阻挡,如图 7-5 所示。

图 7-5　200 Ω 电阻挡的选择

(3)把照明开关拨向"点"位置,如图 7-6 所示。用万用表测量发现只有黄和黑/红色线相通,如图 7-4 所示。

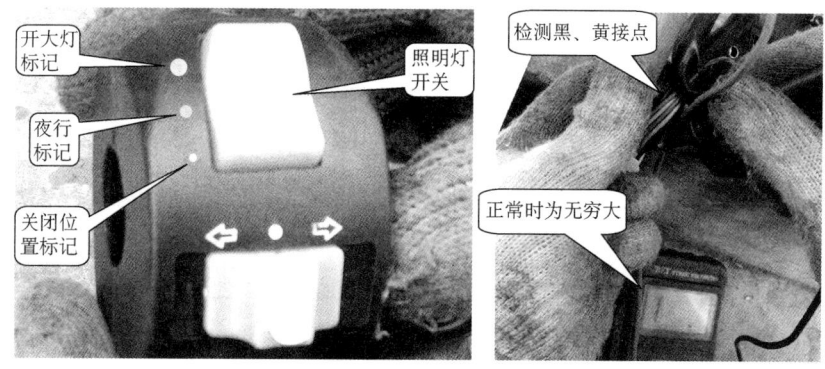

图 7-6　照明开关的位置

(4)把照明开关拨向"双灯"位置,如图 7-7 所示,用万用表测量可知只有黄、灰、蓝/白色线相通,如图 7-5 所示。

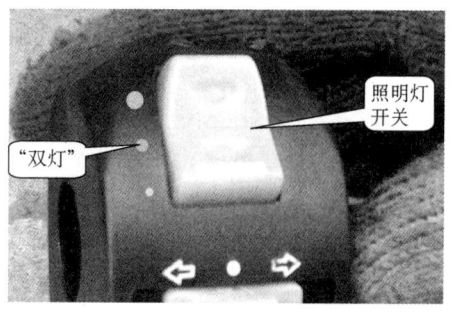 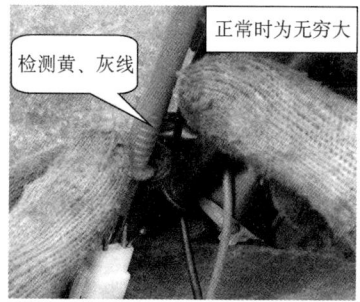

图 7-7　照明开关拨向双灯位置

(5)把照明开关拨向“大灯”位置，如图 7-8 所示。用万用表测量，可知只有黄、灰、深蓝色线相通，如图 7-9 所示。

“大灯”
照明灯
开关
正常时为无穷大
灰、绿线
检测

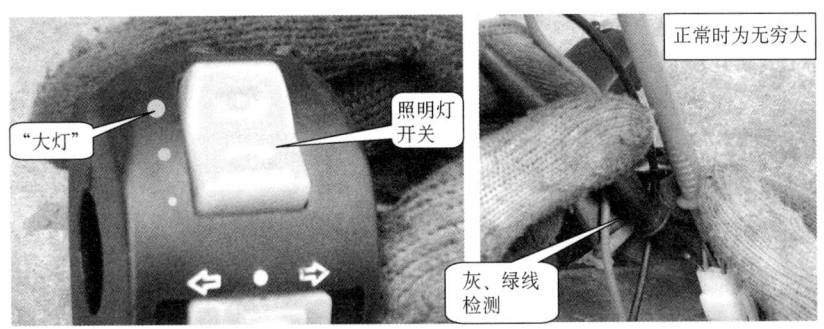

图 7-8　检测大灯时相通的导线

由上述测量结果得出照明开关内部电路连接如图 7-9 所示。

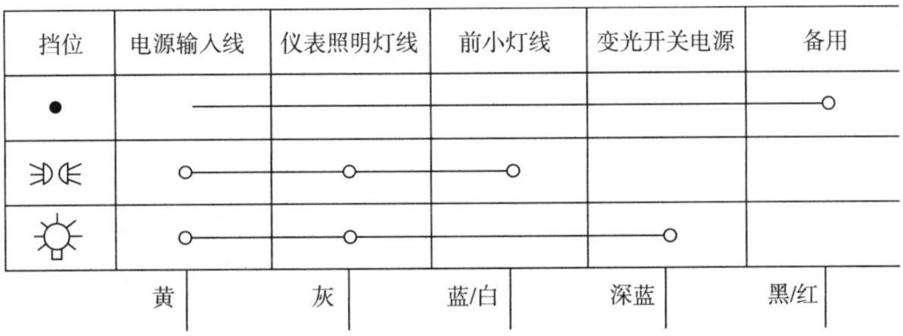

挡位
电源输入线
仪表照明灯线
前小灯线
变光开关电源
备用
黄
灰
蓝/白
深蓝
黑/红

图 7-9　照明开关内部电路连接

◇训练 2：前照灯及制动灯故障图解

电动自行车大灯不亮，是比较常见的故障。在检修时可以按如下步骤：

(1)首先用螺丝刀打开前头罩，如图 7-10 所示。

仪表盘
螺钉
螺丝刀
转换器

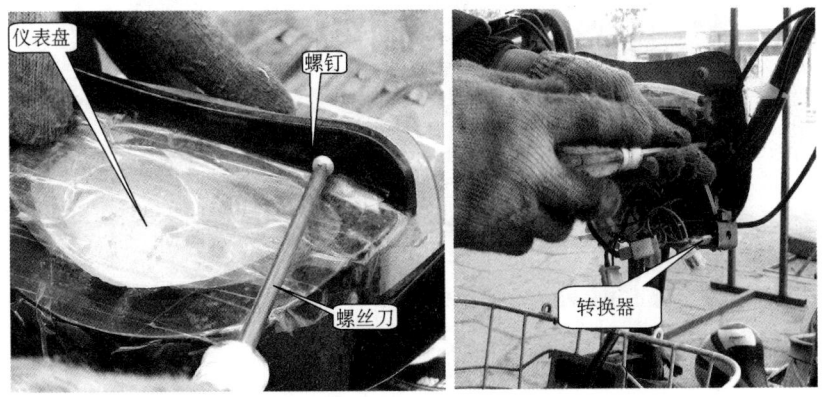

图 7-10　打开电动车前头罩

（2）用万用表电压挡测量有无电压，如图 7-11 所示。如果电动自行车中安装有转换器，则大灯、左右转向灯供电电压为 12 V；如无转换器，则大灯、左右转向灯供电电压是电动自行车电池电压。

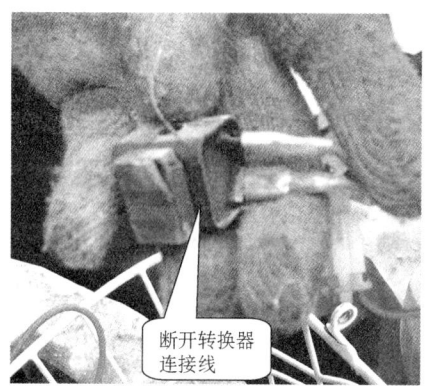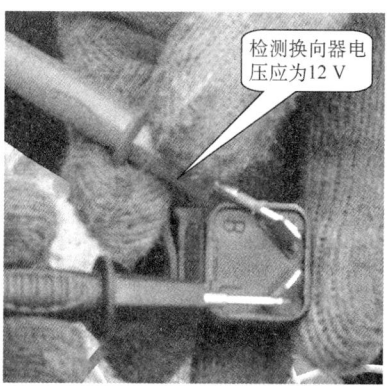

图 7-11　检测换向器电压

（3）如果有电压，大灯、左右转向灯不亮，则说明灯泡坏，更换新灯泡即可，如图 7-12 所示。

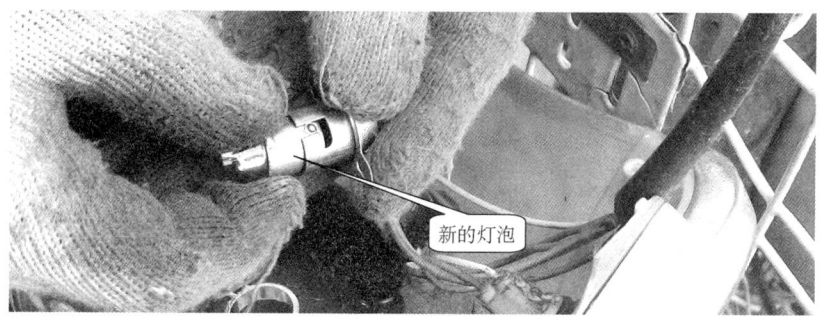

图 7-12　更换电动车大灯的灯泡

（4）如果无电压，应检查线路及插接器是否损坏断路或接触不良，如图 7-13 所示。

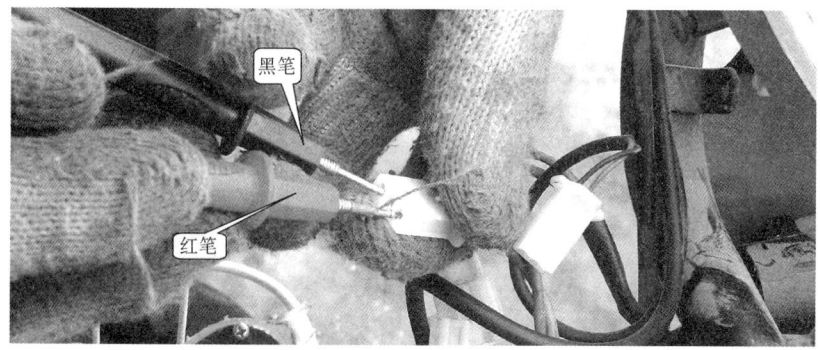

图 7-13　检查线路及插接器

项目2：电喇叭故障检修

◇训练1：电喇叭电路检测

电动自行车的喇叭是一种鸣叫装置，其重要功能是在电动自行车的行驶过程中，引起他人的注意，以保证行车安全。电动自行车的喇叭有两种，一种为电磁喇叭，另一种为电子喇叭，图7-14所示为电动自行车喇叭的实物外形。

1. 喇叭的工作原理

喇叭的电路十分简单，如图7-15所示，引起其故障的原因主要是来自于喇叭本身以及供电电路两方面，在检修时应重点检测以上两部分。检修步骤可分为以下几步。

图7-14 电动自行车喇叭的实物

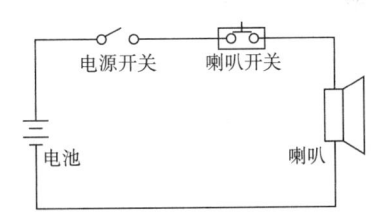
图7-15 电动自行车喇叭的工作原理

步骤一：首先检测电池的输出电压是否正常，如电压输出不正常，则将不能为喇叭提供其所需要的工作电压，也就不能使其处于正常的工作状态。

步骤二：检测喇叭的开关按钮是否失灵，若按钮损坏，更换即可。

步骤三：若以上检测均无故障，则很可能是喇叭本身出现故障，此时可用一只新喇叭替换来对其进行检测。

步骤四：对于一些设有电压转换器的喇叭的电路，还应对其电压转换器进行检测。通常情况下，电压转换器的损坏将造成喇叭声音暗哑或过大等。豪华电动自行车喇叭开关在左把座上的位置如图7-16所示。其检测技巧如下。

图7-16 喇叭开关在左把座上的位置

(1)由于左把座上还有变光开关、转向开关,其引线较多,喇叭开关的引线难以从中分辨出来,于是分解把座,找到喇叭开关引线(为黑色和棕色),如图 7-17 所示。

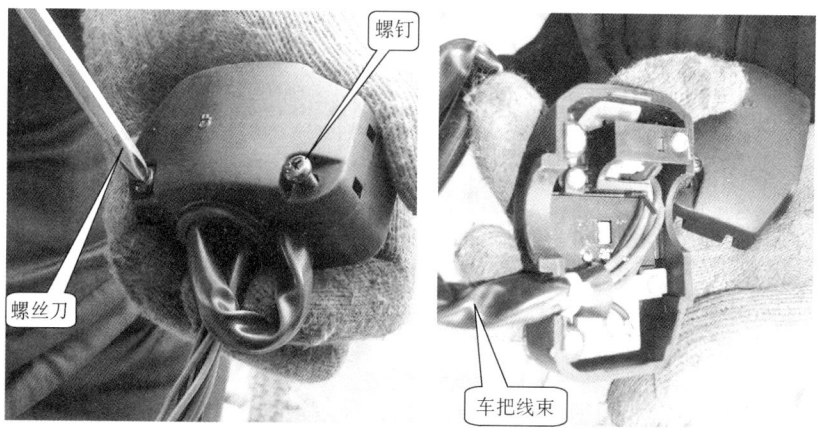

图 7-17　用螺丝刀拆卸把座

(2)选取数字万用表的 200Ω 挡,将黑、红表笔分别接在喇叭开关内部的 2 个接线焊点上,正常时万用表应显示"1."(如图 7-18 所示);否则表明喇叭开关内部弹簧弹力过小,应修理或更换。

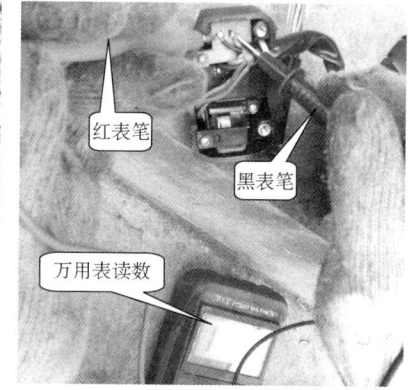

图 7-18　喇叭开关的引线

(3)将黑、红表笔接在喇叭开关内部 2 个接线焊点上不动,按下喇叭开关,若万用表显示为"00.0",则正常(如图 7-19 所示);否则表明喇叭开关的内部触点接触阻值过大,应修复或更换。

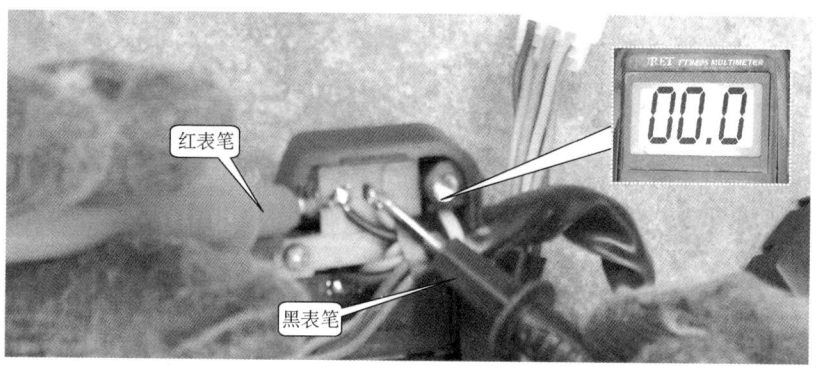

图 7-19　未按喇叭开关时的检测

◇训练 2：电喇叭故障检修图解

喇叭或蜂鸣器不响,在检修时可以按如下步骤：

(1)用万用表电压检查喇叭供电线是否有电压,如有电压而喇叭不响,可先调整喇叭后再调整螺钉,观察是否有声音,如图 7-20 所示。如仍无声,一般判断为喇叭是坏的。

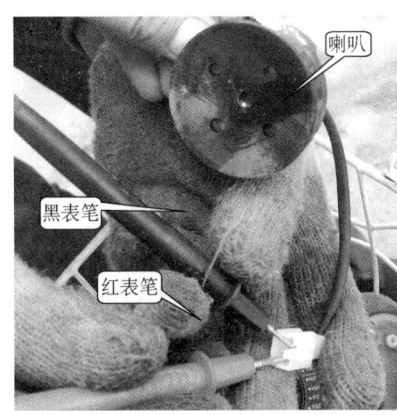 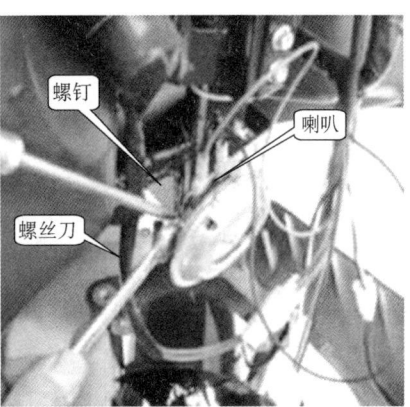

图 7-20　用万用表检查喇叭的电压与修理

(2)如果测量供电线无电压,应检查线路及供电插件是否接触不良,如图 7-21 所示。

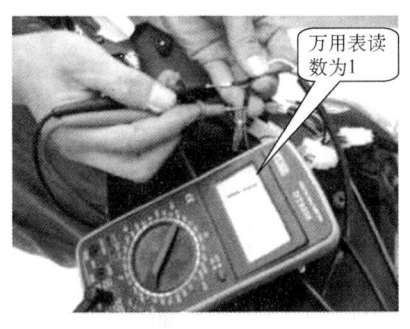 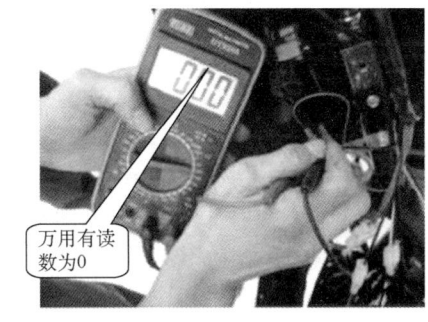

图 7-21　检查线路及插件　　图 7-22　喇叭好坏的判断

(3)喇叭好坏的判断：关闭电动自行车电源,用万用表 R×1 挡轻碰喇叭的两个接头,如有"咯咯"声,则说明喇叭是好的,如图 7-22 所示。

(4)蜂鸣器不响故障的检修方法同上。

项目3：显示仪表故障检修

◇课程1：显示仪表的分类与典型故障

仪表是用来显示与表现电动自行车当前状态的设备，典型的仪表种类、常见的仪表的外观及故障表现如图7-23所示。

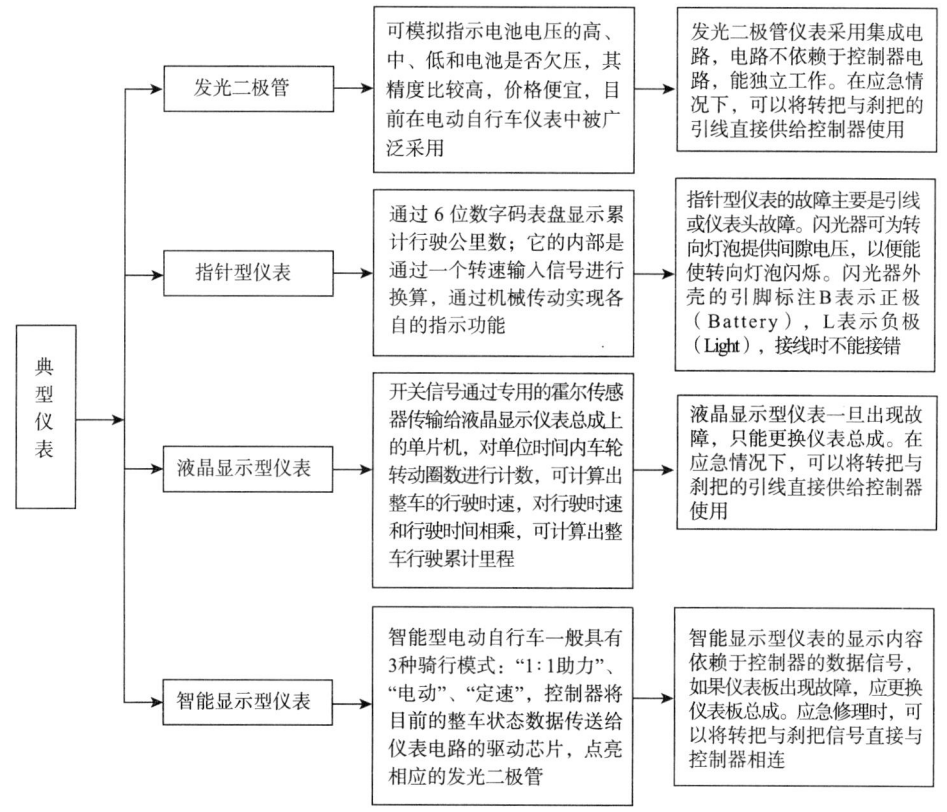

图7-23 仪表的分类与典型故障

◇训练2：显示仪表的拆装与更换

1. 仪表的拆装

应选用相同型号的指示仪表进行更换，其具体操作方法可按以下步骤进行。
(1)使用十字螺丝刀将电动自行车前外壳取下。
(2)将指示仪表的电路板从电动自行车上拆下，如图7-24所示。

图 7-24 将指示仪表的电路板从电动自行车上拆下

(3)将指示仪表的电路板的固定插头从电动自行车上拔下,如图7-25所示。

图7-25 断开仪表连接

(4)将新的指示仪表的电路板重新安装到电动自行车上,并将其输入线路连接好,图7-26所示为更换新的指示仪表的电路板。

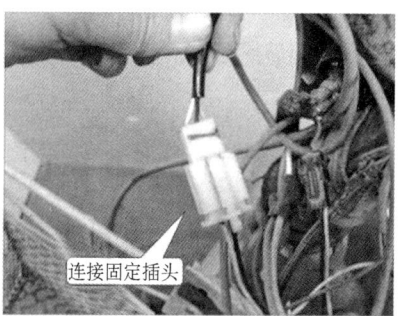

图7-26 更换新的指示仪表的电路板

完成以上操作步骤后,对电动自行车指示仪表的更换步骤已基本完成,将电动自行车的前外壳重新安装好后,便可对新的指示仪表表盘进行进一步检测处理。

2. 仪表的更换

由于电动自行车使用的是车载电池的有限能源,它们的共同之处是都有电池电压显示,而且一般都和转把与刹车把等控制信号分离。因此,在应急情况下,我们只要检测出仪表电路的电源正/负极电池接线、+15 V、+12 V、+5 V、地线,将这些线对应接好,就可以实现仪表的更换。

◇训练3:显示仪表故障检修图解

仪表部分电线及插件较多,因为整车其他部分供电大多通过仪表显示。

(1)首先检查仪表供电插件是否接触不良,如图7-27所示,如是,应更换线路插件。

图 7-27　指示仪表

(2)用万用表检查仪表供电部分,电源供电部分应与电池电压相符。如果仪表有供电,说明仪表有故障,应检查其他电子元器件是否损坏,如图 7-28 所示。

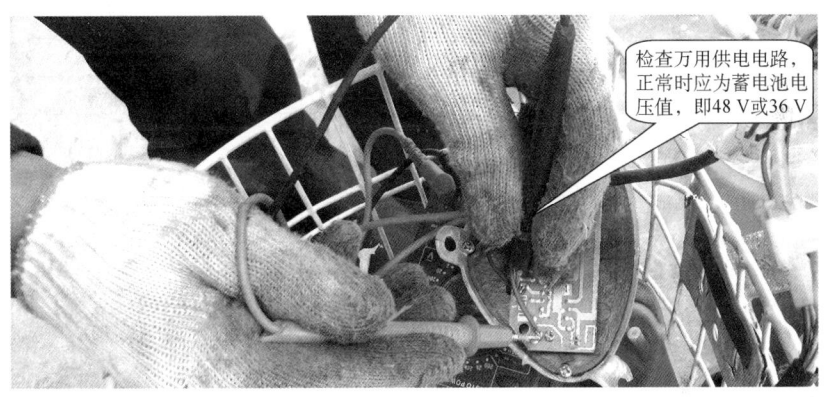

图 7-28　用万用表检查仪表

(3)检查仪表上的发光二极管是否损坏,如损坏,应更换新的发光二极管,如图 7-29 所示。

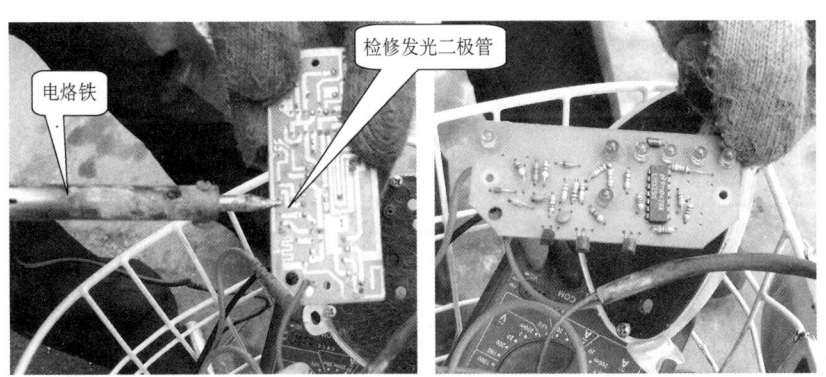

图 7-29　检查发光二极管

附录A 电解液的密度和配方

电解液的密度和配方见表1和表2。

表1 电解液密度

地区的最低温度(℃)	电解液的密度(g/cm^3)	
	夏季	冬季
0以上	1.23~1.24	1.24~1.25
-15~0	1.24~1.25	1.26~1.27
-15以下	1.26~1.27	1.28~1.29

表2 电解液中硫酸与蒸馏水的比例

电解液的密度(g/cm^3)	重量百分比		体积百分比	
	硫酸	蒸馏水	硫酸	蒸馏水
1.22	30.8%	69.2%	20.6%	79.4%
1.23	32.0%	68.0%	21.6%	78.4%
1.24	33.2%	66.8%	22.6%	77.4%
1.25	34.4%	65.6%	23.6%	76.4%
1.26	35.6%	64.4%	24.6%	75.4%
1.27	36.8%	63.2%	25.6%	74.4%
1.28	38.0%	62.2%	26.6%	73.4%
1.29	39.1%	60.9%	27.6%	72.4%

附录 B 蓄电池的端电压与蓄电池容量的关系

电动自行车多采用 12 V 单体蓄电池,若 12 V 蓄电池以 2h 率放电时,放电电压与容量的关系见表 3。若所测蓄电池的电压与蓄电池容量关系不符合表中标准,应予以修复或更换。

表 3 蓄电池的端电压与蓄电池容量的关系

容量	100%	90%	80%	70%	60%	50%	40%	30%	20%	10%
电压(V)	12.65	12.55	12.50	12.41	12.25	11.92	11.72	11.71	11.20	10.50